EL *SEGURO DE TORDESILLAS*
DEL CONDE DE HARO
DON PEDRO FERNANDEZ DE VELASCO

ESTUDIOS DE HISTORIA MEDIEVAL, nº 2

BIBLIOTECA GENERAL UNIVERSITARIA. Ficha catalográfica recomendada

FERNANDEZ DE VELASCO, Pedro. Conde de Haro

El "Seguro de Tordesillas" del Conde de Haro Don Pedro Fernández de Velasco / Nancy F. Marino. - Valladolid : Secretariado de Publicaciones, Universidad, D.L. 1992

211 p. ; 24 cm. - (Estudios de Historia Medieval ; 2)

Bibliografia

ISBN 84-7762-271-X

ESPAÑA - Historia - Juan II - 1405-1454 I. Marino, Nancy F. I.Universidad de Valladolid, ed.

946.0"1405-1454"

NANCY F. MARINO

EL *SEGURO DE TORDESILLAS* DEL CONDE DE HARO DON PEDRO FERNANDEZ DE VELASCO

SECRETARIADO DE PUBLICACIONES
UNIVERSIDAD DE VALLADOLID

SECRETARIADO DE PUBLICACIONES
UNIVERSIDAD DE VALLADOLID
Avda. de Ramón y Cajal, 7
47005 Valladolid -ESPAÑA-

Motivo de cubierta: «Vista apócrifa de Tordesillas, siglo XV»
Luis Jiménez Ridruejo. Houston, Tx. 1991

I.S.B.N.: 84-7762-271-X
Depósito Legal: ZA. 115-1992
Composición: B.G.P. Secretariado de Publicaciones.
Imprime:
HERALDO DE ZAMORA
artes gráficas
Santa Clara, 25
47002 ZAMORA

Para Luis

PROLOGO

"¿Qué se hizo el rey don Joan?
Los Infantes de Aragón,
¿qué se hicieron?...
Pues aquel gran Condestable...
non cumple que dél se hable,
mas sólo como lo vimos
degollado".

Así se expresaba, refiriéndose a los principales protagonistas del reinado de Juan II de Castilla, el poeta Jorge Manrique, en sus inmortales "Coplas por la muerte de su padre". Rodrigo Manrique, primer conde de Paredes de Nava, a quien su hijo Jorge escribió las Coplas citadas, murió en 1476. Así pues el poeta hablaba de los personajes de la época de Juan II desde la distancia de más de dos décadas. Por lo demás sus menciones al rey don Juan, los Infantes de Aragón o el Condestable, es decir don Alvaro de Luna, le servían para poner de manifiesto el espejismo tras el que luchaban los grandes de este mundo.

Pero miremos la otra cara de la moneda. El reinado de Juan II (1405-1454) había sido testigo de una intensa lucha política, relatada puntualmente por los cronistas de la época. Ciertamente la prolijidad de los acontecimientos puede oscurecer el panorama general. En cualquier caso es posible señalar dos grandes bandos, uno de ellos el monárquico, que tenía como principal portavoz a don Alvaro de Luna, una especie de valido del rey, el otro capitaneado por los Infantes de Aragón, los cuales trataban de atraer a su causa a la aristocracia castellana. En verdad la imagen que se desprende de las crónicas de aquel reinado puede inducir a confusión. Los interminables conflictos de carácter político entre los magnates ocultan la realidad de un progreso indiscutible de la corona de Castilla en la decimoquinta centuria, tanto en términos demográficos como económicos. No podemos olvidar, por otra parte, la importancia cultural y artística del siglo XV en Castilla. Así las cosas la pugna entre la nobleza y la monarquía, como la definiera magistralmente en su día el profesor Luis Suárez, era más que nada un enfrentamiento por la conquista del poder. La institución monárquica, por supuesto, era aceptada por todos. Ahora bien mientras unos, los que se alineaban en el sector monárquico, propugnaban un fortalecimiento de las atribuciones regias, otros, los del sector nobiliario, pretendían "dar a la 'res publica' una estruc tura más decididamente contractual, encerrando al monarca en un círculo bastante estrecho de deberes y de derechos en relación con aquellos linajes, muy pocos, que juntaban riqueza y poder" (L. Suárez).

Una de las fases más agudas de ese combate entre nobleza y monarquía tuvo lugar en el reinado de Juan II de Castilla. Sin duda la intervención de personajes tan singulares como don Alvaro de Luna o los infantes de Aragón, en particular don Juan de Navarra, contribuyó a dar más colorido a los acontecimientos de aquella época. Entre esos sucesos se encuentran los que dieron lugar a la redacción de un texto denominado "Seguro de Tordesillas", del que era autor el conde de Haro, don Pedro Fernández de Velasco. Los diversos contendientes se reunieron en la primavera de 1439 en diversas localidades próximas a Valladolid (Tudela de Duero, Renedo, Tordesillas, Valdeastillas), con la finalidad de llegar a una concordia. La quinta conferencia de paz se reunió nuevamente en Tordesillas, en la segunda mitad de junio del mencionado año de 1439. Este encuentro, celebrado en unas condiciones singulares y aureolado por la presencia de las más destacadas figuras políticas del momento, fue la base del escrito del conde de Haro.

El "Seguro de Tordesillas", no obstante, es mucho más que una crónica detallada de los acontecimientos de Tordesillas del verano de 1439. En él encontramos un espléndido fresco de las formas de actuación de la nobleza castellana de la decimoquinta centuria, pero también una galería de "ricos hombres" de la corte de Juan II de Castilla, así como "un manual de política ceremonial de la época", según palabras de Nancy F. Marino, la editora del "Seguro de Tordesillas". Por todo ello una edición moderna de esta obra resulta muy oportuna, toda vez que la fuente que habitualmente se maneja data de muy antiguo.

Nancy F. Marino, hispanista destacada, excepcional conocedora del siglo XV castellano, al que ha dedicado algunos brillantes trabajos, entre ellos su libro "La serranilla española. Notas para su estudio e interpretación", publicado en 1987 en la prestigiosa colección norteamericana "Scripta Humanística", reúne las condiciones ideales para acometer esta empresa. Su edición, a la que acompaña de interesantes notas aclaratorias a pie de página, es impecable. El estudio introductorio, tanto del contexto histórico del "Seguro de Tordesillas", como de las biografías de los principales participantes en la conferencia (excluídos Juan II, don Alvaro de Luna y los Infantes de Aragón) o de las ediciones de la obra, enriquecen la edición, que ahora ve la luz gracias a la generosa colaboración del Secretariado de Publicaciones de la Universidad de Valladolid.

Julio Valdeón Baruque
Universidad de Valladolid

INTRODUCCIÓN

El siglo XV, el periodo de transición entre el Medioevo y la Edad Moderna, es una de las épocas más agitadas de la historia de España. Tras la guerra civil del siglo anterior que abre el camino para el dominio de la dinastía Trastámara en Castilla, siguen cien años de desorden político, sobre todo las décadas del reinado de don Juan II (1406-54). Los años de su gobierno se caracterizan por las luchas contra sus primos, los Infantes de Aragón, sobre su participación en los negocios del reino y las peleas internas encabezadas por los nobles que deseaban aumentar sus patrimonios, culminando en la controversia causada por la intervención excesiva de don Alvaro de Luna en los asuntos de Castilla. La guerra civil que comienza con un golpe de estado en Tordesillas, llevado a cabo por el Infante don Enrique en 1420, acabará unos veinticinco años más tarde con su derrota en la Batalla de Olmedo; la polémica sobre el Condestable don Alvaro llegará a su conclusión en 1453, con su muerte, ordenada por Juan II. Durante estos decenios se dan batallas, paces, traiciones, treguas, prisiones, confiscaciones de tierras, tomas de rentas, matrimonios políticos, toda clase de intentos de ganar o resolver las disputas.

En 1439 hay una serie de conferencias entre los partidos en contienda, todas celebradas en los alrededores de Valladolid. Uno de los congresos, el que tiene lugar en Tordesillas durante el verano, es el tema de una crónica escrita por don Pedro Fernández de Velasco, Conde de Haro, por orden de Juan II de Castilla: se titula *El Seguro de Tordesillas*. El valor histórico de este documento es enorme: además de ser completamente fidedigno sobre los acontecimientos que relata, revela de manera muy clara el triste estado de la monarquía castellana bajo Juan II que, atrapado entre el poderoso don Alvaro, los persistentes Infantes de Aragón, y la avariciosa nobleza, sólo manifiesta su debilidad personal y falta de eficacia en el gobierno de su reino. Amador de los Ríos explica justamente la importancia del *Seguro de Tordesillas*: "Es ... espejo vergonzoso, aunque fiel, de los escándalos que en 1439 presenciaba Castilla, añadida la ya habitual deslealtad de los magnates la vana y presuntuosa desobediencia del príncipe don Enrique, primero entre los sediciosos que vilipendiaban y combatían la autoridad de la corona. "[1] El texto es un manual de política ceremonial de la época, con sus documentos, cartas oficiales, juramentos, acuerdos, y otras fórmulas usadas para pactar convenios; sin embargo, a través de estas ceremonias se palpa la falta de seriedad con la que estos señores toman las formalidades, jurando y perjurando con la mano sobre la Biblia, para al punto romper sus promesas a la vez caballerescas y sagradas.

La historia de las luchas entre Castilla y Aragón en el siglo XV es sobradamente conocida, y los sucesos del año 1439 también han sido narrados en las crónicas y en las historias sobre la época; pero ningún libro recuenta con tanta exactitud ni con tanta riqueza de detalles las reuniones y negociaciones entre los dos campos que tuvieron lugar entre junio y agosto de aquel año.

---

1 *Historia crítica de la literatura española*, 6 (Madrid, 1865), 256.

I. MANUSCRITO Y EDICIONES

El *Seguro de Tordesillas* ha llegado al lector moderno en un manuscrito del siglo XV y dos ediciones impresas, la segunda una reimpresión de la primera. El códice -- el único existente -- se encuentra en la Biblioteca Nacional con la signatura MS. 9224, antes Bb-99. Su encuadernación es de Primaud, y sus 148 hojas miden 290 x 197 mm; la primera hoja es de guardas, y el texto de la obra termina en 144v, dejando en blanco las que siguen. El *Seguro* empieza con una tabla de contenidos que ocupa los tres primeros folios, no numerados, seguido por el texto de la crónica (que comienza en el f. 1r), escrito en dos columnas con una sola letra.

M. Martínez Añibarro, en su *Intento de un diccionario biográfico y bibliográfico de autores de la provincia de Burgos*,[1] menciona un supuesto manuscrito original del *Seguro de Tordesillas*, procedente de la colección privada del Conde de Haro. La biblioteca particular de don Pedro Fernández de Velasco fue descrita por Antonio Paz y Meliá en una serie de artículos publicados a finales del siglo pasado y a principios del XX, y más tarde por Jeremy Lawrance, que completa el catálogo.[2] En la primera parte nos cuenta que el 14 de agosto de 1455 el Buen Conde fundó en el Hospital de la Vera Cruz una librería para hidalgos ancianos que vivían en este lugar de Medina de Pomar, posesión de los Velasco. Cuatro años más tarde, cansado ya de sus peripecias por la corte castellana, don Pedro se retiró a este asilo, para pasar la última década de su vida en penitencia y estudio. La voluminosa descripción de Paz y Meliá y de

1 (Madrid, 1889), págs. 167-91.

2 "La biblioteca fundada por el Conde de Haro en 1455," *Revista de Archivos Bibliotecas y Museos*, 1(1897),18-24, 60-66; 4(1900),156-63, 255-62, 452-62, 535-41, 662-7; 6(1902), 198-206, 372-82; 7(1902), 51-5; 19(1908), 124-36; 20(1909), 277-89. Esta descripción, sin embargo, es incompleta y contiene errores, como demuestra Lawrance en su "Nueva Luz sobre la Biblioteca del Conde de Haro: Inventario de 1455," *El Crotalón*, 1(1984), 1073-1111. Lawrance usa el Ms. Res 141 de la Biblioteca Nacional, que contiene una copia completa del catálogo de libros de esta colección. Véase también Julián de San Pablo, "La biblioteca del buen conde de Haro. Carta abierta al Sr. D. Antonio Paz y Melia," *RABM*, 8(1903), 182-88, y 9(1903 bis), 124-39.

Lawrance es un testimonio del tamaño de su biblioteca, que contenía docenas de libros de variada índole, históricos, religiosos, educativos, y filosóficos. Entre ellos figuraba un manuscrito del *Seguro de Tordesillas*, el que sigue en la sala de manuscritos de la Biblioteca Nacional. Pero según Martínez Añibarro, que también cita este códice, existía otro anterior a éste, y afirma que el texto más viejo formaba parte de la biblioteca del Conde de Haro fundada en Medina de Pomar. No dice haberlo visto, sin embargo. Parece basar sus opiniones en los escritos de Pedro Mantuano, editor de la primera edición del *Seguro* [3], quien afirma haber hecho su edición a base de un manuscrito autógrafo que tenía enmiendas en las márgenes, que se encontraba en la colección del Hospital de la Vera Cruz. No alude a otro ejemplar de la obra. Tampoco descubrió Paz y Meliá entre los libros de la citada biblioteca este presunto códice original. ¿Será el mismo manuscrito? ¿No será posible que el MS. 9224 sea el autógrafo del Conde de Haro, o por lo menos el ejemplar original hecho bajo su dirección? Es extraño que Pedro Mantuano encontrara en esta colección de libros una sola copia del *Seguro de Tordesillas*, y que Paz y Meliá, examinando la misma librería, también viera tan sólo un ejemplar de la obra, pero distinto del que editó Mantuano. Además, las supuestas distintas copias tienen varias características en común, como la tabla de contenidos que precede a la relación de los hechos del verano de 1439, cosa más normal en un producto terminado que en un borrador. Parece que Martínez Añibarro cometió la primera equivocación al pensar que se trataba de dos manuscritos diferentes, convencido por la mención que hizo Mantuano de las correcciones en las márgenes del manuscrito, escritas con la misma letra usada en el resto del texto, hecho que el editor de 1611 tuvo como prueba de su autoría. Sin embargo, Mantuano habló sólo de "algunas enmiendas" en el prólogo de su edición; el códice existente (MS. 9224), como la mayoría de los manuscritos de esta época, no carece de alguna que otra corrección.

Su autoría, no obstante, no queda muy clara: don Pedro Fernandez de Velasco podía haber escrito el texto, aunque no existen pruebas de ello. No es difícil imaginar al Conde de Haro pasando sus últimos años de vida en el Hospital de la Vera Cruz, leyendo las obras coleccionadas por él mismo, y poniendo los toques finales al *Seguro de Tordesillas*, la única obra que escribiera. Sin embargo, no se sabe con certeza en qué año com-

3 Milán, 1611. Mantuano nació en Málaga y murió en Madrid en 1656. Además de la edición del *Seguro*, escribió las *Advertencias a la historia del Padre Juan de Mariana* (Milán, 1611), y otras obras sobre literatura e historia.

puso esta crónica, si directamente después de los acontecimientos que recuenta, o años más tarde. En la obra el Conde narra lo que sucedió en la corte de don Juan II de Castilla de junio a octubre de 1439, mencionando brevemente al final de la historia que el pacto acordado entre los interesados quedaría roto al año siguiente. No hace mención de ningún suceso posterior a 1440; tampoco habla de la muerte de algunos de los principales actores de las reuniones, como la del Adelantado Pedro Manrique (fallecido en el mismo año), o de la ejecución de la persona que causó la controversia, Don Alvaro de Luna, muerto en 1453. Ya que el Conde de Haro se retiró a Medina de Pomar en 1459, veinte años después de los hechos referidos de manera tan detallada en el *Seguro*, sería difícil que él escribiera la obra en esa fecha tardía. El texto se basa en gran parte en documentos originales sobre el caso -- cartas y privilegios de la época -- a los que don Pedro ya no tendría acceso, con tanta distancia real y temporal. Si este manuscrito es un autógrafo del Conde de Haro, lo compuso poco después de los sucesos que relata, con toda probabilidad en 1440, llevándolo a la biblioteca que fundó quince años más tarde. Si dejó una copia en la corte de Juan II, quien le había encargado el apuntamiento de los hechos del Seguro, se desconoce el paradero de tal documento, a menos que sea éste, tomado por don Pedro después de muertos el rey y don Alvaro, cuando los sucesos de 1439 ya no le importaban a nadie, con la excepción del que los escribió.

Más de un siglo y medio después de las reuniones en Tordesillas, el secretario y bibliotecario de don Juan Fernández de Velasco, Condestable de Castilla, publicaría por primera vez la crónica preparada por quien fue el cuarto abuelo del ilustre caballero.[4] Encabeza su edición con un prólogo dedicado al Condestable don Juan, en el que brevemente anota la importancia del *Seguro de Tordesillas*, no sólo para el conocimiento de los sucesos del verano de 1439, sino también para el reconocimiento de los muchos méritos del Buen Conde de Haro. Sigue una tabla de los contenidos del libro, tanto los documentos que preceden la edición del *Seguro* como el título de sus ochenta y cuatro capítulos. El primero de los documentos incluidos es la "Vida del Conde de Haro" que compuso Hernando del Pulgar, cronista de Fernando e Isabel, para su *Claros varones de Castilla*[5]. Después, Mantuano recuenta la línea de los Velasco

[4] Mantuano escribe en las páginas introductorias de la edición que había terminado de escribir el libro en 1607, aunque no fue publicado hasta pasados cuatro áños.

[5] Ed. R. Tate, Oxford, 1971. Volveremos sobre los detalles de este retrato y los artículos que le siguen en el capítulo sobre la biografía de don Pedro Fernández de Velasco.

en una obra titulada "Ascendencia y avolorio del Conde de Haro," tema que continúa en el siguiente artículo, "De la casa y familia de Velasco", en el que quiere probar el parentesco entre esta casa y la del Conde Fernán González. A continuación, pone la atención sobre la "Succession del Conde de Haro," capítulo que nombra y describe brevemente a los descendientes de don Pedro Fernández de Velasco, el primer Conde de esta línea, llegando hasta el Condestable Juan Fernández, a quien va dedicado el libro. Siguen a estos escritos sobre los Velasco cinco cartas referentes a don Pedro y sus relaciones con el rey Juan II de Castilla y algunos grandes del reino, de procedencia desconocida. El resto del libro lo ocupa el texto del Seguro de Tordesillas; a éste Mantuano le ha añadido acentos y puntuación, y ha modernizado y fijado la ortografía, según el uso de su época. De esta manera facilita la lectura de la crónica, cuyo texto original se caracteriza por una ortografía poco fija y la profusión de abreviaturas.

La crónica aparece impresa por segunda vez en 1784, cuando forma parte de un tomo que contiene la *Crónica de don Alvaro de Luna*, el *Seguro*, y el *Passo Honroso*[6], editado por Josef Miguel de Flores. Se trata de una reimpresión del libro de Pedro Mantuano, con un corto prólogo escrito por Flores, en el que resume los sucesos de los años 1439-1441, afirma la importancia de la obra del Conde de Haro, y critica a don Nicolás Antonio que, en su *Biblioteca hispana nova*, cita mal el título de la edición de Mantuano y se equivoca al decir que don Pedro Fernández de Velasco habría sido Condestable de Castilla, dignidad que no entra en su familia hasta el nombramiento de su hijo para tal puesto.

[6] Madrid, 1784.

II. LA HISTORIA DEL SEGURO DE TORDESILLAS

A. Los Antecedentes Históricos

La tumultuosa historia del siglo XV en Castilla y Aragón ha sido narrada muchas veces, no sólo desde el punto de vista de simple relación de los acontecimientos de la época, sino desde la perspectiva de la importancia de estos sucesos en el futuro del país llamado España, a punto de nacer en ese momento. No es cuestión únicamente de acciones de monarcas, de sus validos, o de los nobles que pugnaban por adquirir más tierras y títulos; se trata del significado de estos hechos para la economía, las normas y actitudes de la sociedad en general, la cultura, y para la vida política, hechos que marcarían no sólo este periodo crucial de transición, sino la esencia de la nación durante más de dos siglos.

No pretendemos volver a contar la historia de los Trastámaras, que existen ya estudios muy valiosos sobre el tema, además de los documentos originales y crónicas que nos participan los acaecimientos de esta época alborotada.[1] Sin embargo, para mejor situar los sucesos del verano de 1439 relatados en el *Seguro de Tordesillas*, sería útil repasar en términos generales los acontecimientos que terminan en la necesidad de negociar las paces de la manera intentada aquel mes de junio.

---

[1] Los detalles de esta época se pueden encontrar en los siguientes documentos y estudios: Pedro Carrillo de Huete, *Crónica del Halconero de Juan II*, ed. Juan de Mata Carriazo, Colección de Crónicas Españolas, 8 (Madrid, 1946); Lope Barrientos, *Refundición de la Crónica del halconero*, ed. Juan de Mata Carriazo, Colección de Crónicas Españolas, 9 (Madrid, 1946); *Crónica de Don Alvaro de Luna, Condestable de Castilla*, ed. Juan de Mata Carriazo, Colección de Crónicas Españolas, 2 (Madrid, 1940); Alvar García de Santamaría, *Crónica de Juan II, años 1420-1434*, Colección de Documentos Inéditos para la Historia de España, 99-100 (Madrid); Fernán Pérez de Guzmán, *Crónica del serenísimo Príncipe Don Juan II, segundo rey deste nombre en Castilla y en León*, ed. Cayetano Rosell, BAE, 68, Vol. II (Madrid, 1953); Padre Juan de Mariana, *Historia General de España*, BAE 31, Vol. II (Madrid, 1872); Luis Súarez Fernández, *Nobleza y monarquía: Puntos de vista sobre la historia castellana del siglo XV*, 2ª ed. (Valladolid, 1975); Suárez Fernández, "Los Trastámaras de Castilla y Aragón en el siglo XV (1407-74),"*Historia de España*, 15, ed. Ramón Menéndez Pidal (Madrid, 1964).

Quizás el hecho más importante del siglo XV es el rápido crecimiento de la clase noble en Castilla (llamada a veces oligarquía), que participa en prácticamente todas las decisiones de la casa real. A la subida al trono de Enrique II, primer rey de la Casa de Trastámara, le acompaña el final de una guerra civil, lucha que aparejó la muerte a muchos miembros de las familias aristocráticas del siglo XIV. De los despojos de esta guerra fue creada la nueva nobleza: Enrique premió a sus leales seguidores con tierras despobladas, reconquistadas en el siglo anterior, y con títulos, concesiones que son conocidas como las mercedes enriqueñas. Crecieron en poder los Maestres de las órdenes militares (Calatrava, Santiago, Alcántara), dotados también de territorios valiosos. La costumbre de galardonar de esta manera a las personas fieles al monarca continuó mucho tiempo en Castilla: si bien al principio del siglo XV había tres grandes familias en el reino (los Stúñiga, Mendoza, y Velasco), para mediados del siglo eran quince los clanes nobles que peleaban entre sí y contra la monarquía por acrecentar sus patrimonios. Estos son los personajes principales de la prolongada lucha entre los primos Trastámara, Juan II de Castilla, y los Infantes de Aragón, Enrique y Juan, quien pronto sería Rey de Navarra.

Sin embargo, sería engañoso pensar que la clase noble funcionaba como un grupo coherente y unificado en su trato con la Corona; a pesar de la consanguinidad de muchas de las familias mediante matrimonios beneficiosos para su patrimonio, y pese a su búsqueda común de aumentar estos bienes y honores, había en realidad poca lealtad mutua entre estas personas, y aun menos fidelidad firme hacia su monarca. Si hay algo que caracteriza a los nobles de esta época, es su oportunismo y su particularismo: las lealtades entre ellos, formalizadas en los frecuentes acuerdos que firmaban y rompían, eran transitorias y dependían completamente del provecho personal que podían sacar de la situación política o económica del momento. Es éste el hecho que dificultaba la resolución de los muchos problemas que plagaban el reinado de Juan II de Castilla: aunque en un momento determinado el rey podía contar con el apoyo de ciertos aristócratas en alguna empresa, este sostén podía fallarle en cualquier momento, según los intereses particulares de los nobles. En la cuestión de la guerra civil con los Infantes de Aragón y el asunto de la autoridad de don Alvaro de Luna, las lealtades cambiaban constantemente, alargando el conflicto y amargando a todos los protagonistas.

Hasta a los mismos Infantes de Aragón les faltaba unidad de intención, y la discordia entre ellos causó una ruptura en la nobleza en 1418: los seguidores del rey de Castilla seguían también el campo del Infante Juan (los Velasco, Stúñiga, Mendoza, don Alvaro de Luna, el Conde de Trastámara Fadrique Enríquez, el Adelantado de Castilla Diego Gómez de Sandoval); llegaron a ser enemigos de la Corona los que se unieron al partido de Enrique (el Almirante Alfonso Enríquez, el Adelantado de León Pedro Manrique, y el Condestable Ruy López Dávalos).

Para el año 1419 los nobles ya habían conseguido mucha autoridad en el gobierno del Reino de Castilla: en este año las Cortes se quejaron del grado de mando de la nobleza y del hecho de que los procuradores de las ciudades habían sido expulsados del Consejo. Este desagrado de parte de las villas puso el decorado para el golpe de estado llevado a cabo por el Infante Enrique en julio de 1420. Enrique se aprovechó de la ausencia de su hermano de Castilla (que se había marchado a Pamplona para sus bodas con Doña Blanca de Navarra) para apoderarse de Juan II de Castilla en Tordesillas. Pronto volvieron al Consejo los procuradores, y a continuación confirmaron la autoridad del Infante. A raíz del golpe Enrique se casó con Doña Catalina, la Infanta, y le fue concedido como dote el marquesado de Villena. Sus colaboradores en estas empresas fueron el Adelantado Pedro Manrique, el Condestable López Dávalos, y Garci Fernández Manrique, el recién nombrado Conde de Castañeda. Durante el verano de 1421, sin embargo, el poder de don Enrique empezaba a fallar, y dentro del año fue tomado preso; el Adelantado y el Condestable se escaparon a Aragón con la Infanta Catalina. En el nuevo gobierno formado después de la caída del Infante, los grandes volvieron al poder y a Luna se le concedió el título de Condestable de Castilla, quitado a Ruy López Dávalos por su traición y huida.

La reconciliación entre los Infantes de Aragón fue concertada en 1425, año en que don Juan llegó a ser Rey de Navarra y Enrique fue liberado de su prisión. El arreglo de la disputa entre los hermanos no pudo evitar las tensiones en el Consejo, que pronto se rompería en facciones: el partido aragonés contra los nobles castellanos, con el problema añadido del exceso de mando de don Alvaro en los asuntos del gobierno. Cuando en 1427 los Infantes formaron una Liga que se oponía al Condestable, la mayoría de los nobles declararon su neutralidad; en agosto, sin embargo, una comisión especial decidió el exilio de Luna, que duraría apenas tres meses. En febrero del año siguiente, el valido regresó a Castilla con más poder que nunca, constituyendo un partido de oposición a los Infantes, al que se adhirió casi toda la nobleza, excepción hecha de Diego Gómez de Sandoval, que siempre mantendría su lealtad a Juan II de Navarra. Este fue invitado a abandonar Castilla, por sobrarle al reino la presencia de dos monarcas; Enrique fue mandado a la frontera de Andalucía, y las rentas de los dos fueron suspendidas. Resultado de estas acciones fue una guerra entre Castilla y Aragón en 1429, que culminó en junio con la rendición del castillo de Peñafiel, ocupado por los defensores del partido aragonés. Tras la derrota de los Infantes de Aragón, éstos fueron despojados de sus tierras y bienes en Castilla, heredados de sus padres, don Fernando de Antequera (Rey de Aragón), y doña Leonor de Alburquerque. Estas considerables confiscaciones fueron repartidas entre los nobles que habían apoyado la causa castellana, algunos de ellos futuros enemigos de la Corona. Entre las importantes mercedes hechas en este momento figuraban el título de Conde de Haro otorgado a don Pedro Fernández de Velasco, el de Conde de Ledesma dado a Pedro de Stúñiga, la concesión de Guadalajara a Iñigo López de Mendoza, y el otorgamiento del Maestrazgo de Santiago a don Alvaro de Luna. La tregua firmada en julio de 1430 pactó el exilio de los Infantes de tierras castellanas durante cinco años.

El triunfo del Luna sobre los Infantes de Aragón no puso fin a las trabas que encontraría camino del poder absoluto en Castilla: surgió otro obstáculo que superar, la creciente oposición de los grandes contra su dominio. Parte de su intento de sobrepujar esta dificultad consistió en casarse en 1431 (Luna había quedado viudo) con la hija de uno de sus mayores críticos, don Rodrigo Alonso Pimentel, Conde de Benavente. Su nueva esposa, Juana Pimentel, fue también sobrina del Adelantado Pedro Manrique, otro noble desafecto. Las segundas nupcias del Condestable, sin embargo, no podían parar la pérdida de entusiasmo de parte de éstos y del Almirante Fadrique Enríquez. En ese momento nadie quería el retorno de los Infantes, habiéndose beneficiado muchos nobles de los despojos efectuados en 1429, por los cuales nunca se pagaron las recompensas prometidas en la tregua que los siguió. Por esta razón fue muy aceptado en Castilla el Tratado de Toledo, pactado en setiembre de 1436, en el que Juan y Enrique renunciaron a los bienes confiscados el año anterior y certificaron que no volverían al Reino. Una parte importante de este tratado fueron los desposorios concertados para el matrimonio entre doña Blanca, hija de Juan II de Navarra, y Enrique, Príncipe de Asturias.

A pesar de la aparente resolución del conflicto con los Infantes de Aragón, el Reino de Castilla no se liberó del descontento de la nobleza con la intervención del Condestable en los asuntos del gobierno. Cuando el Almirante, el Adelantado de León, y el Conde de Ledesma desmostraron su desagrado abiertamente, Luna manda arrestarlos. Tomaron prisionero únicamente a Pedro Manrique, en agosto de 1437. Su prisión de un año fue el colmo de males para muchos de los nobles, que desde 1436 habían manifestado su deseo de derribar al Condestable y establecer de nuevo un gobierno más equilibrado. Al poco tiempo don Alvaro fue abandonado por todos, incluso por su suegro el Conde de Benavente. Ya desesperado, pidió a los Infantes de Aragón que regresaran a Castilla, ofreciéndoles como incentivo para su retorno la devolución de su patrimonio, algo realmente fuera del alcance de Luna.

Mientras tanto, los nobles rebeldes se habían apoderado de Valladolid, una de las villas más importantes de Castilla. Encabezando esta empresa estaba el Mariscal Iñigo Ortiz de Stúñiga (hermano del Conde de Ledesma); pronto se unieron a él casi toda la nobleza con centenares de hombres armados; reunieron un verdadero ejército en la ciudad. Los Infantes regresan a Castilla en abril de 1439, pero pronto se separaron: don Juan se fue a Roa para estar al lado de Juan II; Enrique se dirigió a Valladolid para juntarse al campo sublevado. El Condestable se marchó para Medina del Campo, dejando al Rey de Navarra las negociaciones entre los dos bandos.

Precedieron a la junta de Tordesillas que es el tema de este estudio cuatro conferencias, todas en los alrededores de Valladolid, entre finales de abril y principios de junio. La primera fue celebrada en Tudela de Duero el 23 de abril, menos de una semana después de que don Enrique se adhirió al partido antialvarista. Sirvieron de mediadores el Rey de Navarra y su brazo derecho, el Conde de Castro; la nobleza insurgente fue representada por Enrique, el Adelantado Pedro Manrique, y el Conde de Benavente; el Condestable fue sustituido por sus hombres de confianza, Alonso Pérez de Vivero y Fernando de Ribadeneyra. Al fracasar las negociaciones en Tudela de Duero, se concertó otra reunión en Renedo, en mayo. Aquí los nobles constituyeron una Liga que tenía por meta la devolución al Consejo de la incumbencia del gobierno de Castilla; sus peticiones, sin embargo, fueron rechazadas. Se acordó la tercera conferencia para el 23 de mayo en Tordesillas, pero ésta nunca llegó a celebrarse: la villa había sido entregada al Infante Juan, pero por falta de confianza Enrique no quiso entrar en ella, temiendo su arresto. Los hermanos se entrevistaron por fin el 2 de junio, en el puente de Valdeastillas, pero los dos partidos no pudieron llegar a ningún acuerdo sobre los negocios en cuestión.

Los fracasos de estas juntas prepararon el terreno para la quinta conferencia, que otra vez tendría lugar en Tordesillas. En esta ocasión buscaron una nueva fórmula para tratar de llegar a un convenio entre los campos opuestos. En vez de representantes, se reunirían los hombres principales de cada partido para conversar: los Infantes de Aragón, el Almirante Fadrique Enríquez, el Adelantado Pedro Manrique, el Conde de Benavente, el Conde de Castro, don Alvaro de Luna, y Juan II de Castilla. Para garantizar la seguridad de los protagonistas, la villa de Tordesillas fue entregada a don Pedro Fernández de Velasco de la manera y bajo las condiciones contadas en la crónica que él preparó sobre estas juntas, celebradas entre el 15 y 20 de junio.

B. Resumen del Seguro de Tordesillas

El texto llamado *Seguro de Tordesillas* en que el Conde de Haro narra los acontecimientos del verano de 1439 no contiene detalles sobre una sola conferencia entre los dos partidos de la disputa, sino que da información sobre tres distintas reuniones: la primera, celebrada en Tordesillas del 15 al 20 de junio; la segunda, que también tiene lugar en esta villa, es concertada como una prorrogación de la primera después del fracaso de ésta, pero con nuevas condiciones para las reuniones; y la tercera conferencia, efectuada en Villafranca en el mes de agosto. Las crónicas e historias de la época relatan en términos generales lo sucedido en estas juntas; la esencia de estas obras, que normalmente resumen en un par de capítulos lo ocurrido en años o décadas, no permite la profusión de detalles que los ochenta y cuatro capítulos del *Seguro* nos participan. El texto es un verdadero manual del protocolo cuatrocentesco en tiempos de conflicto: se incluye una gran abundancia de pormenores sobre las costumbres y usos de la época y las relaciones personales entre los distintos nobles.

Pedro Fernández de Velasco empieza su valiosa crónica con los antecedentes de la reunión en Tordesillas, relatando en términos generales la cuestión a resolver (el gobierno del reino) y el acuerdo entre los bandos de entrevistarse en la nombrada villa; incluye el documento en que Juan II de Castilla le da licencia al Conde para tomar el pueblo en su poder, administrando la justicia durante el tiempo señalado de las conversaciones. Lo más importante de este escrito es el nivel al que baja el rey para hacer posible esta conferencia: al prometer no hacerle daño a ninguno de los participantes, y de darles perfecta inmunidad contra su arresto o detención por cualquier motivo, Juan II en efecto desciende de su trono para colocarse en el mismo nivel de los nobles rebeldes, que también juran las condiciones mencionadas. La única persona que tiene autoridad durante el tiempo del Seguro es el Conde de Haro, que es desnaturalizado de su estado normal como súbdito del monarca, condición natural de todas las personas del reino. Bajo estas estipulaciones todos los interesados firman el acuerdo que les permitirá juntarse en Tordesillas. Hay que recordar el hecho de que la última reunión preparada en esta villa no se dio porque el Infante Enrique se negó a entrar en el pueblo, temiendo ser arrestado; asegurada la inmunidad de todos, el campo aragonés (encabezado por Enrique) firma el pacto el 12 de junio.

Una vez concertadas las condiciones generales de la llegada a Tordesillas, Juan II de Castilla produce un escrito de diecisiete artículos que estipulan el número de hombres que pueden acompañar a los que van a participar en la reunión: Se concierta el número de cabalgaduras, acemileros, y hombres de a pie con los que se puede entrar en la villa; se prohibe el uso de los caballos (probablemente para evitar los repentinos ataques y rápidas fugas), y toda clase de armas que no sean espadas. Sin embargo, todos tendrán que dejar las espadas en manos del Conde de Haro al entrar en el pueblo (más tarde se revela que las guarda en la iglesia de San Pedro), y someterse a un registro para mayor seguridad. "Por evitar los ruidos y los escandalos que se podian levantar," los miembros de los campos adversarios serán hospedados por separado, según los pareceres del Conde y del Aposentador del rey, encargados de asignarles a todos su alojamiento. Se permite la venta de comidas y provisiones en dos plazas solamente, que quedarán fuera de las puertas de la villa; sólo podrán acudir a comprar oficiales designados, sin otros hombres, para evitar los posibles problemas entre los dos bandos. Una vez comenzadas las conversaciones, sólo se permitirá que los principales vayan a hablar con el rey, sin compañía de otros caballeros o escuderos, y que lo hagan con "la reverencia y obedencia" debida al monarca (un indicio del estado lamentable de las relaciones entre Juan II y los nobles rebeldes).

Pactados estos artículos, don Pedro Fernández de Velasco se marcha a Tordesillas para apoderarse de la villa y preparar la venida de los otros. Hace que los vecinos de esta aldea y de Simancas juren guardar las condiciones del Seguro, y les quita todas sus armas. Despide para el tiempo acordado a los alcaldes y alguaciles de estos lugares, nombrando a algunos de sus propios hombres para la responsabilidad de vigilar las villas de día y de noche. Luego manda poner unas palanqueras a dos puertas del palacio para que los adversarios, al entrar o salir, no se podrán hablar, evitando así "deshonestas palabras." Una vez que todo está en orden, los dos bandos entran en Tordesillas. Los Reyes de Castilla y de Navarra (aquél, en hábito de guerra) entran con el séquito permitido por los artículos mencionados; por la tarde llega el Infante Enrique y los suyos, y a la puerta del pueblo el Conde de Haro manda contar las cabalgaduras y hombres que han traído, antes de dejarles entrar. Más tarde, Enrique tiene la primera audiencia con su primo Juan II, en compañía de nobles de ambos campos; los guardias se apartan de la mesa de reunión para no oír el diálogo, pero nunca pierden de vista al rey y a los que le rodean.

Aunque le es concedida al Conde de Haro sólo la seguridad de Tordesillas durante el tiempo de las conversaciones, éste sin embargo empieza a actuar como mediador entre los contendientes. Temiendo que esta conferencia pueda acabar como las anteriores, le sugiere a Juan II de Castilla que deje la comisión de los negocios a los Infantes de Aragón para que ellos determinen el camino a seguir, y que los dos partidos acepten la presencia de don Alvaro de Luna en las reuniones. Juan II promete admitir cualquier decisión tomada por sus primos; pero el tiempo dado para que decidan sobre los asuntos en cuestión (incluso una prórroga de varios días) caduca sin que los Infantes lleguen a conclusión alguna. Aunque el rey manda al Conde de Haro a hablar con Enrique y Juan para ver si quieren otra comisión (esta vez añadidos algunos grandes al diálogo para ayudarles a resolver el asunto), de repente Juan II se va de Tordesillas para instalarse en Medina del Campo. Esta repentina ruptura de las negociaciones se podría considerar como un acto decisivo por parte del Rey de Castilla; no obstante, el Conde de Haro le convence de volver al sitio de las juntas, suplicándole que vea "quanto fuego querian poner en su Reyno los que tal consejo le daban" (el de irse de Tordesillas). Sospechamos la intervención de don Alvaro de Luna, que temerá que alguna decisión tomada por los primos del rey acabe con su segundo exilio de Castilla.

En este momento llega la noticia que don Rodrigo de Villandrando, Conde de Ribadeo, ha venido a Castilla con un pequeño ejército de hombres de armas, listo para auxiliar a Juan II, si le es menester ayuda. El texto del *Seguro* no menciona el hecho de que el monarca le ha enviado una carta a Villandrando, pidiendo su venida al reino y posible intervención en los problemas surgidos.[2] Otra vez intercede el Conde de Haro, sugiriéndole a Juan II que no deje entrar al Conde de Ribadeo, que su presencia pondrá en peligro el resto de la conferencia. Para evitar un posible conflicto militar (los nobles y sus hombres armados en Valladolid ya están dispuestos a atacar a las tropas de Villandrando), el rey da crédito a las opiniones de don Pedro, y manda detenerse a Ribadeo en Roa. Ya es a finales del mes de junio cuando se tranquiliza un poco la situación, y Juan II acepta seguir adelante con las entrevistas en Tordesillas. Sin embargo, como ha caducado el tiempo concordado para el último seguro, incluso la prórroga concedida a los Infantes de Aragón, el rey opta por mandar escribir una nueva lista de condiciones para el diálogo.

La relación de cláusulas para la segunda reunión en Tordesillas es más larga y más específica que la anterior: parece indicar que durante los días de la primera junta, hubo cierto desorden en la villa y en Simancas, problemas que el Conde de Haro preferiría callar al escribir sobre los sucesos de esas jornadas. Los nuevos capítulos también enumeran la cantidad de cabalgaduras y hombres que pueden entrar con cada uno de los nobles, pero esta vez los participantes tendrán que nombrar específicamente a sus acompañantes en una carta con firma notarial, antes de acudir a Tordesillas con ellos. A las personas que se adentren en el pueblo sin previa autorización, "que le den cient azotes, y si fuere ome de mula, que pierda la bestia." Al parecer, Juan II quiere prohibir la presencia de algunos tipos indeseables que pueden haber causado líos la última vez. Es más: los hombres serán alojados en distintos barrios como antes, pero esta vez no podrán entrar en el vecindario donde están hospedados los del otro partido, bajo castigo de ser echados de la villa. No es difícil imaginar las rondas nocturnas que acabarían en peleas durante el primer tiempo del seguro, armado el personal de los "cuchillos o ganivetes de mesa" con los que se les permite entrar en el lugar por necesidad y costumbre. Pero parece que los vecinos de Tordesillas y de Simancas también participaron en las peleas, que ahora estos inquilinos quedan expulsados de los dos sitios, previamente desprovistos de sus armas; el inconveniente de encontrarse fuera de casa durante los cuarenta días que ha de durar la conferencia representará un castigo por alguna fechoría. En cuanto a los principales partícipes en las conversaciones, esta vez serán ocho, debido a la incapacidad de los Infantes de Aragón de lle-

2 Véase n. 69 del texto.

gar a un acuerdo sin la opinión de otros. Sin embargo, la inclusión de don Alvaro de Luna en la comisión parece contraproducente; sus siete interlocutores, no obstante, incluyen muchos enemigos suyos (los miembros de la comisión son el Infante Enrique, el Almirante, el Adelantado Pedro Manrique, el Conde de Benavente, Juan II de Navarra, el Conde de Haro, y el Conde de Castro), y se necesitan seis votos para aprobar una decisión. Las anteriores charlas entre los ilustres señores habrían acabado en gritos o insultos, porque se estipula en la nueva lista de condiciones que, estando presentes en el palacio los miembros de un partido, se tienen que ausentar los de la oposición. Durante los cuarenta días no será vigente cualquier liga, confederación o pacto de amistad y ayuda mutua firmada por los nobles, para que todos "hagan buena amistanza" entre sí. Las ocho personas nombradas subscriben un documento jurado que delinea estas restricciones, incluso la promesa de todos de dispersar las tropas de hombres armados que han dejado principalmente en Valladolid y Medina del Campo, y de no tomar otros lugares durante los dos meses que siguen a la reunión. Concertados los nuevos capítulos, todos llegan otra vez a Tordesillas a principios de julio, para intentar resolver la cuestión de quién y cómo se ha de gobernar el Reino de Castilla.

Es importante recordar que desde el 10 de junio hasta principios de julio, los nobles no han hecho más que contemplar y ratificar las condiciones bajo las que aceptan juntarse para considerar los asuntos en disputa; con la excepción de una reunión entre los Infantes de Aragón en que concluyen que no podrán concluir nada, los partidos no han hablado. Y a pesar del cuidado tenido al escribir las nuevas condiciones a cumplir para que se empiecen las negociaciones, y pese a los juramentos hechos sobre su cumplimiento, al llegar a Tordesillas los nobles comienzan a acusarse de no observar lo convenido. Juan II de Navarra abre las imputaciones, declarando que el partido antialvarista no ha dispersado a sus hombres en Valladolid. Siguen protestas de inocencia, y luego quejas sobre la cláusula que exige el desatamiento de las ligas entre los nobles; aunque todos han firmado el acuerdo, algunos ahora se niegan a cumplir la orden de hacer amistad con sus adversarios.

La disputa sobre la existencia o no de ejércitos en otros pueblos y la falta de intención de romper viejos contratos de alianza a causa de ello son pretextos que encubren el verdadero motivo que tienen los nobles por no querer seguir con las negociaciones. A pesar de la declarada razón de estas conferencias (el exceso de poder del Condestable) este problema resulta ser menos importante para todos los miembros de la nobleza, de ambos partidos, que la posible pérdida de las mercedes que Juan II de Castilla les otorgó a raíz de las confiscaciones de los bienes de los Infantes de Aragón en 1429. Parece que el monarca le tiene prometido a su primo Juan II de Navarra la devolución de estas tierras y honores, ahora en manos de los mismos nobles que forman parte de los dos bandos en disputa. El mismo don Pedro Fernández de Velasco es Conde de Haro a causa de estos despojos. La oligarquía (si se puede decir que existía tal cosa) deja de funcionar como un grupo coherente, y recurre únicamente a su particularismo: el posible menoscabo del patrimonio de cualquiera de estos señores les es más importante que la cuestión de quién toma las riendas del gobierno.

Los dos lados cruzan muchas cartas y documentos sobre las ligas y su disolución, sin llegar a un acuerdo firme sobre la nueva amistanza que habían jurado formar. El Conde de Castro, el constante apoyo de Juan II de Navarra, protesta que firmó este pacto bajo orden del Rey de Castilla, y que no se ve obligado a llevarlo a cabo. Este nuevo incidente empeora la situación general, y parece que los nobles nunca se van a poner de acuerdo para sentarse a hablar del anunciado tema de esta conferencia, dilatando un posible convenio. Para el 11 de agosto están todavía plagados de disquisiciones. El último intento del Conde de Haro de mediar algún pacto aceptable por todos fracasa, y Juan II abandona Tordesillas hacia Medina del Campo; el mismo día su primo Juan se va de la villa, dejando todos los negocios sin concluir.

Mientras el Rey de Castilla está en Medina del Campo, su primo el de Navarra manda cerrar las puertas de esta villa y no dejar entrar ni salir a nadie, para evitar que aquél se vaya a Avila, donde había un levantamiento. Juan II de Castilla le escribe una emocionante carta al Conde de Haro, informándole que el Infante Juan le tiene preso y pidiendo su ayuda. El buen conde acude a auxiliar a su monarca, y concierta una reunión entre los primos en una plaza de la villa, donde hacen unas paces provisionales y Juan II de Castilla acepta volver a Tordesillas sin don Alvaro y sin el Rey de Navarra, para tratar de terminar los negocios. Su regreso a la villa no cambiará nada, sin embargo, y los cuarenta días del seguro caducan sin que los participantes traten los asuntos en cuestión. De Tordesillas Juan II se va a Castronuño; su primo se queda en Medina, y Enrique y los suyos también se van del pueblo.

Viendo que no había más que hacer sobre el tema, el Conde de Haro le pide al rey permiso para abandonar la empresa e irse para su tierra, petición denegada por Juan II, que manda al Conde que le acompañe a

Castronuño. El rey le da otro seguro para una reunión en Villafranca entre el Condestable, el Almirante, el Conde de Benavente, y el Adelantado Pedro Manrique, que tiene lugar a finales de agosto. Las cuestiones que conciertan tratar son, principalmente, el alejamiento de don Alvaro de la corte y las equivalencias que se pueden hacer a los Infantes de Aragón para recompensar las confiscaciones de 1429. En cuanto al primero, es decidido por todos que no se puede llegar a ninguna conclusión sobre el gobierno de Castilla estando presente don Alvaro, y éste acepta su retiro del reino "con que fuesse ordenado como su persona, y casa y facienda fuesse guardada," lo que sus compañeros le conceden. El tema de las equivalencias por los despojos de la guerra de 1429, no obstante, es sumamente delicado: los nobles se niegan a considerar la devolución de tierras, rentas, y títulos que el rey les otorgó hace siete años, y prefieren que Juan II les dé a sus primos otras propiedades pertenecientes a la Corona. El Conde de Haro opina que este procedimiento disminuiría el patrimonio real, ya bastante reducido a causa de décadas de mercedes; ofrece regresar al monarca los otorgamientos que él recibió de los despojos de los Infantes de Aragón (las villas de Haro y Belorado), y les aconseja a los otros señores que hagan lo mismo. La reacción de la nobleza, como es de esperar, es negativa; las únicas condiciones que quieren aprobar son la despedida del Condestable de la corte, y un acuerdo de amistad entre los que se quedan.

Don Alvaro de Luna se despide de su rey, "el qual con buen semblante y sin sentimiento, que fascedero non fuese, le despidió" (octubre de 1429); su ida les quita a los nobles la razón de sus conferencias, y no hay más reuniones. Queda, sin embargo, la reclamación de los Infantes, que se niegan a olvidarse de la promesa de devolverles sus bienes en Castilla. Por lo visto, después del exilio del Condestable siguen algunos problemas en el reino (brevemente mencionados por el Conde de Haro al final de su texto); pero las bodas del Príncipe don Enrique con la hija de Juan II de Navarra calmarán las disputas de momento.

Don Pedro Fernández de Velasco termina su escrito de manera inconclusiva, dando a entender que el regreso de don Alvaro a Castilla al año siguiente empezaría de nuevo los "bollicios y escandalos" tantas veces mencionados en el *Seguro*. Consciente de la inutilidad de seguir intentando negociar sobre estos asuntos, el Conde de Haro le pide licencia a Juan II por tercera vez para regresar a sus tierras, y por fin le es concedido tal permiso. El *Seguro de Tordesillas* concluye con la despedida del Conde.

III. LOS PROTAGONISTAS

Bien conocidas y analizadas son las vidas de los más famosos participantes del Seguro de Tordesillas (Juan II de Castilla, don Alvaro de Luna, y los Infantes de Aragón[1]); en el presente estudio se tratan las biografías de los otros nobles protagonistas de las conferencias.

A. Don Pedro Fernández de Velasco, Conde de Haro [2]

El que fuera nombrado Buen Conde de Haro nació hacia 1399, hijo de la ilustre Casa de Velasco, linaje de origen vizcaíno o alavés. La fortuna de esta familia se debía en gran parte a los esfuerzos del abuelo del futuro Conde, don Pedro Fernández de Velasco, Camarero mayor de Juan I de Castilla, y su padre, don Juan Fernández de Velasco, a su vez Camarero mayor del monarca castellano, y Señor de Medina de Pomar y de Briviesca. Su madre era Doña María Solier, Señora de Villalpando y de Siruela, hija de Mosen Arnao Solier, natural de Limoges. Don Fernando, hermano de nuestro Pedro Fernández de Velasco, heredaría la Señoría de Siruela a la muerte de Doña María, llegando a ser progenitor de los Condes de Siruela.

---

1 Las mejores referencias son las varias crónicas que relatan sus vidas; sobre Luna, véase también Nicholas Round, *The Greatest Man Uncrowned* (Londres, 1986), con su excelente bibliografía; sobre don Enrique y don Juan, Eloy Benito Ruano, *Los Infantes de Aragón* (Madrid, 1952).

2 La información sobre la vida del Conde de Haro se puede encontrar en las siguientes obras: José Luis Romero, *Sobre la biografía y la historia* (Buenos Aires, 1945), págs. 57-58; Round, *Greatest Man Uncrowned*, págs. 33, 38; Suárez Fernández, *Nobleza y monarquía*, págs. 32, 131, 135, 141-42, 144, 145; Pulgar, *Claros varones de Castilla*, págs. 15-18, 81-82; Rogelio Pérez Bustamante, *El gobierno y la administración de los reinos de la Corona de Castilla*, 1 (Madrid, 1976), 332, 334-36, 337; Suárez Fernández, "Los Trastámaras de Castilla y Aragón en el siglo XV," págs. 16, 112, 115, 154, 157, 167, 177, 184, 203, 225, 229, 298; *Archivo de los Duques de Frías*, 1, ed. María Teresa de la Peña y Pilar Tello (Madrid, 1955), Artículos 7, 27, 102-05, 114-15, 221-22, 249, 254, 604-05, 615-17, 678, 716-18, 851, 855, 979, 1051, 1081-82, 1109-12, 1165, 1278, 1369, 1395-96, 1398, 1400, 1403-18, 1425, 1435-36, 1515-1520, 1538, 1540, 1547, 1549, 1581, 1683-86, 1726, 1736-37, 1776-81, 1798, 1853-55, 1886-87, 1936, 1944, 2011-12, 2037, 2049, 2062, 2097, 2103, 2258-2359, 3136-37; en numerosos sitios de las crónicas citadas en el capítulo anterior, y de la *Historia* del Padre Mariana.

Mantuano traza el linaje de la Casa de Velasco para descubrir sus antepasados, encontrándolos casi siempre en servicio de la Corona: algunos abuelos del Conde eran Adelantado o Merino mayor de Castilla, o Comendador de la Orden de Santiago, y casados muchos de ellos con nobles mujeres. Su bisabuelo, Fernán Sánchez de Velasco (que entregó a la casa real la provincia de Alava), estuvo casada con una hija de la Casa de los Siete Infantes de Lara. El parentesco cercano es fácil de investigar, utilizando los documentos referentes a la personas en cuestión; más difícil de probar es la alegación de Mantuano que la familia de Velasco es una de las más antiguas de España. En su tratado sobre los antecesores del Conde de Haro, Mantuano relaciona la Casa de Velasco con el padre del Conde Fernán González. Cuenta que los Velasco descendieron del hijo de un tal Nuño Rasura, cuya hija se casó con Laín Calvo, antepasado del Cid; el hijo de este matrimonio fue padre del Conde de Castilla. Según el primer editor del *Seguro de Tordesillas*, dos hermanos Velasco fueron armados caballero por el Conde tras la batalla de Acinas contra Almanzor; están enterrados con él, como parientes suyos, en el Monasterio de San Pedro de Arlanza en Oña. Mantuano rechaza la opinión de algunos historiadores que insisten en el parentesco de los Velasco con los Príncipes de Vizcaya, echados de España durante la época de los godos, o con los mismos godos. Termina su abolorio con una relación de los ilustres presuntos antepasados de don Pedro Fernández de Velasco, hasta llegar al primero de la línea del que se tiene noticia, Esperancio de Velasco, fundador del Monasterio de San Vicente en Oviedo en el año 819 (págs. IV-XVI).

Don Pedro Fernández de Velasco no interviene directamente en el gobierno castellano hasta la muerte de su padre en 1418: éste no sólo había sido Camarero mayor del Rey don Juan II, sino también fue nombrado tutor del pequeño monarca en el testamento de su padre, don Enrique III. El difunto rey había querido que Juan Fernández compartiera la responsabilidad de la turoría con Diego López de Stúñiga; los dos abandonaron el puesto por cierta importante cuantía de dinero, cediendo de esta manera a Fernando de Antequera, futuro rey de Aragón y padre de los Infantes de nuestra historia. Pedro Fernández de Velasco sucede a su padre no sólo como Señor de Medina de Pomar y de Briviesca, sino también en su puesto como Camarero mayor de Juan II, con apenas diecinueve años. Sería el primer honor otorgado al joven noble por el Rey de Castilla y por su sucesor Enrique IV; seguirían durante el resto de su vida valiosas mercedes, territorios, juros, rentas, y un condado. Pero don

Pedro empezó su carrera en la corte castellana de manera no muy astuta, siguiendo el campo a favor del Infante don Enrique de Aragón en la rivalidad con su hermano don Juan, incurriendo en la desgracia de Juan II. Pronto se da cuenta de la importancia de la política en la fortuna de las personas, y para finales de 1418 ya se encuentra entre los miembros del partido a favor del Infante don Juan. Hace de esta manera sus primeras amistades políticas con los caballeros de las casas más poderosas de Castilla (los Stúñiga, los Mendoza), además de sellar su relación con el rey y don Alvaro de Luna. Pronto encontraría otro problema, esta vez con su herencia de la Merindad de Castilla, que también había pertenecido a su padre desde 1384, siéndole otorgada esta merced por Juan I y reconfirmada por Enrique III: cuando se le confirma a don Pedro como Merino mayor de Castilla en 1419, Juan II recibe de los concejales de la merindad unas cartas protestando este nombramiento, pidiéndole que no se le conceda. El Rey les contesta con la negativa, ordenándoles que acepten a Velasco como Merino. Instalado ya en este puesto y amigo de los partidarios de Juan II y Luna, para el año 1420 don Pedro es considerado uno de los Grandes del reino. En este año empieza también la expansión de sus posesiones territoriales, con la compra de unas heredades en Santa Olalla (Briviesca); su afán de incrementar su patrimonio seguiría hasta años después de retirarse de la vida cortesana.

La década de 1420 ve a don Pedro Fernández de Velasco firmando acuerdos con los varios nobles del reino, confederaciones de amistad y mutua ayuda, como la que signa con el Maestre de Calatrava, el de Alcántara, y Juan II de Navarra en 1426. A través de los años haría una sucesión de convenios de esta clase, rompiéndolos y firmando otros, según su lealtad del momento.

En 1428 hay un pleito entre don Pedro y don Juan de Tovar, Señor de Astudillo, sobre la posesión del lugar de Villadiego. El Camarero mayor gana la jurisdicción de la villa en este pleito, y años después su adversario seguiría pagándole los dineros perdidos en el juicio. En setiembre del mismo año, Alfonso de Aragón le contesta una carta en la que don Pedro parece haber propuesto una justa para resolver las disensiones entre los caballeros de la corte aragonesa y la castellana, pero el Magnánimo no le da permiso para la empresa. Velasco le vuelve a escribir unos meses después, y en marzo del 1429 don Alfonso le responde, en una misiva existente en el Archivo de la Corona de Aragón,[3] diciendo que no puede

3 Reg. 2683. La anterior citada es Reg. 2682. Véase Martín de Riquer, *Vida caballeresca en la España del siglo XV* (Madrid, 1965), págs. 30-31.

asegurarle el paso de armas que don Pedro pretende defender en territorio aragonés. Impresionado con su entusiamo, sin embargo, Alfonso V le invita a incorporarse a su ejército durante esa misma primavera. El Camarero mayor no piensa hacer tal cosa, que sería una traición, y sigue como encargado de las fronteras de Navarra en la guerra contra este reino, jurando en el mismo año su lealtad a Juan II de Castilla. Buena política ésta, ya que al despojar a su primo don Juan de las villas de Belorado y Haro en 1429, el Rey se las concede a Velasco; más tarde éste formaría un mayorazgo en la primera, y sería primer Conde de la segunda a partir de mayo de 1430.

Exiliados los Infantes de Aragón, los poderosos aristócratas del reino ponen su atención en lo que consideran una demasía de autoridad por parte de don Alvaro de Luna. Para el año 1431, el Consejo castellano está dividido en dos partidos, los partidarios a favor del Condestable y los en contra; Pedro Fernández de Velasco encabeza el campo antialvarista, una política que pronto pagaría. Unos meses después, a principios de 1432, don Alvaro manda arrestar a Velasco y a sus seguidores en Zamora: el Obispo de Palencia y Fernán Alvarez, futuro Conde de Alba. Don Iñigo López de Mendoza, que no está presente en Zamora, escapa al arresto. El Conde de Haro es liberado en seguida, pero su detención le sirve de aviso.[4]

Tras el Seguro de Tordesillas y el acuerdo entre los monarcas de Castilla y de Navarra sobre el matrimonio del primogénito y heredero de Juan II de Castilla, don Enrique, y Doña Blanca de Navarra, el rey castellano manda al Conde de Haro al reino navarro como embajador para acompañar a la joven a Castilla con el fin de celebrar las bodas. Forman parte del séquito Iñigo López de Mendoza, el Obispo de Burgos, y don Alonso de Velasco, hermano de don Pedro. Al pasar por las tierras del Conde, éste festeja a doña Blanca, para terminar el viaje más tarde en Valladolid donde el casamiento se celebra con gran regocijo el 15 de setiembre. Sería un matrimonio político, pero inútil: las disensiones entre los dos reinos siguen, y la pareja se separa en 1453 por no haberse consumado la relación.

---

4 Su intervención en los acontecimientos del resto de la década, hasta el Seguro de Tordesillas, es el tema del presente estudio, y no se repitirá aquí.

Aunque en 1441 el Conde de Haro declara su neutralidad en los continuos problemas con los Infantes de Aragón, a raíz del golpe de estado de Rámaga dos años más tarde se convierte en el cabecilla de la resistencia castellana en el Norte del reino. En 1445 intercede una vez más en las negociaciones frustradas entre Juan II de Castilla y Juan II de Navarra; todo acabaría en la Batalla de Olmedo en mayo. En setiembre del mismo año firma un acuerdo con don Alvaro de Luna en el que prometen serles leales al Rey y a su heredero, Enrique. Desaparecidos otra vez los Infantes, causa de esa contienda, los que eran adversarios del Conde en lo del Seguro de Tordesillas pronto llegan a ser sus aliados: entre 1446 y 1450 don Pedro firma pactos de mutua ayuda con sus viejos enemigos el Almirante de Castilla, el Adelantado Diego Manrique (heredero del difunto don Pedro Manrique), y el Conde de Benavente, y reafirma su confederación con don Alvaro. A pesar de estos juramentos de amistad, Velasco se aliaría en 1452 con los Stúñiga, el Marqués de Santillana, el Conde de Benavente, y otros, para buscar el arresto de don Alvaro de Luna, conseguido en 1453, que supondría el final del Condestable.

A la acumulación de posesiones territoriales del Conde de Haro, el Rey Juan II le añade Frías, merced concedida en 1446 por los servicios del buen Conde en las Batallas de Pampliega (1444) y de Olmedo. El lugar de Frías, sin embargo, se negaría a convertirse en señoría de Velasco: en setiembre de 1450, el Conde se ve obligado a asediarlo, y los habitantes rinden por hambre. Para estas fechas, los dominios de don Pedro incluyen: Frías, Arnedo, Salas de los Infantes, Herrera de Pisuerga, Medina de Pomar, Briviesca, Haro, Villalpando, Santo Domingo de Silos, Cuenca de Campos, y Tamarite (en los actuales Burgos, Logroño, Palencia, y Alava). En Medina había una aljama con la que don Pedro tenía mucho trato, sobre todo con un judío nombrado Yuçuf al Nasí, que habría sido el representante de la comunidad. En 1425 y 26, éste le paga al Conde el dinero cobrado a las aljamas; diez años más tarde, don Pedro llega a un acuerdo con los hijos de Yuçuf sobre sus deudas contraídas por el arrendamiento de las albaquías. Pero Velasco también incurrió en deudas con los judíos, las que pagó en maravedís, oro, plata, y otros bienes al mismo Yuçuf, a otro llamado Abrahin Zabaco, y a los judíos de las aljamas de Briviesca. En 1430, el Conde hace investigar el caso de un cristiano inducido y circunciso en la sinagoga de la villa.[5]

[5] Sobre su trato con los judíos, véase los Arts. 1414-18 y 2276-77 de *Archivo*.

A la muerte de don Juan II de Castilla, el Conde de Haro sigue en el servicio de Enrique IV. Por lo visto goza del mismo nivel de confianza con el nuevo monarca como con el anterior: en 1455, Enrique le deja encargado del gobierno (con el Arzobispo de Toledo, Alonso Carrillo), mientras aquél se va a la guerra de Granada. Enrique continúa el otorgamiento de mercedes empezado por sus antepasados, al concederle a don Pedro unas villas y darle licencia para formar unos mayorazgos a favor de sus hijos. El Conde funda el Hospital de la Vera Cruz en Medina de Pomar en 1455, sitio donde se retiraría pocos años después; veinte años antes, había construido una capilla en el mismo pueblo, donde trasladó los restos mortales de sus antecesores. Hombre muy religioso, el Conde fundó en su vida doce monasterios (Linares, Briviesca, Arnedo, y otros), y estableció en muchos lugares de su patrimonio arcas de misericordia. Hace testamento en 1458, unos meses antes de marchar a su lugar de retiro, diciéndose cansado de la vida de la corte.

Su desaparición del gobierno de Castilla sería probablemente precipitada por la formación de un partido de oposición contra Enrique IV, al que el Conde se uniría con Santillana, el Arzobispo de Toledo, el Almirante, el Conde de Alba, y otros aristócratas desafectos. Quizás sorprendido por la falta de lealtad demostrada por don Pedro en estos negocios, Enrique lo va a buscar a Briviesca, acompañado por el Marqués de Villena: allí lo encuentran con 3000 hombres armados y 3000 peones. A pesar de su retiro a Medina en 1459, el Conde de Haro mantiene estrecho contacto con la corte castellana, siguiendo al día los problemas de Enrique IV. En 1464, a la insurrección de los nobles contra el monarca, el Conde sale de Medina de Pomar para presenciar los sucesos en Medina del Campo; participa en la declaración contra Beltrán de la Cueva para que éste se vaya de la corte. Después del destronamiento de Enrique, Velasco asiste a una reunión entre el rey y su hijo Alfonso (que tenía el apoyo de la mayoría de los nobles), según Paz y Meliá vestido de hábito monacal, con un rosario en la mano y sobre un burro; Enrique dice de él en esta ocasión: "Este buen Conde de Haro es como el perro del herrero; se esconde durante la campaña y acude a la Corte en la tregua; pero no se olvida de pedir al paso para sí a Miranda de Ebro y a Pancorbo."[6]

[6] "La biblioteca fundada por el Conde de Haro en 1455," *RABM*, 1(1897), 20.

Don Pedro Fernández de Velasco muere en el Hospital de la Vera Cruz el 25 de febrero de 1470, y es enterrado en la capilla que hizo construir en 1436. Al quedarse viuda, su mujer, doña Beatriz Manrique de Lara (hija del Adelantado Pedro Manrique), se retira a Santa Clara en Medina de Pomar, donde fallece tres años más tarde. El sucesor del condado originado por don Pedro fue su hijo primogénito, también llamado Pedro Fernández de Velasco, nacido en 1425 y casado con una hija del Marqués de Santillana. Sus otros hijos heredaron los varios mayorazgos y señorías fundados por él: Luis hereda Belorado; Sancho, Arnedo; Antonio toma posesión de Villaverde. De sus hijas, María entra en un convento; otra hija, también de nombre María, se casa con el Almirante Alfonso Enríquez; Juana hace segundas nupcias con don Alonso Enríquez, Conde de Alba de Liste, después de la muerte de su primer marido, don Juan de Ayala. La historia de su hija Leonor es infeliz. En 1449, a raíz de la formación de una Liga entre los Infantes de Aragón, los Condes de Haro, de Plasencia, y de Benavente, el Almirante, el Marqués de Santillana, y otros, Leonor fue prometida a don Carlos, Príncipe de Viana y heredero de Navarra; pero es repudiada por él y se hace monja en Santa Clara de Medina de Pomar.

Su hijo sucesor llegó a ser Condestable de Castilla y héroe en la segunda Batalla de Olmedo, y más tarde sirvió a los Reyes Católicos en sus campañas portuguesas y granadinas. El hijo de éste, Bernardino, fue el primer Duque de Frías, título que ha continuado hasta la actualidad.

En su *Claros varones de Castilla,* Hernando del Pulgar nos proporciona información sobre las características físicas y sicológicas de don Pedro Fernández de Velasco, un hombre de físico menos impresionante que su espíritu. Pulgar pinta el retrato de un "ome de mediana estatura," con "las cervices torcidas, é los ojos un poco vizcos," pero dotado del habla grata y razonada, "que todos avian plascer de le oir." Era muy religioso, honesto, e inclinado a la justicia, rasgos personales que su retratista dice haber influido positivamente en el gobierno de las posesiones territoriales del Conde, como en sus continuas intervenciones en la política de la corte castellana, por las que se ganó el respeto de sus coetáneos. Aunque le importaba la acumulación de los bienes no fue hombre ostentoso, sino más bien conservador en sus gastos y su apariencia. Pulgar informa que, a pesar de haberse marchado a vivir al Hospital de la Vera Cruz con la intención de hacer penitencia durante el resto de sus días, el Conde de Haro fue requerido por el Rey que dejase su vida monacal para presenciar y opinar sobre algunas disensiones en el gobierno; sin embargo, "non quiso mudar su propósito," y volvió al retiro. Le agradaba la compañía y conversación de los hombres religiosos y de personas sabias, con quien podía intercambiar pareceres. Sabía latín y le interesaba mucho la lectura de los libros históricos, de los que tenía muchos en su colección privada, atesorada en el Hospital en Medina de Pomar.

A través de una la serie de artículos preparados sobre la biblioteca del Conde de Haro[7], podemos apreciar hasta qué punto llegó su afán por los libros: su colección consistía en libros sagrados y eclesiásticos, obras de varios historiadores, muchas crónicas, libros de leyes, y otros documentos sobre los reinos. Estos últimos son de mucho interés para el presente tema, el *Seguro de Tordesillas*, porque indican el conocimiento de don Pedro de las leyes vigentes que gobernaban las acciones de Juan II, don Alvaro de Luna, y de los otros nobles que participaban en los negocios del momento; algunas de las obras de su biblioteca también podían servirle de modelo para la escritura de la historia. Formaba parte de su librería las crónicas de la vida de los reyes Fernando III y Alfonso VIII, además de la *Crónica de los Reyes de España*; poseía también las *Siete Partidas*.

B. El Adelantado Pedro Manrique[8]

Los caballeros de la familia Manrique eran grandes rivales de la Casa de Velasco en la expansión territorial hacia el Norte. Diego Gómez Manrique, fundador de este clan y padre de Pedro Manrique, fue Adelantado mayor de Castilla bajo don Juan I, quien le otorgó Navarrete en 1380, lugar que sería la base de su mayorazgo. Los hermanos de Pedro Manrique, no menos ilustres, eran: Diego, Conde de Treviño; Rodrigo, Conde de Paredes; y Gómez, Adelantado mayor.

A partir de 1419 don Pedro es Adelantado mayor de León, con una renta anual vitalicia de cincuenta mil maravedís. El puesto, que tenía una función administrativa, política, judicial, y militar, no será más que un mero título o dignidad y una importante fuente de ingresos para Pedro Manrique (Pérez Bustamante, I, 220). A pesar del carácter vitalicio-hereditario de su cargo, Juan II le separa de su oficio en 1423, restau-

---

[7] Véase la n. 2 del primer capítulo de este estudio.

[8] Sobre Pedro Manrique, véase los siguientes libros: Suárez Fernández, *Nobleza*, págs. 133, 135, 141-42, 147-48; Pérez Bustamante, *Gobierno y administración*, 1, 146, 220; 2, 204, 212, 215-20; Súarez Fernández, "Los Trastámaras," (muchas citas); y en las crónicas y otros libros históricos anteriormente mencionados.

rándoselo tres años más tarde; su exilio se debía a la mala política del Adelantado, contra los intereses de su rey.

Cuando surge la rivalidad de los Infantes de Aragón en 1418, Pedro Manrique se coloca en el partido de don Enrique, haciéndose así adversario de Juan II y don Alvaro de Luna. Como don Pedro Fernández de Velasco, que era su yerno, el Adelantado se daría cuenta de las ventajas de encontrarse en el lado favorable de la Corona castellana: restablecido su oficio perdido en 1423, Pedro Manrique vuelve al bando en favor del Infante don Juan, junto a su rey y al Condestable. En efecto, don Alvaro necesitaba el apoyo de los Manrique, una de las familias más importantes del reino, para mantener su poder. Al enviudar, el Condestable hace segundas bodas con una sobrina del Adelantado, doña Juana Pimentel, hija del poderoso Conde de Benavente, no menos conveniente para Luna en su afán de colocarse a la cabeza del gobierno castellano. Pedro Manrique es premiado por su lealtad en 1430, cuando recibe Paredes de Nava, una de las villas confiscadas a los Infantes de Aragón. Desde ese año también ocupa el segundo puesto en el Consejo, lo que confirma su importancia y la confianza que inspira en el Rey.

Todo cambiaría, sin embargo, para el año 1437, como se ha explicado anteriormente. Al exigir unas limitaciones sobre la autoridad de don Alvaro, el Almirante, el Conde de Ledesma, y Pedro Manrique incurren en la ira del Condestable, quien manda arrestar al Adelantado el 13 de agosto. Escapado de su prisión un año más tarde, don Pedro, insistiendo en su lealtad a la Corona de Castilla, no deja de persistir formalmente en su demanda de que Juan II gobierne su reino sin la excesiva intervención de Luna. Estamos ante la persona que, con su carta al rey firmada en Roa en febrero de 1439, provoca la serie de reuniones entre la nobleza antialvarista y los monárquicos, de la que forma parte el Seguro de Tordesillas. En la conferencia celebrada en Tudela de Duero el 23 de abril, representa a la nobleza, junto al Conde de Benavente y el Infante don Don Enrique. A su muerte el 21 de setiembre de 1440, le sucede como Adelantado mayor de León su hijo Diego, quien continuaría la lucha de la misma forma que lo hizo su padre.

C. El Almirante Fadrique Enríquez[9]

La familia Enríquez descendía de los hijos naturales del Rey Alfonso XI, estableciéndose entre Palencia y Valladolid; eran rivales de los Pimentel en su soberanía del área. Nunca fundaron un condado, pero eran dueños de unos lugares importantes, entre ellos Aguilar de Campóo, Moral de la Reina, Villalar, y Medina de Ríoseco; en éste último formaron un mayorazgo. Don Fadrique fue nieto (también por vía ilegítima) de Fadrique, Maestre de Santiago, asesinado por Pedro I, e hijo de otro Almirante, Alfonso. Era medio hermano del Adelantado Pedro Manrique: la madre de los dos era doña Juana de Mendoza (la "Ricahembra"), de otro prestigioso linaje.

Según Hernando del Pulgar, el Almirante "era ome impaciente, y no podía buenamente tolerar las cosas que le parescían ecesivas y contrarias a la razón," como la gran amistad entre don Juan II y el Condestable, cuyas acciones desmedidas "no las podía sufrir ni disimular" (pág. 12). Como el Adelantado, los otros Manrique, y los Pimentel, don Fadrique se sentía frustrado y engañado por la participación de su partido en el destierro del los Infantes, para quedarse después con la tiranía de Luna, a quien consideraban un don nadie de nacimiento ilegítimo. Cuando Pedro Manrique es arrestado en 1437, el Almirante evita el mismo fin, quizás por alguna información anticipada. Esta prisión, sin embargo, le uniría definitivamente contra la oposición de la opresión de don Alvaro. Después de la muerte de su hermano, don Fadrique se alía con el campo de Juan II de Navarra, y en la Batalla de Olmedo es tomado prisionero y desposeído de sus honores y bienes. Recupera todo al año siguiente en la Concordia de Astudillo que sigue a la famosa batalla.

Su presencia en Castilla duraría poco tiempo: en 1448, los nobles sufren un golpe cuando, al reconciliarse Juan II con su hijo Alfonso, son detenidos varios aristócratas: los Condes de Alba y de Benavente, Pedro y Suero Quiñones, y el hermano del Almirante, Enrique Enríquez, futuro Conde de Alba de Liste. Fadrique y el Conde de Castro soslayan el arresto y se marchan a Aragón. Desde allí el Almirante trabaja para derribar a don Alvaro; en 1449 está en Nápoles, tratando el tema del financiamiento de la empresa con Alfonso V. En el mismo año se adhiere a una nueva Liga, junto a Juan II de Navarra, el Infante don Enrique, el Marqués de Santillana, y los Condes de Haro, Benavente, y Plasencia.

---

9 Véase: Pulgar, *Claros varones*, págs. 12-15; Suárez Fernández, "Los Trastámaras," (varias referencias); las mencionadas crónicas e historias.

Al año siguiente es perdonado en Castilla. Bajo Enrique IV, recuperados sus dominios, vive en Medina de Ríoseco, pero sigue participando en la política del reinado, no menos confusa que la del anterior monarca. En la década de 1460 se encuentra en la Liga de poderosos nobles que primero apoyan el reconocimiento de Alfonso como Príncipe de Asturias, más tarde desaprueban el matrimonio de Isabel sin su previo consentimiento, y acaban por montar una insurrección contra el Rey Enrique en 1464.

La hija del Almirante, doña Juana Enríquez, se casó con don Juan II de Navarra, y de este matrimonio nació el futuro rey Fernando el Católico.

D. Diego Gómez de Sandoval, Conde de Castro[10]

Fernando de Antequera y sus hijos, los Infantes de Aragón, con los honores y mercedes que otorgan a Diego Gómez de Sandoval, hacen noble a quien fuera Adelantado mayor de Castilla desde 1411; al año siguiente, Fernando le otorga Lerma, y los Infantes, al concederle Castro (consistente en Portillo, Osorno, y Saldaña), le dan el título de Conde. En 1419, otra vez con la ayuda de don Juan y don Enrique, hace suyos los estados de Villadiego, Renedo, Castrillo, Caravajal, y otros. De esta manera los Infantes (sobre todo Juan) merecerían el apoyo y lealtad de don Diego, una política que le ganaría el desfavor de la corte castellana, y su exilio de la misma.

Cuando en 1418 la competencia entre los Infantes acaba en la división de los nobles, el Conde de Castro se une al partido de Juan; como miembro del Consejo real, firma la sentencia de prisión de Enrique unos años más tarde. El futuro Rey de Nararra premia su fidelidad en 1426, concediéndole el título de Conde de Castrojeriz. Por eso, al desterrarse Juan del reino de Castilla en 1428, Gómez de Sandoval le apoya, a pesar de que la decisión de echarle fuera de Castilla pudiera considerarse una declaración de guerra entre los dos reinos. En las luchas que se originan con este exilio, el Conde de Castro se encierra en el castillo de Peñafiel, posesión del Infante don Enrique, con unos hombres armados. Cuando en junio de 1429 se tienen que rendir a los castellanos, don Diego huye

10 Para los detalles sobre el Conde de Castro, véase: Round, *Greatest Man Uncrowned*, pág. 161; Suárez Fernández, *Nobleza*, págs. 133, 135-36, 138, 147; Pérez Bustamante, *Gobierno y administración*, 1, 321-23; Suárez Fernández, "Los Trastámaras," (varios); y los citados libros de historia y crónicas.

de Castilla; Juan II le mandaría una carta ordenando su comparecencia en la corte, a la que el Conde contestaría con su ausencia continua del reino. En 1431 es condenado por esta conducta y el Consejo le despoja de sus bienes, los que ya no recuperaría. En compensación por esta pérdida, Alfonso V de Aragón le nombra Conde de Denia. Desde Aragón el Conde de Castro se dirige a Milán con el Infante don Enrique, donde se quedarían hasta 1436. Vuelto a la península, manda matar a su mujer, porque "estando él ausente, usó mal de su persona" (*Halconero*, CCXII). Para la inicua acción, envía a Villafrechos, adonde vivía la condesa en un monasterio de monjas, a su sobrino y a otro hombre, quienes la ahogan en su cámara.

En setiembre de 1436 se hacen las paces entre Castilla y Aragón, que culminan principalmente en los desposorios del Príncipe de Asturias y doña Blanca de Navarra. Al mismo tiempo, se les perdona a todos los caballeros que habían seguido a Juan II en su salida de Castilla, excepción hecha del Conde de Castro y del Maestre de Alcántara, don Juan de Sotomayor. A pesar de su exclusión del acuerdo de amnistía, don Diego muy pronto se encontraría otra vez en tierras castellanas. En los desposorios mencionados, celebrados el 12 de marzo de 1437, don Alvaro de Luna (que hizo los honores) aprobó el regreso a Castilla de don Diego. Hablando de las condiciones de las paces concertadas en 1436, el Padre Mariana dice: "El Conde de Castro en breve alcanzó perdon y volvió á Castilla; y hostigado con destierro tan largo, en lo de adelante se mostró mas recatado que antes "(pág. 107). Mariana juzga natural la traición del Conde contra la Corona castellana, disculpando a Sandoval por su lealtad a quienes le habían hecho noble.

En los negocios del año 1439, el Conde de Castro sigue al lado de Juan II de Navarra que, por lo menos al principio de las reuniones entre los dos partidos, se encontraba junto a su primo, el Rey de Castilla. Cuando don Alvaro de Luna viaja desde Medina del Campo a Tordesillas el 15 de junio para asistir a las juntas que son el tema de este estudio, es don Diego Gómez de Sandoval su acompañante. Pero cuando la relación entre los dos monarcas se deteriora irremediablemente (como se verá en el texto del *Seguro*), el Conde vuelve, como siempre había vuelto, al bando navarro. Es por esta razón que queda preso a raíz de la Batalla de Olmedo y otra vez le son quitados sus bienes y honores, restituidos luego en 1446.

Las posesiones territoriales del Conde de Castro llegaron a formar parte del Ducado de Lerma, título otorgado por Felipe III en 1599 a su ilustre ministro, don Francisco Gómez de Sandoval.

E. Don Pedro de Stúñiga, Conde de Ledesma[11]

La gran familia Stúñiga, oriunda de Navarra, fue fundada por Diego López de Stúñiga, Justicia mayor [12] de don Enrique III de Castilla, y padre del futuro Conde de Ledesma. Enrique le había concedido la merced de Béjar, a la que Pedro añadiría en su momento Cáceres, Trujillo, y Curiel. Pedro de Stúñiga, nacido en 1383, también seguiría los pasos administrativos de su padre, siendo nombrado Justicia mayor de Juan II. Los Stúñiga eran grandes enemigos de don Alvaro de Luna, protagonizando continuamente intentos de conseguir su derrota final, a la que contribuirían directamente.

Miembro del Consejo que mandó a prisión al Infante don Enrique, Pedro de Stúñiga se queda con Candelada, parte de las posesiones de aquél que le fueron quitadas. Años más tarde, cuando a los Infantes de Aragón se les despoja de todas sus tenencias en el Reino de Castilla, don Pedro sería favorecido con el título de Conde de Ledesma, siendo éste un pueblo anteriormente poseído por Enrique. Pero su desilusión con el exceso de autoridad ejercido en el gobierno por el Condestable culminaría en su alianza con los otros aristócratas decepcionados por la falta de participación de Juan II en los negocios de su reino. A partir de 1437 forma parte del partido antialvarista, y dos años más tarde es uno de los primeros caballeros que llegan a Valladolid, que desde marzo quedaba en manos de estos nobles rebeldes.

Para el año 1442, sin embargo, Pedro de Stúñiga ha pasado una vez más al bando castellano, quizás presintiendo la derrota final de los Infantes de Aragón, que vendría tres años más tarde. Se ve obligado a rendir su condado de Ledesma a su dueño original, el Infante don Enrique,

---

11 Véase: Round, *Greatest Man Uncrowned*, (varias referencias); Suárez Fernández, *Nobleza*, págs. 142, 147; Pulgar, *Claros varones*, 95; Suárez Fernández, "Los Trastámaras," (muchas referencias); crónicas e historias de la época.

12 El Justicia era también llamado Alguacil, el policía de la Corte. Entre sus deberes estaba la protección de la Corte y el orden público, la vigilancia, el arresto de los delincuentes, la imposición de castigos, y el impedimento del fraude en pesos y medidas. David Torres Sanz, *La administración central castellana en la baja Edad Media* (Valladolid, 1982), págs. 267-68.

según el acuerdo que éste había pactado con el Rey de Castilla. En compensación, don Pedro es nombrado Conde de Plasencia, título que mantiene hasta su muerte y que heredaría su hijo Alvaro. A pesar de su vuelta al partido de Juan II de Castilla, a quien siempre profesaría su lealtad, el Conde sigue en su afán de liberar al monarca de la dominación completa de don Alvaro de Luna. Cabeza de una de las casas más potentes de la época, don Pedro también dirige la Liga de nobles empeñados en poner fin al dominio del Condestable. Su hijo, mandado por él, arresta a don Alvaro en 1453.

Cumplida su misión de derribar al que había atropellado la autoridad de Juan II, don Pedro de Stúñiga sobrevive poco tiempo, falleciendo en ese mismo año o al siguiente. Alvaro, su hijo heredero, sería también nombrado Duque de Arévalo.

V. EL CONDE DE HARO Y SU TEXTO

Los acontecimientos histórico-políticos del siglo XV causan una verdadera eclosión de escritos que pretenden salvar del olvido estos hechos y sus protagonistas; existe una profusión de crónicas sobre reinados e individuos, además de libros biográficos (por ejemplo, *Claros varones* de Hernando del Pulgar, y *Generaciones y semblanzas* de Fernán Pérez de Guzmán). El *Seguro de Tordesillas* nació del mismo espíritu minucioso de relatar pormenorizadamente los sucesos desordenados de la época y, a pesar de haber caído en la negligencia de la crítica desde hace unos siglos, encaja perfectamente en el canon de obras históricas del cuatrocento español. Su autor, don Pedro Fernández de Velasco, tomó muy en serio las órdenes de Juan II de Castilla, quien le encargó el apuntamiento de lo ocurrido en Tordesillas en el verano de 1439. Para ello, el Conde coleccionó los documentos y cartas cruzados entre los dos partidos en disputa y, al parecer escasamente un año después de finalizar las reuniones, se puso a escribir la historia del Seguro del cual él mismo fue responsable.

El Conde de Haro no es recordado como un gran autor del siglo XV; se le recuerda más bien por la biblioteca que él estableció en Medina de Pomar. Es precisamente la gran cultura del Conde, manifestada en los libros que reunió y leyó, lo que hace posible la composición del *Seguro de Tordesillas*: don Pedro, al tener a su alcance diversas crónicas sobre reyes castellanos además de numerosos textos históricos de varias épocas, podía utilizar estos manuscritos como inspiración, modelo, o por lo menos punto de partida para la historia que se proponía relatar. No se podría decir que algún libro específico de su biblioteca le sirviera de patrón para el *Seguro*; pero fue su conocimiento de la historiografía en general, leída en estos textos, lo que le habría guiado en su trabajo.

La labor del Conde difiere de la de otros cronistas en que depende mucho, sobre todo al principio del texto, de documentos intercambiados entre los contendientes; su primera tarea fue poner en orden las cartas selladas y juradas que representaban el acuerdo entre los nobles sobre su venida a Tordesillas. Sin embargo, la obra de Velasco consiste en más que la simple redacción de los documentos oficiales: es suya la narración de los acontecimientos que hacen necesarios los juramentos, una relación que es, en efecto, la amalgama que une estos escritos.

Velasco podía escoger entre una de las dos maneras de escribir una narrativa para conectar los textos de los pactos acordados entre los nobles: una consistía en contar las acciones de los personajes, haciendo a la vez comentarios personales sobre ambos (recurso usado por muchos cronistas, más frecuentemente por los biógrafos de la época); la otra era narrar los acontecimientos sin interpretación alguna, poniendo toda la atención en la relación fidedigna de lo sucedido. El Conde optó por la segunda. De hecho, si hay algo que caracteriza lo que escribe en esta obra, es su afán por la veracidad de las palabras. Dada la gran fe puesta en él por los reyes y nobles de ambos partidos que confiaron su propia seguridad en manos del que llamaron el Buen Conde, no extraña que, al escribir sobre el seguro, don Pedro quisiera manifestar su completo objetivismo hacia el tema. Pero "fidedigno" y "objetivo" no son necesariamente lo mismo: al autor le falla a veces su objetividad hacia las acciones de los participantes en las juntas, aunque no parece carecer nunca de historicidad. Sin embargo, como señala Enrique Pupo-Walker, no puede existir "una correspondencia total entre la materialidad de la circunstancia histórica o contextual y la palabra escrita... Toda redacción es, por necesidad, la mera representación parcial y figurada de un contexto dado."[1]

El Conde de Haro escribió el *Seguro de Tordesillas* en tercera persona para intentar conservar su punto de vista objetivo: aparece como un personaje más de la acción, no como narrador.[2] Su deseo de quedar fuera del marco narrativo define la relación que don Pedro pretende tener con sus lectores, coetáneos o futuros; procura no persuadir al público de adoptar una postura a favor o en contra de uno de los dos campos, sino que sólo busca informar sobre lo sucedido. Por eso abraza una retórica casi desprovista de opinión y hasta de adjetivación, que pudiese tender a inclinar a los lectores hacia un partido u otro. Tampoco describe de manera física o sicológica a ninguno de los participantes en los congresos; no es su intención loar o criticar a nadie. Hacia el final del texto, sin embargo,

---

1 *Historia, creación, y profecía en los textos del Inca Garcilaso de la Vega* (Madrid, 1982), pág. 29.

2 Sólo yerra una vez al hablar de sí mismo en tercera persona: en el Capítulo XVII, al referirse a una jura tomada en su presencia dice: "En Tordesillas a diez y seis de junio firmó el Rey la comission, y se dio por mí al Rey de Navarra e Infante, y aceptaronla, y fiscieron juramento por ante mí en esta manera...." Vuelve en el mismo capítulo a usar la tercera persona para escribir de sí mismo.

se empieza a notar cierta frustración por parte del Conde, causada por las acciones incongruentes de algunos de sus compañeros; aunque no reprueba directamente a ninguna persona en particular, recurre a veces a un lenguaje más fuerte, usado de modo general para referirse a cualquiera de los señores en cuestión. Cuando, por ejemplo, los nobles se niegan a juntarse para hablar de la devolución del patrimonio castellano de los Infantes de Aragón, don Pedro se queja de "autos contrarios y repugnantes," y una falta de "honestidad y caballerosidad." En la última parte de la crónica se le nota cierto grado de enojo que trasmite, quizás sin querer, a su texto.

Aunque la aparente intención del Conde de Haro es facilitar datos sobre el seguro en Tordesillas sin reflexionar sobre ellos, se aprovecha de su condición de guardián de la garantía de seguridades para cantar, de modo discreto, sus propios loores. Se le nota el orgullo de haber sido seleccionado para este trabajo, afirmando "pues el rey fiaba tanto de su persona, y lealtad, y linage, que tanta fianza, y que mucho más fuesse, podia dél muy bien confiar" (Capítulo II). Durante las negociaciones, no deja de mencionar los casos en los que ha sido él la persona que sugiere algún procedimiento o acuerdo que da buen resultado, sobre todo cuando Juan II sigue sus consejos en vez de los de otros nobles, incluso don Alvaro de Luna. El Conde anota detalles curiosos de cosas que dependían de él, como la recepción de los señores en el palacio, donde él también se estaba alojando: "Y apossentado el Rey y el Rey de Navarra, todos los principales de aquellos Señores fueron a comer con el Conde, y despues de muy bien servidos, traidas especias y vino, fueron a reposar. Y cada dia por esta orden fueron dél hospedados todos los Caballeros y Gentiles omes, que alli venieron, durante el tiempo del Seguro" (Capítulo X). No pierde ninguna oportunidad de imbuirle al lector la importancia de su intervención en las conferencias, y que todo el verano "era ocupado por mandado del Rey en algunos arduos negocios." Pero estos comentarios no destiñen la objetividad que don Pedro siempre busca en el momento de relatar los hechos; en verdad no hay ninguna discrepancia entre lo que es el narrador y lo que pretende ser.

El Conde de Haro es el único narrador, y el solo informante sobre los hechos; si existe otro informante que aporta datos de segunda mano, son las cartas y documentos que el Conde presenta como base de su narrativa. Su relación consta de lo que aparece en estos escritos, lo que él ha presenciado personalmente, y de información básica sobre las actividades de los partidarios de don Enrique de Aragón en Valladolid; si el Conde no ha visto algo con sus propios ojos, no ofrece más detalles que los puramente generales. Don Pedro parece casi omnipresente (y como encargado del seguro prácticamente lo es), pero nunca pretende ser omnisciente. En las pocas ocasiones en que recrea alguna conversación entre los señores, se trata siempre de un diálogo al que asistió él, y cita las palabras de manera breve y creíble. Velasco no admite ninguna clase de disgresión ni intercalado anecdotal en el texto, optando solamente por las acciones ocurridas en ese momento, los sucesos que forman el germen de la obra. Cuando tiene que referirse a algún hecho anterior al mes de junio de 1439 (por ejemplo, las confiscaciones de las tierras y rentas de los Infantes) lo hace sin más explicaciones, teniendo por informados a sus lectores.

Don Pedro Fernández de Velasco no dedicó el *Seguro de Tordesillas*. Escribió un corto proemio, como para justificar su redacción, en el que no se detiene en el éxito de las conversaciones diplomáticas entre Castilla y Aragón en 1439, sino que únicamente elogia el método usado por los adversarios para tratar de llegar a un acuerdo. Desde su punto de vista cuatrocentesco, en esto se basa el valor de su escrito: pretendía enseñar a sus coetáneos y a futuras generaciones un sistema práctico para abordar difíciles negociaciones. Quinientos años más tarde, aporta al lector moderno lecciones sobre el protocolo del siglo XV en tiempos de guerra, con la añadida ventaja de proporcionarle detalles olvidados sobre tres meses de gran importancia en la historia de España en vísperas de la Edad Moderna.

V. La edición

La presente edición está basada en la primera de 1611, preparada por Pedro Mantuano, cuyo manejo resulta menos problemático que el del manuscrito del siglo XV, con su variable ortografía y demás dificultades que presenta. La obra aparece aquí, no obstante, con algunas alteraciones del texto publicado en 1611, hechas para facilitar su lectura: se trata principalmente de la separación de los documentos y narraciones largas en párrafos, según el sentido del contexto, y el uso de una acentuación ortográfica más conservadora, utilizada fundamentalmente para diferenciar los tiempos verbales que se pueden confundir.

Se añaden además notas para hacer más cómoda la lectura de la obra. Estas consisten en la identificación de las personas mencionadas (donde el Conde de Haro no explica en el texto quiénes son) y una aclaración del significado de los puestos que ocupaban; se ofrece también información encontrada en las crónicas o libros de historia sobre algunos acontecimientos referidos en el *Seguro*, cuando esto sirve para clarificar o ampliar de manera útil los datos aportados por el Conde; se definen los términos legales usados en la obra, y lo que en las *Siete Partidas* de Alfonso X el Sabio se escribe de ellos, si es oportuno; finalmente, se aclaran algunos temas económicos, sobre todo los que surgen de las mercedes y confiscaciones mencionadas.

El SEGURO DE TORDESILLAS

Capítulo I y Proemio

Como las discordias y divissiones, segun los derechos divinos, naturales, y possitivos, sean destruction y despoblamiento de los Reynos y Señorios y de la cosa publica de aquellos, y por la paz y concordia sean guardados y acrecentados; porque cada y quando las tales discordias y divissiones en algunos Reynos y provincias contezcan sea fallada orden y via para aquellos quitar y pacificar, siguiesse la orden dada para dar paz y concordia en los grandes bollicios y discordias que eran en los Reynos de Castilla sobre el regimiento del Reyno, reynante en ellos el Rey Don Juan II y la Reyna Doña María su muger, con el Principe Don Enrique su fijo, el año del Nascimiento de nuestro Señor Jesu Christo de mil y quatrocientos y treinta y nueve años.

Capítulo II
Como se concertó el Seguro para la venida a Tordesillas

Despues que el Rey vino a Medina del Campo, y con él la Reyna su muger, y el Rey de Navarra su primo, y el Principe Don Enrique su fijo, y Don Alvaro de Luna Condestable de Castilla, y Don Juan Arzobispo de Toledo,[1] y Don Pedro Fernandez de Velasco Conde de Haro, y Don Diego Gomez de Sandoval Conde de Castro, y Don Luis de Guzman Maestre de Calatrava,[2] y Don Frey Rodrigo de Luna Prior de San Juan,[3] y Don Gutierre de Sotomayor Maestre de Alcantara[4], y Don Gutierre de Toledo

---

[1] Juan Martínez de Contreras, siempre leal a D. Juan II de Castilla. Padre Juan Mariana, *Historia general de España,* 2 (Madrid, 1872), Libro XX, Cap. I.

[2] El Maestre vacila en su lealtad a Juan II, uniéndose a los Infantes de Aragón en 1427, pero jurando lealtad al monarca castellano dos años más tarde. Mariana, *Historia*, Libro XX, Cap. I; Luis Suárez Fernández, *Nobleza y monarquía*, 2ª ed. (Madrid, 1975), pág. 131.

[3] Sobrino de Don Alvaro de Luna. Luis Suárez Fernández, "Los Trastámaras de Castilla y Aragón en el siglo XV," *Historia de España*, 15, ed. Ramón Menéndez Pidal, (Madrid, 1964), 198.

[4] Fue nombrado Maestre de Alcántara en 1432, cuando Juan II depuso a su tío, don Juan de Sotomayor, por su apoyo a don Enrique de Aragón.

Obispo de Palencia,[5] y Ferran Alvarez de Toledo,[6] y Ruy Diaz de Mendoza su Mayordomo mayor,[7] y Per Alvarez de Osorio su Guarda mayor,[8] y Don Alonso de Guzman fijo del Conde Don Juan Alonso,[9] y Don Juan de Leon fijo del Conde Don Pedro Ponce,[10] y el Mariscal Pero Garcia de Herrera,[11] y Don Juan de Silva su Alferez mayor, [12] y Pedro Sarmiento su

---

5 Don Diego Gutierre de Toledo había sido arrestado en febrero de 1432, a insistencia de Don Alvaro, por su alegada connivencia con los Infantes de Aragón, y liberado unos meses después. Sin embargo, su lealtad a la corona castellana es firme durante los presentes negocios; de hecho, no se llega a un acuerdo con los Infantes porque el Obispo no quiere devolver a Don Juan II de Navarra el lugar de Alba de Tormes, que había pertenecido a este monarca hasta las confiscaciones de 1429. Pedro Carrillo de Huete, *Crónica del Halconero de Juan II*, ed. Juan de Mata Carriazo (Madrid, 1946), Cap. CCXLV; Fernán Pérez de Guzmán, *Crónica de Juan II*, Vol. 2 , BAE 68 (Madrid, 1953), año 1439, Cap. XI; Suárez Fernández, "Los Trastámaras," pág. 134.

6 De una poderosa familia que ganó su importancia en el siglo XIV. Sobrino del Obispo de Toledo, Don Gutierre de Toledo (véase nota anterior) y Señor de Valdecorneja, fue una figura importante en la Guerra de Granada y otras batallas de la frontera, en la década de 1430. El 25 de diciembre de 1439 llegó a ser el primer Conde de Alba, a petición de Don Alvaro de Luna. Sin embargo, el Condestable le hizo encarcelar en 1448, confiscando sus bienes; todo le fue restaurado más tarde. Suárez Fernández, "Los Trastámaras," págs. 20, 100, 112, 132-34, 159, 221; Hernando del Pulgar, *Claros Varones de Castilla*, ed. R. Tate, (Oxford, 1971), pág. 87.

7 Miembro de la gran familia Mendoza, y amigo de Don Alvaro de Luna hasta 1446, cuando, después de Atienza, se convierte en adversario del Condestable. Fue también su carcelero cuando Luna se entregó en 1453. Nicholas Round, *The Greatest Man Uncrowned* (London, 1986), págs. 78, n.19, 80, 88. 138-39.

El Mayordomo mayor era el jefe de asuntos domésticos y económicos de la casa real. El título llegó a ser más bien honorífico, y el mayordomo era normalmente algún noble importante. David Torres Sanz, *La administración central castellana en la baja Edad Media* (Valladolid, 1982), pág. 82.

8 Señor de Villagarcía, nombrado Conde de Trastámara después de la Batalla de Olmedo en 1445, y más tarde, Conde de Lemos (1453). Suárez Fernández, "Los Trastámaras," págs. 17 y 109; Marqués de Saltillo, *Historia Nobiliaria Española*, 1, (Madrid, 1951), 168.

9 Hijo del Conde de Niebla, D. Juan Alonso de Guzmán.

10 Hijo del Conde de Medellín, quien ganó este título en 1429 en las confiscaciones de las propiedades del Infante Enrique de Aragón. Suárez Fernández, "Los Trastámaras," pág. 115.

11 Hermano del Conde de Castro. En 1425 acompaña al prisionero D. Enrique de Aragón a su tierra; más tarde participa en la guerra de Granada. A la muerte de su hermano, hereda los Estados de Cea con su castillo, y los lugares bajo su jurisdicción. Suárez Fernández, "Los Trastámaras," págs. 96, 129; Saltillo, *Historia Nobiliaria*, 1, 169.

Los mariscales eran militares nombrados por el rey y dependían del Condestable. Su función era la administración de justicia, la intendencia y la organización del ejército. Torres Sanz, *La administración central*, págs. 254-56.

12 Siempre leal al Rey y al Condestable, Silva acompañó a Luna en sus exilios y lle-

Repostero mayor,[13] y Perafan de Rivera su Adelantado mayor de la Frontera,[14] y Diego Fernandez de Cordoba su Mariscal, [15] y el Doctor Periañez[16], todos de su Consejo[17], y otros muchos Prelados y Caballeros y Ricos Omes, con otra mucha notable gente de armas y de pie; y a Valladolid el Infante Don Enrique hermano del dicho Rey de Navarra, y Don Fadrique Almirante mayor de Castilla, y Don Rodrigo Alonso Pimentel Conde de Benavente, y Don Pedro de Estuñiga Conde de Ledesma, y Pedro Manrique Adelantado mayor del Reyno de Leon, y Don Luis de la Cerda Conde de Medina Celi,[18] y Don Juan Manrique Conde de Casta-

---

gadas a la corte. Miembro del Consejo y guarda del Rey, éste le mandó como embajador a Basilea en 1434, de donde regresó en 1436. El 31 de mayo de 1439, Juan II le envió a Valladolid para decirle al recién llegado Enrique de Aragón que no se juntase al grupo rebelde reunido en esa ciudad. Fue nombrado Conde de Cifuentes en 1454, habiendo recibido este lugar en 1430. Pulgar, *Claros varones*, págs. 92-93; A. Gómez Izquierdo, *Cargos de la Casa y Corte de Juan II de Castilla*, (Valladolid, 1968), págs. 79-81; Saltillo, *Historia Nobiliaria*, 1, 123.

El Alférez tenía una función militar simbólica, la de enarbolar los pendones durante las batallas. También era paladín del rey en los desafíos. Torres Sanz, *La administración central*, págs. 74-75.

13 Según el Titulo IX, Ley XII de las *Siete Partidas* (reimpreso, Madrid, 1972), el trabajo de respostero era el de "guardar el cuerpo del rey.... Ha de tener las cosas guardadas que tañen a la guardar del cuerpo del rey, asi como la fruta, et la sal, et los cuchielos con que tañen ante él..."

14 Heredó este título de su padre, muerto en marzo de 1436. Acompañando a Ruy Díaz de Mendoza, arrestó a don Alvaro en 1453. Juan Alfonso de Baena hace burla de él en su *Cancionero*, como más tarde se hace en las "Coplas de la Panadera," por su corpulencia. En 1441, Juan II le concede el Estado de Alcalá. Rogelio Pérez Bustamante *El gobierno y la administración territorial de Castilla*, 1, Madrid, 1976, 376, n.127; Saltillo, *Historia Nobiliaria*, 1, 63-65.

15 De la familia de los Condes de Cabra.

16 Pedro Yáñez de Ulloa, natural de Toro, Señor de la Mota y progenitor de los marqueses de la Mota y los Condes de Villa-Alonso, fue gran amigo de don Alvaro, lo que causó su exilio de la corte de 1440-42. Rafael Floranes, *Vida literaria del Canciller mayor de Castilla, Don Pedro López de Ayala*, Colección de Documentos Inéditos para la Historia de España, 19 (Madrid, 1851), pág. 302; Round, *Greatest Man Uncrowned*, pág. 191.

17 El Consejo Real era el cuerpo ejecutivo que tomaba todas las decisiones sobre gastos, pagos, prestaciones, rentas reales, nombramientos de sus miembros, etc. Torres Sanz, *La administración central*, págs. 209-10.

18 De una de las familias nobles más viejas de Castilla, aliada con los Mendoza por matrimonio, don Luis había jurado lealtad a la corona de Castilla en 1429. Sin embargo, a raíz de la prisión del Adelantado Pedro Manrique en 1437, se une al bando antialvarista, siguiéndoles después a Valladolid. *Halconero*, CCXLIV; Mariana, *Historia*, Libro XXI, Cap. XIV.

ñeda,[19] y Don Pedro Niño Conde de Buelna,[20] y Don Pedro Conde de Valencia,[21] y Don Pedro Obispo de Osma,[22] y Don Sancho de Roxas Obispo de Astorga,[23] y el Adelantado de Galicia Diego Sarmiento,[24] y el Mariscal Iñigo de Estuñiga,[25] y Don Gabriel Manrique Comendador mayor de Castilla,[26] y Don Enrique fijo del Almirante Don Alonso Enriquez,[27] y Don Alvaro de Estuñiga fijo del Conde de Ledesma,[28] y Don Diego Manrique fijo del Adelantado Pedro Manrique,[29] y Juan de Roxas Señor de Monzon,[30] y Gomez de Benavides, y Lope de Roxas Señor de Sancta Cruz, y Juan de Tovar Señor de Astudillo,[31] y Don Alonso fijo del Conde

---

19 El segundo Conde de Castañeda, don Juan Manrique se casó con una hija del Almirante. Fue Canciller mayor del Rey Juan II, y de su Consejo. Gómez Izquierdo, *Cargos*, págs. 17-18.

20 Véase Gutierre Díaz de Gámez, *El victorial: Crónica de don Pedro Niño, Conde de Buelna*, ed. Juan de Mata Carriazo (Madrid, 1940).

21 Don Pedro de Acuña, de la familia Carrillo de Acuña, directores del Consejo de la Mesta. Juan II le concedió la villa de Dueñas , que le había pertenecido a Juan II de Navarra, en 1429. Suárez Fernández, "Los Trastámaras," pág. 5; Saltillo, *Historia Nobiliaria* , 1, 180.

22 Pedro de Castilla, nieto de Pedro I. Se unió al bando contra el rey castellano en agosto de 1437, al escapar el Adelantado Pedro Manrique de su prisión. Tenía en sus posesiones castillos que podía ofrecer a la causa. Mariana, *Historia*, Libro XXI, Cap. XIV.

23 Juan II le había mandado a Navarra como embajador en 1430, y acabó por unirse a este partido. Suárez Fernández, "Los Trastámaras," pág. 115.

24 Adelantado de Galicia de 1430-62. Pérez Bustamante, *El gobierno y la administración*, 1, 323.

25 Hermano de don Pedro de Stúñiga, Conde de Ledesma, y padre del Lope y Juan, que también participaron en los presentes asuntos. A pesar de haber recibido una merced después de las confiscaciones de 1429, don Iñigo y sus hijos se apoderaron de Valladolid en marzo de 1439, contra la voluntad del Rey, llevando consigo unos 500 hombres armados. *Halconero*, CCXXXIV; Eloy Benito Ruano, "Lope de Stúñiga: Vida y cancionero," *RFE*, 51(1968), 17-109.

26 Entró en Valladolid con armas y bagajes en abril de 1439. En 1451 Juan II le otorga la villa de Galisteo, que había pertenecido al padre de don Gabriel, Garci Fernández de Manrique, primer Conde de Castañeda. *Halconero*, CCXXXVI; Saltillo, *Historia Nobiliaria*, 1, 149-50.

27 Para el 1 de junio del mismo año, ya estaba en Valladolid. *Halconero*, CCXLIV.

28 Yerno del Adelantado Pedro Manrique, a cuya casa acude éste al escapar de la torre de Fuentidueña en 1438. Más tarde ayudó a capturar a don Alvaro. *Halconero*, CCXXVIII; Round, *Greatest Man Uncrowned*, págs. 73-77, 85-87.

29 Cuñado del Conde de Haro, hereda el título de Adelantado a la muerte de su padre en 1440. Gómez Izquierdo, *Cargos*, pág. 78.

30 Casado con una de las nueve hermanas del Almirante.

31 Casado con una hermana del Almirante, funda el mayorazgo de Astudillo, Berlanga y Gelves, tierras poseídas por su familia desde tiempos de Enrique II. Abandona la Corona de Castilla en febrero de 1439. En abril, ya instalado en Valladolid, se va a entre-

de Benavente,[32] y Pedro de Quiñones Merino mayor de Asturias [33] y Pedro de Mendoza Señor de Almazan,[34] y Suero de Quiñones,[35] y Diego de Estuñiga y Lope de Estuñiga fijos del dicho Mariscal Iñigo,[36] y Juan Ramirez de Arellano,[37] y otros Caballeros y Ricos Omes, con assaz gente de armas y de pie; y assimesmo estando en otras cibdades y villas del Reyno otras gentes ayuntadas, fue concertado que, pues en la vista que el Rey de Navarra avia fecho en Tudela de Duero con el Infante y con los Caballeros que con él vinieron, sobre dar alguna concordia a la question que pendia sobre el regimiento del Reyno (por algunos descir que non se gobernar como debia), nin assi libremente por el Rey como era razon, non se avia concluido cosa alguna; que se viessen en la puente de Valdeastillas con fasta cient cavalgaduras, y que fuessen con cada uno dellos dos de los Grandes que en cada parte estaban, porque platicassen y buscassen alguna via complidera al servicio del Rey, y a la pacificacion y sossiego de sus Reynos.[38] Y con el Rey de Navarra fueron los Condes de Haro y de Castro, y con el Infante Don Enrique el Almirante, y el Conde de Benavente, y otros assaz Caballeros y gentiles omes de nombre y de armas, fasta complimiento de las cavalgaduras. Y sobre muchas fablas,

---

vistar con Juan II, para tomar seguridad de homenaje. El 1 de junio acompaña a don Enrique de Aragón al puente de Valdeastillas para intentar llegar a un acuerdo con el hermano de éste y el Conde de Haro, pero todo terminó en fracaso. *Halconero*, CCXXXVI, CCXLIII; Saltillo, *Historia Nobiliaria*, 1, 142-43.

32 Ya se encontraba en Valladolid para el 1 de junio de 1439. *Halconero*, CCXLIV.

33 El y su hermano, Suero, eran miembros menores de la gran familia asturiana, y figuraban entre los primeros adheridos al campo antialvarista que se formó en febrero de 1439. El 1 de mayo, los hermanos aparecieron en Valladolid con 250 hombres armados. *Halconero*, CCXXXVI.

34 Casado con una de las nueve hermanas del Almirante, Pedro de Mendoza primero se unió a la causa de los nobles rebeldes en agosto de 1437, al escapar Pedro Manrique de Fuentidueña. Para el 1 de junio de 1439, se encontraba en Valladolid con este bando. Señor de Almazán es un título de una rama de la Casa de los Mendoza. Mariana, *Historia*, Libro XXI, Cap. XIV; *Halconero*, CCXLIV; Saltillo, *Historia Nobiliaria*, 1, 72.

35 Véase n.35. También se recuerda a Suero de Quiñones por su participación en el *Passo Honroso*.

36 Véase n.25.

37 Miembro de la familia navarra premiado en el siglo XIV por unas mercedes enriqueñas, el Estado de los Cameros. Otro cuñado del Almirante que se adhirió al campo contra Luna en agosto de 1437, y presente en Valladolid en junio de 1439. *Halconero*, CCXLIV; Suárez Fernández, *Nobleza*, págs. 29-30.

38 Se refiere a la conferencia en Tudela de Duero (23 abril) y a la entrevista entre los Infantes de Aragón en el puente de Valdeastillas, el 2 de junio. En ninguno de los casos se llegó a un acuerdo.

quedando cassi en rompimiento, fue fablado por algunos dellos que sería conveniente medio que estos Señores, presente el Rey nuestro Señor, se viessen para que con algunas convenientes fablas en tal caso podiessen dar alguna via complidera al servicio del Rey y bien de sus Reynos, porque tanto escandalo y bollicio quanto en el Reyno estaba, se quitasse; y para se poner en obra, que el Rey pluguiesse de venir a un lugar que fuesse en medio de los lugares donde estas gentes eran ayuntadas, y con él el Rey de Navarra, y el Condestable, y los otros Grandes que a Su Merced ploguiesse; y assimesmo alli viniesse a Su Merced el Infante Don Enrique con los principales Grandes que con él eran, y con los otros que a él bien visto fuesse. Los quales todos viniessen aforradamente y con cierto numero de cavalgaduras; y porque seguramente podiessen venir y estar y tornar, por el Rey nuestro Señor fuesse dado cargo a alguno de los Grandes que con Su Merced eran, en quien todos se confiassen para que por Su Merced, y en su nombre, los podiesse segurar y tener durante el tiempo que limitado fuesse, en toda seguridad. Y fue movido por el Infante en nombre de los Grandes que con él alli eran y de los otros que eran en Valladolid que, plasciendo al Rey, se confiarían en el Seguro del Conde de Haro, que presente era, y que assi ge lo suplicaban. Lo qual platicado entre el Rey de Navarra y el Infante y los otros que con sus mercedes alli eran, fue apuntado que, plasciendo al Rey, era via muy expediente a dar sossiego a tanto escandalo como presto estaba.

Y con esta conclussion se tornó el Rey de Navarra con los que con él fueron para Medina, y el Infante y los que con él vinieron a Valladolid. Y despues que llegó el Rey de Navarra a Medina del Campo, el Rey tovo consejo con el Rey de Navarra, y con el Principe su fijo, y con los Prelados, Condes, y Ricos Omes del su consejo que con él eran, sobre lo apuntado entre el Rey de Navarra y el Infante Don Enrique acerca de su venida al lugar de suso nombrado, confiandose el tal Seguro en el Conde de Haro. Y por todos fue acordado ser via muy conveniente al servicio suyo y al pacifico estado de sus Reynos. Y luego por Su Merced fue nombrado que el lugar fuesse la villa de Tordesillas, y el que la toviesse seguro fuesse el Conde de Haro segun lo era platicado, pues él fiaba tanto de su persona y lealtad y linage que tanta fianza, y que mucho mas fuesse, podia dél muy bien confiar. Por ende mandaba que luego le fuesse dado el Seguro y guyage y escripturas que para expedicion y execusion del tal acto se requeria, y el Conde dixesse ser necessario, por lo qual podiesse luego dar, assi al Rey de Navarra como al Infante y assimesmo a su Condestable, y Almirante, y Prelados, Condes, y Maestres, y Ricos Omes, Caballeros, Escuderos, y otras personas que con Su Merced, y con el Rey de Navarra, e Infante oviessen de venir a la dicha villa de Tordesillas la seguridad que necessaria fuesse, para poder ir, y estar, y tornar seguros. Lo qual todo fue puesto en obra en la forma siguiente.

Capítulo III

En que se contiene el poder del Rey para que el Conde segure, y del Rey de Navarra y del Principe y de los otros Grandes, como seguran de guardar el Seguro del Conde[39]

Don Juan, por la gracia de Dios Rey de Castilla, de Leon, de Toledo, de Galicia, de Sevilla, de Cordoba, de Murcia, de Jaen, del Algarbe, y de Alegecira, y Señor de Vizcaya y de Molina. Por quanto yo entiendo ser assi complidero a mi servicio, y al bien publico, y paz y sossiego de mis Reynos, fue y es mi merced que el Infante Don Enrique mi muy caro y muy amado primo, y el Almirante Don Fadrique, y Don Rodrigo Alonso Pimentel Conde de Benavente, y el Conde Don Pedro de Estuñiga, y el Adelantado Pedro Manrique, vengan a mí a la mi villa de Tordesillas en la qual yo les entiendo dar audiencia, y porque ellos y los que con ellos vinieren puedan venir, y estar seguramente, y se partir dende cada que quisieren: por ende yo, queriendo proveer a la seguridad de las personas de los sobredichos y de los que con ellos vinieren, por quanto los sobredichos me enviaron a suplicar que mandasse a vos Don Pedro Fernandez de Velasco Conde de Haro, mi Camarero mayor[40] y del mi Consejo, que los assegurassedes y tomassedes de mí aquel Seguro que vos entendiessedes, por quanto ellos se confian del Seguro que vos les dieredes; por ende yo, por el tenor de la presente, de mi cierta sciencia[41] y poderío real absoluto mando y dó licencia y libre, llenero, complido bastante poderio a vos, el dicho Don Pedro Fernandez de Velasco Conde de Haro, mi Ca-

39 *Archivo de los Duques de Frías*, 1, ed. María Teresa de la Peña Marazuela y Pilar León Tello (Madrid, 1955). Documento 2.329. El original, en papel, tiene trece sellos de placa.

40 Según la Partida II, Titulo IX, Ley XII el camarero "debe guardar la cámara que al rey alverga, et su lecho, et los paños de su cuerpo, et las arcas, et los escritos et todas las otras cosas que hi toviere."

Don Pedro Fernández de Velasco fue nombrado Camarero mayor del Rey el 25 de setiembre de 1418, y confirmado el 20 de julio del siguiente año.

41 Expresión usada por los reyes para reforzar sus mandamientos e implicar que estaban conscientes de sus acciones y que éstas eran beneficiosas al pueblo. Round, *Greatest Man Uncrowned*, págs. 93-95, 104.

pmarero mayor y de mi Consejo, para que por mí, y en mi nombre, y de mi arte, y por mi auctoridad podades guyar y segurar, y yo por la presente guyo, y asseguro, y dó salvoconducto al dicho Infante Don Enrique, y a Don Alvaro de Luna mi Condestable de Castilla y Conde de Sanct Esteban, y a los dichos Almirante Don Fadrique, y Condes Don Rodrigo Alonso Pimentel, y Don Pedro de Estuñiga, y Adelantado Pedro Manrique, y a las cavalgaduras y omes de pie en el numero contenidos en los capitulos firmados de mi nombre, que sobre esta razon yo mandé dar y di, que conmigo y con ellos han de venir y vinieren a la dicha villa de Tordesillas.

Y quiero y mando que durante el presente guyage, y seguridad, y salvoconducto, el qual y la qual dure y vala fasta el lunes primero que verná en todo el dia, non faré, nin mandaré fascer, nin consentiré ser fecho mal, daño, injuria, nin otra ofensa alguna a los sobredichos, nin a alguno dellos, nin a los que con ellos vinieren en sus personas, directamente nin indirecta, publicamente nin ascondida; nin puedan por mí, nin por el Rey Don Juan de Navarra mi muy caro y muy amado primo, el qual comigo ha de ir a la dicha villa, nin por el Principe Don Enrique mi muy caro y muy amado fijo, nin por qualesquier oficiales, subditos nin vasallos mios o otros qualesquier los sobredichos, nin qualquier dellos, ser presos, arrestados, detenidos, secuestrados, ocupados, o embargados en qualquier manera; antes puedan venir a mí seguramente a la dicha villa y a sus terminos, y estar en ella, y se partir, y ir della libremente y segura durante el dicho Seguro sin empacho nin contradiccion alguna; la qual en sus personas, nin de alguno dellos, non pueda ser puesta nin fecha por qualquier crimen nin crimenes, delictos, obligaciones, fraudaciones de dichos, y quebrantamientos de vedamientos, o por otra qualquiera causa o maleficio grave o gravissimo de qualquier natura que sea o ser pueda, nin por qualquier razon que descir o pensar se pueda.

Y quiero y mando que durante el tiempo del dicho mi Seguro, los sobredichos, nin alguno dellos, nin los que con ellos vinieren, non puedan ser, nin sean acusados, nin denunciados, nin demandados, nin reptados por el mi Procurador Fiscal[42] y Promotor de la mi Justicia, nin por otra persona alguna de qualquier manera que sea, aunque sea mayor nin menor, nin de otro alguno, nin de mi oficio, nin en otra manera, nin por cosa que a mí por ellos o por qualquier dellos sea dicha, notificada, y denunciada durante este dicho mi Seguro; ca non es mi intencion que por

42 Oficial encargado de la defensa y representación judicial de las personas carentes de asistencia económica o social. Torres Sanz, *La administración central*, pág. 180.

ninguna especialidad o excepcion quantoquier grave o exquisita, se pueda fascer lo contrario de lo susodicho. Porque si durante el tiempo del dicho mi Seguro los sobredichos o qualquier dellos o otra qualquier persona o personas de qualquier estado, o condicion, o preminencia que sean, pasaren contra él o lo quebrantaren en qualquier manera, es mi merced y voluntad que vos el dicho Conde lo podades punir y castigar durante el dicho tiempo; para lo qual vos dó poder complido. Y passado el dicho tiempo del dicho mi Seguro, lo que quedar de complir y executar de la Justicia, se compla y execute por quien y como deba. Y por quanto la causa de la venida de los sobredichos a mí y la observacion de la fe, que por su seguridad vos el dicho Conde de Haro por mí, y en mi nombre, y de mi parte les avedes de dar, y les dó yo por la presente como dicho es, es cosa que mucho comple a mi servicio, y al pacifico estado, y tranquilidad de mis Reynos; por lo qual mi deliberada y final intencion y voluntad es que enteramente sea guardado todo lo susodicho.

Por tanto ruego por la presente, y con ella al dicho Rey de Navarra mi muy caro y muy amado primo, y mando al dicho Principe mi fijo, so obtenimiento de mi paternal bendicion, y a todos y qualesquier Duques, y Condes, y Maestres, y Adelantados, Caballeros y otras personas del mi Consejo, y a los Alcaldes y Alguaciles, Regidores, Caballeros, Escuderos, y Omes Buenos de todas las cibdades, y villas, y lugares de mis Reynos, y a todos otros mis vasallos, y subditos, y naturales de qualquier estado, o condicion, preminencia, o dignidad que sean, por la fe y naturaleza que me deben, y so pena de perder los cuerpos y quanto han, que guarden y tengan todo lo susodicho y cada cosa y parte dello, y non fagan nin vengan contra aquellos por alguna causa o razon, aunque por mí les fuesse mandado expressamente, y de mi cierta sciencia, y con qualquier impossicion de penas, quanto quier que fueren graves o gravissimas; de las quales dende agora por la presente (ellos observando y guardando lo contenido en esta mi carta), los absuelvo, assi como los condeno en aquellas, fasciendo lo contrario.

Y aun a mayor abondamiento, porque esto cumple asi a mi servicio, ruego por esta mi carta al dicho Rey Don Juan de Navarra mi muy caro y amado primo, y mando al dicho Principe mi fijo, y al dicho Infante Don Enrique mi primo, y a Don Alvaro de Luna Condestable de Castilla, y a Don Juan Arzobispo de Toledo, y a Don Diego Gomez de Sandoval Conde de Castro, y a Don Luis de Guzman Maestre de Calatrava, y a Don Frey Rodrigo de Luna Prior de San Juan, y a Don Gutierre de Sotomayor Maestre de Alcantara, y a Don Gutierre de Toledo Obispo de Palencia, y a Ferran Alvarez de Toledo, y a Ruy Diaz de Mendoza mi Mayordomo mayor, y a Per Alvarez de Osorio mi Guarda mayor, y a Don Alonso de Guzman fijo del Conde Don Juan Alonso, y a Don Juan de Leon fijo del Conde Don Pedro Ponce, y al Mariscal Pero Garcia de Herrera, y a Don Juan de Silva mi Alferez mayor, y a Pedro Sarmiento mi Repostero mayor, y a Perafan de Ribera mi Adelantado mayor de la Frontera, y a Diego Fernandez de Cordoba mi Mariscal, y al Doctor Periañez, todos del mi Consejo; y assimismo mando por la presente a los dichos Almirante Fadrique, y Condes Don Rodrigo Alonso Pimentel, y Don Pedro de Estuñiga, y Adelantado Pedro Henriquez, y otros qualesquier de mis subditos y naturales y qualquier estado, o condicion, preminencia, o dignidad que sean, y al qualquier o qualesquier dellos, que fagan juramento, y voto solemne, y pleyto, y homenage de observar, y tener, y complir la dicha seguridad, y guyage, y salvoconducto que vos el dicho Conde de Haro dieredes y avedes de dar de mi parte, y por mí, y en mi nombre, por virtud de esta mi carta a todos los sobredichos, y a cada uno dellos en todo y por todo. La qual yo les dó, como dicho es, de non fascer, nin venir, nin permitir fascer nin venir, nin passar por mí, nin otra persona alguna contra ello, nin contra qualquier cosa nin parte dello, aunque dello oviessen mi expresso contrario mandamiento.

Y mando y dó poder complido a vos el dicho Conde de Haro, que guardedes, y complades, y observedes, y tengades, y fagades tener, guardar, y complir, y observar la dicha seguridad, y guyage, y salvoconducto en todo y por todo; y non consintades nin permitades que sea quebrantada en cosa nin en parte alguna. Y porque los sobredichos y vos, y cada uno de vos, y dellos mas libremente lo podades assi fascer y complir, yo por la presente para en aquel caso si acaesciesse (lo que Dios non quiera), absuelvo al dicho Principe mi fijo de la paternal obediencia, y a todos los sus nombrados, y a cada uno dellos, y a vos el dicho Conde Don Pedro Fernandez de Velasco, de qualquier juramento, vinculo, y debda de fidelidad y subjection que me hayan o hayades prestado, y me deban o debades, y sean o seades tenudos; y con la presente, y por ella, dispenso y les dó y vos dó licencia y facultad para que se puedan, y vos podades, desnaturar de mí sin pena alguna, y por el mismo fecho sean y seades desnaturados, y los he y vos he por tales de mis Señoríos y naturaleza para que en aquel caso como dicho es[43] ; y non embargante qualquier ley o dereccho, nin las leyes de mis Reynos, que discen que los subditos y natu-

[43] La naturaleza de una persona era su lealtad al monarca del reinado en el que nació, y el deber de todo súbdito real. Aquí queda de hecho nulificada.

rales non se puedan desnaturar de mí si non en ciertos casos: y en quanto a esto yo revoco, ceso y anulo las dichas leyes de mi poderío real absoluto, y quiero que aquellas non hayan lugar nin fuerza nin valor alguno para embargar lo susodicho, nin cosa alguna nin parte dello. Y quiero y mando que por razon del dicho denaturamiento, nin por vos y por ellos guardar, y observar, y complirlo en esta mi carta contenido, y cada cosa y parte dello, non hayades incurrido, nin incurrades en penas algunas civiles nin criminales; nin yo pueda mandar, nin mandaré proceder, nin será procedido contra vuestras personas, y bienes, y dignidades, y oficios, nin contra cosa alguna, nin parte dello en tiempo, nin en cosa, nin en manera, nin por via alguna que sea, o sea pueda.

Y por mayor firmeza y seguridad de todo lo susodicho, y de cada cosa y parte dello, juro y prometo a nuestro Señor Dios y a la Virgen gloriosa nuestra Señora Sancta María su Madre, y a esta señal de Cruz †, y a los sanctos quatro Evangelios tocados por mí corporalmente, y fago voto solemne a la Casa sancta de Jerusalén, y pleyto y homenage una, y dos, y tres veces, segund la costumbre de mis Reynos, en manos de vos el dicho Conde Don Pedro Fernandez, de tener, y complir, y guardar al dicho Rey de Navarra mi primo, y al dicho Principe mi fijo, y a todos los otros de suso nombrados, y a todos los mis oficiales, subditos, y vasallos todo lo susodicho, y cada cosa y parte dello, segund que vos el dicho Conde Don Pedro Fernandez lo dieredes, y fiscieredes, y otorgaredes de mi parte, y por mí, y en mi nombre, como dicho es, y segund en esta mi carta se contiene, a buena fe, sin mal engaño, toda arte, fraude, cautela, y maquinacion cesantes; queriendo que, por fascer, o mandar fascer, o consentir lo contrario, incurra en todas las penas puestas a los embargadores de juramentos, votos solemnes, pleytos, y homenages; y que de aquello non me pueda escusar por ninguna razon o derecho canonico, civil o municipal, quanto quier que sea introducido o faga en favor mio; non embargante que acaesciesse o se pudiesse descir e impetrar en qualquier manera, y por guardar la dicha seguridad, y guyage, y salvoconducto se siguiesse a mi desservicio y daño o bollicio e inconveniente en mis Reynos y la Corona real de aquellos; como mi intencion sea de observar lo susodicho, y cada cosa y parte dello sin alguna excepcion, quanto quier que ocurriesse por caso grande o especial, tacito o expresso. †

Y assimesmo juro, y prometo, y voto, y fago pleyto y homenage, como susodicho es, de non revocar, nin limitar, nin condicionar este dicho poder, que assi dó a vos el dicho Conde Don Pedro Fernandez, nin ir, nin venir, nin passar contra ello en cosa alguna, nin en parte dello, nin pedir, nin rescibir absolucion nin dispensacion en contrario desde dicho juramento, nin usar dello en caso que *propio motu* [44] o a mi postulacion, o de otro me sea otorgado, y aunque todo concurra ayuntada o apartadamente, aunque tenga y haya justas causas, para lo pedir y demandar. Y mando y dó licencia y poderío a vos el dicho Conde Don Pedro Fernandez, que podades resistir y resistades de fecho, y por otras qualesquier vias o maneras que sean o ser puedan a qualquier o qualesquier personas de qualquier estado, o condicion, o preminencia, o dignidad que sean, que lo quieran quebrantar o quebranten en todo o en parte, o en qualquier cosa dello; y les fascer, y apremiar, y compeler que lo guarden y complan en todo y por todo.

Y nos Don Juan Rey de Navarra, y Don Enrique Principe de Asturias fijo primogenito del dicho Rey mi Señor, y nosotros los dichos Don Alvaro de Luna Condestable de Castilla, y Arzobispo de Toledo, y Conde de Castro, y Maestre de Calatrava, y Prior de San Juan, y Maestre de Alcantara, y Obispo de Palencia, y Ferran Alvarez de Toledo, y Ruy Diaz de Mendoza, y Per Alvarez de Osorio, y Don Alonso de Guzman, y Don Juan de Leon, y Mariscal Pero Garcia de Herrera, y Alferez Juan de Silva, y Pedro Sarmiento, y Adelantado Perafan de Ribera, y Mariscal Diego Fernandez de Cordoba, y Doctor Periañez, conosciendo lo susodicho por el dicho Señor Rey rogado a nos el dicho Rey de Navarra, y mandado a nosotros los sobredichos complir assi, y ser servicio de su Señoría y beneficio de sus Reynos y tierras, por las causas de suso expressadas, lo aceptamos y assi juramos por nuestro Señor Dios, y a la dicha Virgen gloriosa nuestra Señora Sancta María, y a esta señal de Cruz † y a los sanctos quatro Evangelios tocados por nuestras manos corporalmente, y facemos voto solemne a la Casa sancta de Jerusalén, y assimesmo facemos pleyto y homenage una, y dos, y tres veces, todos y cada uno de nos, en manos y poder de vos el dicho Conde Don Pedro Fernandez, que estades presente, de observar, y tener, y complir todo lo en la presente carta contenido, y cada cosa y parte dello, y el guyage y salvoconducto que el dicho Conde Don Pedro Fernandez por virtud della diere y faciere a vos el dicho Infante Don Enrique, y a los otros sobredichos y a cada uno dellos: y de non fascer, nin venir, nin permitir, nin consentir fascer nin ve-

[44] Expresión que niega la influencia de otra persona en las decisiones de uno. En el caso de Juan II de Castilla, la usaba para rechazar la idea de que don Alvaro de Luna influía sobre sus mandamientos. Pérez Bustamante, *El gobierno y la administración*, 2, 208; Round, *Greatest Man Uncrowned*, pág. 93.

nir al dicho Señor Rey, nin a otra persona alguna, contra él en todo nin en parte, aunque oviessemos del dicho Señor Rey expresso contrario mandamiento; antes resistiremos de fecho, y contrastaremos, y daremos todo favor y ayuda a vos el dicho Conde de Haro, para resistir y contrastar a qualquier estado, o condicion, preminencia, o dignidad que sean, que lo contrario fisciere o quisiere fascer, con nuestras personas, y con todas nuestras gentes, y vassallos, y poderíos, y seremos en ayuda de vos el dicho Conde Don Pedro Fernandez y de los que con vos fueren, para que sea guardado el dicho Seguro, y guyage, y salvoconducto como dicho es. Y aceptando la dicha absolucion de la fe, sujection, y naturaleza que a la merced del dicho Señor Rey debemos, nos desnaturamos desde agora por la presente para en aquel caso, si acaesciesse (lo que a Dios non plega), de su Señorío, y de sus Reynos y tierras, y de la naturaleza que con Su Merced tenemos, segund y por la forma y manera susodicha, segund que el dicho Señor Rey nos lo mandó de suso por esta su carta. Lo qual todo lo susodicho, y cada cosa y parte dello, nos obligamos, y juramos, y votamos, y facemos pleyto y homenage, como susodicho es, de guardar, tener, y complir, segundo y por la forma y manera que de suso se contiene; y de non ir, nin venir, nin passar contra ello, nin contra cosa alguna, nin parte dello, so las penas susodichas, y demas que por esse mesmo fecho sean confiscados todos nuestros bienes muebles y raices para la Camara del dicho Señor Rey[45].

Otro si, yo el dicho Rey Don Juan de Castilla y de Leon, quiero y mando que por causa del dicho desnaturamiento vos los sobredichos, nin alguno de vos, non hayades incurrido, nin incurrades en penas algunas civiles nin criminales; y vos aseguro que por ello nin por cosa alguna nin parte dello, non mandaré proceder, nin pueda ser nin sea procedido contra vuestras personas, y bienes, y dignidades, y oficios, nin contra cosa alguna nin parte dellos en tiempo alguno, nin por alguna manera, via, nin cosa que sea o ser pueda.

De lo qual todos nos los dichos Reyes de Castilla y de Navarra, y yo el dicho Principe Don Enrique, dimos esta nuestra carta firmada de nuestros nombres y sellada de nuestros sellos. Y assimesmo firmamos de nuestros nombres y sellamos de nuestros sellos nos lo otros susonombrados, y cada uno de nos.

---

45 La cámara del rey era su organismo fiscal, del que dependía el ejército privado del monarca. Suárez Fernández, "Los Trastámaras," pág. 19.

Dada y fecha en la villa de Medina del Campo a diez dias de junio, año del nacimiento del nuestro Señor Jesucristo de mil y quatrocientos y treinta y nueve años.

Yo el Rey. Yo el Rey Juan. Yo el Principe. Yo el Condestable. Joannes Archiepiscopus Toletanus. Yo el Conde. Nos el Maestre. El Prior de San Juan. Nos el Maestre. Gutierre Episcopus Palentinus. Pero Alvarez. Don Alonso. Don Juan. Juan de Silva. Pero Sarmiento. Diego Fernandez. Petrus &c. Yo el Doctor Fernandez Diaz de Toledo, Oydor y Refrendario del Rey y su Secretario[46] la fiz escrebir por mi mandado.

Capítulo IV

En que se contiene como el Infante y los otros Grandes que con él eran, seguran de guardar el Seguro del Conde.

Sepan quantos esta carta vieren como nos, Don Enrique Infante de Aragon y de Sicilia, y Don Fadrique Almirante mayor de Castilla, y Don Rodrigo Alonso Pimentel Conde de Benavente, y Don Pedro de Estuñiga Conde de Ledesma, y Pedro Manrique Adelantado mayor del Reyno de Leon, vassallos de nuestro Señor el Rey y del su Consejo; por quanto el dicho Señor Rey dio una su carta firmada con su nombre y sellada con su sello, la qual assimesmo era firmada de los nombres y sellada con los sellos del Señor Rey de Navarra y de nuestro Señor Don Enrique Principe

---

[46] Oficial de la corte castellana desde la segunda década del siglo XV, y juez en el proceso de don Alvaro de Luna: fue él quien opinó que el Condestable debería ser degollado y sus bienes confiscados. También había actuado de juez en otras ocasiones, como en las confiscaciones de la propiedad del Conde de Castro en 1431. Además de los cargos nombrados en el *Seguro*, fue miembro del Consejo, Tenedor de los Sellos de la Cancillería de la reina Dª Juana, y Notario mayor de los Privilegios Rodados. Gómez Izquierdo, *Cargos*, págs. 74-76; Round, *Greatest Man Uncrowned*, págs. 62, 137-38.

Según Floranes *(Vida literaria del Canciller mayor*, págs. 380) Díaz de Toledo fue autor de un tratado sobre la escritura de las cartas oficiales, titulado *Notas de escriptura o Notas del Relator*, publicado en 1493 (Valladolid), y aumentado en 1531 (Burgos).

El puesto de oidor era prestigioso, con un salario mayor al de otros oficiales. El oidor era el juez de apelación. Round, *Greatest Man Uncrowned*, pág. 175.

El Refrendario exponía en el Consejo el orden del día, publicaba estas órdenes, y contrafirmaba los documentos oficiales. Torres Sanz, *La administración central*, págs. 123-24; Round, *Greatest Man Uncrowned*, pág. 174.

El puesto de Secretario era político-administrativo: además de tener funciones de escribanía, el Secretario era asesor y colaborador del rey. Torres Sanz, pág. 116.

de Asturias, fijo primogenito heredero del dicho Rey nuestro Señor, y otrosi firmada de los nombres de Don Alvaro de Luna Condestable de Castilla y Conde de Sanct Estevan, y de otros ciertos del Consejo del dicho Rey nuestro Señor, su tenor de la qual es este que sigue: Don Juan, por la gracia de Dios Rey de Castilla, &c [sigue una copia de la carta del Capitulo III].

Por ende nos el Infante, y nos los dichos Almirante, y Condes, y Adelantado, y cada uno de nos, conosciendo lo susodicho y contenido en la dicha carta susoincorporada del dicho Rey nuestro Señor, por su Señoría rogado al dicho Señor Rey de Navarra y mandado a nosotros los susodichos y a los otros en la dicha carta contenidos, que comple assi a su servicio y beneficio de sus Reynos y tierras por las causas de suso en la dicha su carta expressadas, lo aceptamos y damos nuestra fe y poder complido a vos el dicho Don Pedro Fernandez de Velasco Camarero mayor del dicho Rey nuestro Señor y del su Consejo, para que por nos, y por cada uno de nos, y por los nuestros que con nos vinieren, podades segurar y seguredes a los dichos Don Alvaro de Luna Condestable de Castilla, Conde de Sanct Esteban, y a los que con el dicho Señor Rey y con el dicho Condestable vinieren, fasta en el numero contenido en los capitulos que el dicho Señor Rey mandó dar, y a cada uno dellos y a los suyos, por el tiempo y en la manera y segund que el dicho Rey nuestro Señor vos dio poder, que los assegurassedes por la dicha su carta susincorporada.

Y nos por la presente assi lo asseguramos por el dicho tiempo, non embargante qualquier revocacion que nos el dicho Infante hayamos fecho al dicho Condestable Don Alvaro de Luna, y al dicho Maestre de Alcantara, y a cada uno dellos, de la seguridad que ante de agora nos les ovimos dado y otorgado en la villa de Peñafiel en el presente año de la fecha y data de la presente; el qual Seguro queremos y otorgamos que non pueda ser por nos revocado, nin limitado, nin condicionado durante el dicho tiempo del dicho Seguro por el dicho Rey nuestro Señor a nos dado, y que vos el dicho Conde nos avedes a dar y dades por virtud de la dicha su carta susoincorporada. Y assi nos los dichos Infante Don Enrique, y Condes Don Rodrigo Alonso Pimentel, y Don Pedro de Estúñiga, y Adelantado Pedro Manrique, y cada uno de nos juramos por nuestro Señor Dios, y a Sancta Maria y a esta señal de Cruz †, y a los sanctos quatro Evangelios tocados con nuestras manos corporalmente, y fascemos voto solemne a la Casa sancta de Jerusalén, y assimesmo fascemos pleyto y homenage una, y dos, y tres veces todos y cada uno de nos, en manos y poder de Diego Lopez de Padilla, Caballero y Ome Fijodalgo, que está presente, de observar, y tener, y complir todo lo contenido en la dicha carta susoincorporada, y cada cosa y parte dello, y el Seguro, y guyage, y salvoconducto, que el dicho Conde Don Pedro Fernandez por virtud della diere y fisciere; y de non fascer, nin venir, nin permitir, nin consentir fascer, nin venir el dicho Rey nuestro Señor, nin a otra persona alguna contra ello en todo nin en parte, aunque oviessemos del dicho Rey nuestro Señor expresso contrario mandamiento; antes resistiremos de fechos, y contrastaremos y daremos todo favor y ayuda a vos el dicho Conde de Haro, para resistir y contrastar a qualquier persona o personas de qualquier estado, o condicion, preminencia, o dignidad que sean, que lo contrario fiscieren o quisieren fascer con nuestras personas, y con todas nuestras gentes, y vassallos, y poderios; y seremos en ayuda de vos el dicho Conde Don Pedro Fernandez, y de los que con vos fueren, para que sea guardado el dicho Seguro, y guyage, y salvoconducto, como dicho es. Y aceptando la dicha absolucion de la fe, subjection de naturaleza que a la merced del dicho Rey nuestro Señor debemos, nos desnaturamos desde agora por la presente para que en aquel caso si acaesciesse (lo que Dios non quiera), de su Señoría, y de sus Reynos, y tierras de la naturaleza, que con Su Merced tenemos, segund y por la forma y manera susodicha, que el dicho Rey nuestro Señor nos mandó por la dicha su carta. La qual todo susodicho y cada cosa y parte dello, nos obligamos, y juramos, y votamos, y fascemos pleyto y homenage, como susodicho es, de lo asi guardar, y tener, y complir, segund y por la forma y manera que de suso se contiene, y de non ir, nin venir, nin passar contra ello, nin contra cosa alguna, nin parte dello, so las penas susodichas; y demas que por esse mesmo fecho sean confiscados todos nuestros bienes muebles y raices, para la Camara de dicho Señor Rey.

De lo qual dimos nuestra carta firmada de nuestros nombres y sellada con nuestros sellos. Y por mayor firmeza rogamos al Escribano yuso escripto, que la signasse de su signo; que fue fecha en la villa de Valladolid a doce dias de junio, año del Nascimiento de nuestro Señor Jesu Christo de mil y quatrocientos y treinta y nueve años.

Testigos que fueron presentes: el Doctor Sancho Garcia de Villalpando [47], y el Licenciado Alvar Sanchez de Toro, y el Licenciado Alvar Lopez de Lonilla, y el Licenciado Francisco Garcia de Burgos.

---

47 Miembro del Consejo y Contador mayor. Más tarde será Oidor de la Audiencia y Escribano mayor de las Rentas de Valladolid (1444). Gómez Izquierdo, *Cargos*, págs. 32-33.

Nos el Maestre. El Almirante. El Conde. Yo el Conde. Pero Manrique. Y yo Luis Garcia de Hita Escribano de nuestro Señor el Rey y su Notario publico[48] en la su Corte y en todos los sus Reynos a los sobredichos, en uno con los dichos testigos, presente fui. Y vi en como el dicho Señor Infante, y el dicho Don Fadrique Almirante, y los dichos Condes Don Rodrigo Alonso Pimentel, y Don Pedro de Estuñiga, y Adelantado Pedro Manrique, votaron, y juraron, y fiscieron el dicho pleyto y homenage en manos del dicho Diego Lopez de Padilla en presencia mia y de los dichos testigos, segund que de suso se fasce mencion en esta escriptura; la qual va escripta en cinco fojas de papel de medio pliego cada foja con esta en que va mi signo, y en baxo de cada plana va puesta una señal de mi nombre. Y por su ruego y otorgamiento de lo sobredicho fisce aqui mi signo a tal: En testimonio de verdad: Luis Garcia.

Y porque vos el dicho Conde Don Pedro Fernandez de Velasco de suso en esta carta contenido seades mas cierto, y seguro, y certificado que los dichos Señores Infante, y Almirante Don Fadrique, y Don Rodrigo Alonso Pimentel Conde de Benavente, y Don Pedro de Estuñiga, y Adelantado Pedro Manrique, ternán, y guardarán, y complirán el dicho Seguro, que de suso en esta carta se fasce mencion, y todo lo que en ella contenido y cada cosa y parte dello; nos los de yuso contenidos, es a saber: Don Luis de la Cerda Conde de Medina Celi, y Don Juan Manrique Conde de Castañeda, y Don Pedro Niño Conde de Buelna, y Don Pedro de Acuña Conde de Valencia, y Don Pedro Obispo de Osma, y Don Sancho de Rojas Obispo de Astorga, y el Adelantado de Galicia Diego Sarmiento, y el Mariscal Iñigo de Estuñiga, y Don Gabriel Manrique Comendador mayor de Castilla, y Don Enrique fijo del Almirante Don Alonso Enriquez, y Don Alvaro de Estuñiga fijo del Conde de Ledesma, y Juan de Rojas Señor de Monzon, y Gomez de Benavides, y Lope de Rojas Señor de Santa Cruz, y Juan de Tovar Señor de Astudillo, y Don Alonso fijo del Conde de Benavente, y Pedro de Quiñones Merino mayor de Asturias, y Pedro de Mendoza Señor de Almazan, y Suero de Quiñones, y Diego de Estuñiga y Lope de Estuñiga fijos del dicho Mariscal Iñigo, y Juan Ramirez de Arellano, y cada uno de nos juramos por nuestro Señor Dios, y a Sancta María, y a esta señal de Cruz †, y a los sanctos quatro Evangelios tocados con nuestras manos corporalmente, y assimesmo fascemos pleyto y homenage una, y dos, y tres veces en manos y poder de Diego Lopez de

[48] La función de los escribanos, que trabajaban bajo el mando de los notarios, era la de redactar, registrar, y sellar los privilegios y cartas. El notario era el oficial en la redacción de las cartas del rey. Torres Sanz, *La administración central*, págs. 104-05, 109.

Padilla Caballero y Fijodalgo, que está presente, de guardar, y tener, y complir todo lo contenido en la dicha escriptura, que de suso de fasce mencion, y que los dichos Señor Infante, y Almirante Don Fadrique, y Condes de Benavente y de Ledesma, y Adelantado Pedro Manrique, y cada uno dellos, juraron y fiscieron pleyto y homenage. Por firmeza de lo qual rogamos al Escribano suso escrito lo diesse signado al dicho Conde Don Pedro Fernandez de Velasco una y dos y mas veces, quantas por el dicho Conde fuere pedido. Fecho dia y año y mes susodicho. Testigos que fueron presentes el dicho Doctor Sancho Garcia de Villalpando, y Rodrigo de Villalpando su hermano, y Alonso de Villalpando Ballestero del dicho Señor Rey, y Gomez de Riba-Martin Escudero, y Diego de Padilla.

Y yo Luis Garcia de Hita Escribano de nuestro Señor el Rey y su Notario publico en la su Corte y en todos los sus Reynos, a los sobredichos, en uno con los dichos testigos, presente fui; y vi en como los sobredichos de suso nombrados juraron y fiscieron el dicho pleyto y homenage en manos del dicho Diego Lopez de Padilla en presencia mia y de los dichos testigos, segund que de suso se fasce mencion.

Y por su ruego y otorgamiento fisce aqui mi signo a tal: En testimonio de verdad. Luis Garcia.

Capítulo V

En que se contienen los capitulos jurados al Conde de Haro, assi por el Rey nuestro Señor como por el Rey de Navarra, y el Infante y los otros Grandes del Reyno, para la guarda de Tordesilla[49].

Don Juan, por la gracia de Dios Rey de Castilla, de Leon, de Toledo, de Galicia, de Sevilla, de Cordoba, de Murcia, de Jaen, del Algarbe, y de Algecira, y Señor de Vizcaya y de Molina. Confiando de la gran lealtad y prudencia de vos Don Pedro Fernandez de Velasco Conde de Haro, mi Camarero mayor y del mi Consejo, y porque mi merced es que vos tengades la villa de Tordesillas y el lugar de Simancas durante el Seguro, so el qual es mi merced que puedan venir y vengan a mí salva y seguramente a la dicha villa de Tordesillas y a sus terminos el Infante Don

[49] *Archivo de los Duques de Frías*, 1, Doc. 2.330. El original, en papel, lleva un sello de placa.

Enrique mi primo, y el Almirante Don Fadrique, y el Conde Don Rodrigo Alonso Pimentel, y el Conde Don Pedro de Estuñiga, y el Adelantado Pedro Manrique, a los quales vos yo mandé que diessedes de mi parte y por mi poder cierto mi Seguro, y guyage, y salvoconducto porque pudiessen ende venir, y estar, y se tornar, y partir de alli cada que quisiessen salva y seguramente durante el dicho tiempo; por ende, porque vos mejor y mas libremente podades fascer y complir lo que por mí a vos mandado en esta parte, es mi merced que se tengan y guarden, y sean tenidos y guardados los capitulos siguientes.

Primeramente, que yo y otrosi el Rey Don Juan de Navarra mi muy caro y muy amado primo, vayamos a la dicha villa de Tordesillas, yo con ciento y veinte cavalgaduras entre unos y otros y non mas, y viento y cincuenta entre mozos, y omes de pies, y acemileros sin armas algunas; y el dicho Rey de Navarra mi primo con quarenta cavalgaduras por todos y non mas, y sesenta entre mozos, y omes de pies, y acemileros sin armas algunas; y los que han de ir cavalgando, vayan en mulas y non en bestias cavallares, y lleven solas espadas sin otras armas ofensivas; pero que yo pueda llevar tres o quatro pages, segund me plascerá, y el dicho Rey de Navarra mi primo uno o dos pages.

Item, que el dicho Infante Don Enrique con los que son en Valladolid vengan a mí a la dicha villa en esta manera: el dicho Infante con fasta treinta cavalgaduras entre oficiales y otros, y los Caballeros que con él vinieren, con cinquenta cavalgaduras, assi que sean todos ochenta cavalgaduras, y sean mulas y non bestias cavallares, con sus espadas sin algunas otras armas ofensivas nin defensivas, y con sus acemilas; y que puedan traer con ellos fasta ochenta personas a pie entre omes y mozos, sin espadas nin otras ningunas armas ofensivas nin defensivas.

Item, que yo, y el dicho Rey de Navarra, y otrosi el Infante, y los otros que alli ovieren de ir, juremos y juren de non llevar otras armas algunas ofensivas nin defensivas *directe* nin *indirecte*, salvo las susodichas, nin en ellos, nin en sus acemilas.

Item, que se tenga por dicho que en llegando a la puerta de la dicha villa de Tordesillas, antes que entren en la dicha villa todos los susodichos, excepto yo y el dicho Rey de Navarra mi primo, dexen las dichas espadas en poder de vos el dicho Conde de Haro; en manera que en ningun caso los unos nin los otros, durante el tiempo del dicho Seguro que vos el dicho Conde por mi auctoridad avedes de dar, non puedan traer armas algunas publica nin ascondidamente.

Item, que a ordenanza de vos el dicho Conde o de quien lo vos encomendaredes, se deben fascer catar las acemilas si vinieren en ellas algunas armas.

Item, que vos el dicho Conde o quien lo vos encomendaredes, podades tomar y tomedes todas las armas ofensivas y defensivas que en la dicha villa e Tordesillas se fallaren, sobre juramento de los vecinos della, y las pongades en un lugar qual a vos plascerá.

Item, porque mejor se pueda guardar el dicho Seguro, a mí plasce de vos cometer la Justicia civil y criminal de mi Corte, y de la dicha villa de Tordesillas, y del dicho lugar de Simancas, porque vos pongades Alcaides y Alguaciles; y otro ninguno non use tal oficio durante el dicho tiempo.

Item, que la guarda que se acostumbra poner a mi persona, y palacio, y del Principe mi fijo, si comigo fuere, durante el tiempo del dicho Seguro, la tengades vos el dicho Conde y por vos Ferrando de Velasco vuestro hermano, y possedes en mis palacios con la gente de armas que a vos el dicho Conde bien visto fuere.

Item, que yo envíe mandar a los de la dicha villa de Tordesillas y del dicho lugar de Simancas que juren de guardar el dicho Seguro, y fascer y complir en todo y por todo lo que vos el dicho Conde les mandaredes, assi como si yo ge lo mandasse, y de vos dar todo favor y ayuda para guardar y fascer el dicho Seguro.

Item, que vos el dicho Conde por mi auctoridad podades mandar salir de la dicha villa de Tordesillas y del dicho lugar de Simancas aquellas personas vecinos, donde entendieredes que comple a mi servicio y guarda del dicho Seguro, que salgan de la dicha villa y lugar.

Item, que qualesquier personas que fueren assi comigo como con el dicho Rey de Navarra como con el dicho Principe mi fijo, si allá oviere de ir, como con el dicho Infante y con los otros Caballeros que con ellos fueren, juren de guardar el dicho Seguro, y de dar a vos el dicho Conde todo favor y ayuda para lo guardar cada que por vos de mi parte les fuere mandado y requerido, bien assi como si por mí les fuesse mandado, y otrosi por cada uno dellos y de aquellos con quien fueren.

Item, que yo, y el dicho Rey de Navarra, y el Principe mi fijo, y el dicho Infante Don Enrique, y todos los otros Grandes contenidos y comprehendidos en el dicho mi Seguro, fagamos y fagan juramento de non mandar, nin dexar mandado, nin permitir *directe* nin *indirecte*, que durante el tiempo del dicho Seguro, gente alguna de la que está apossentada en

Medina del Campo, y en Valladolid, y en los otros lugares donde agora está apossentada, se lleguen nin muden de las dichas villas de Medina, y Valladolid, y de los otros lugares donde agora están apossentadas, facia la villa de Tordesillas y lugar de Simancas, non se lleguen contra Tordesillas y Simancas los unos nin los otros durante el tiempo del dicho Seguro, mas de quantos agora están.

Item, que por evitar los ruidos y los escandalos que se podian levantar, a mi merced plasce que el mi Apossentador, que oviere de apossentar en la dicha villa de Tordesillas, apossente con acuerdo de vos el dicho Conde de Haro o de otros a quien lo encomendaredes, por manera que ninguna possada non se dé nin tome sin ser dada por el dicho Apossentador o por el que vos el dicho Conde para ello pusieredes, si non que sea della echado por vos el dicho Conde; por manera que los apossentamientos se fagan assi apartados porque todos ruidos sean escusados.

Item, que yo mande al dicho Infante y a todos los otros Grandes de mis Reynos que con mi merced fueren en la dicha villa de Tordesillas, quando ovieren de fablar ante mí algunas cosas, assi los unos como los otros, se hayan honestamente; por manera que la reverencia y obedencia a mí debida sea guardada, y quando ovieren de fablar los unos sean ausentes los otros.

Item, que el dicho Infante nin los otros que con él vinieren non vengan a mi palacio sin vos el dicho Conde o quien vos enviaredes que venga con ellos; y quando ovieren a venir, que non vengan salvo el dicho Infante y los otros principales que con él vinieren, y non otros algunos Caballeros, nin Escuderos, nin servidores. Y esta mesma manera y forma se tenga y guarde por los otros Grandes que comigo fueren a la dicha villa de Tordesillas; y quando ovieren de ir al mi palacio non vayan sin vos el dicho Conde o quien vos enviaredes.

Item, que assi los unos como los otros, quando ovieren de enviar por las viandas y provisiones a las plazas, envíen por ellas sus solos oficiales sin otra compañia, por evitar ruidos y escandalos, que fasciendose por otra manera, se podrian recrescer.

Item, que todos los carniceros, y recatones, y todos los otros que vinieren a traer viandas a la dicha villa de Tordesillas, las vendan y se apossenten fuera della, y que non entren a la dicha villa; y que sean dos plazas: una allende de la puente, y otra a la puerta de Valladolid.

Las quales cosas susodichas y cada una dellas es mi merced de mandar guardar y complir, y que se guarden y complan en todo y por todo segund de suso se contiene, y que persona nin personas algunas de qualquier estado, o condicion, o preminencia, o dignidad que sea, non sean osadas de ir nin passar contra ellas nin contra cosa alguna nin parte dellas, so pena de la mi merced, y de los cuerpos, y de quanto han. Y prometo por mi fe real, y juro a Dios, y a Sancta María y a esta señal de Cruz †, y a las palabras de los sanctos Evangelios, tañiendolos corporalmente con mi mano, de lo guardar y complir, y mandar guardar y complir en todo y por todo, y de non mandar, nin permitir, nin consentir ir nin passar contra ello, nin contra cosa alguna, nin parte dello. Y mando a los comprehendidos y contenidos en el dicho Seguro y en esta mi carta y a cada uno dellos, que jure y faga pleyto y homenage de lo assi guardar, y tener, y fascer, y complir.

Dada en la villa de Medina del Campo a diez dias de junio, año del Nascimiento de nuestro Señor Jesu Christo de mil y quatrocientos y treinta y nueve años. Yo el Rey. Ferrando Diaz de Toledo Oydor y Referendario del Rey a su Secretario, la fiz escrebir por su mandado. Registrada.

Capítulo VI

En que se contiene el Seguro dado por el Conde de Haro al Infante Don Enrique, y al Condestable, y al Almirante, y Condes, y Caballeros, y Ricos Omes que por mandado del Rey vinieron a la villa de Tordesillas[50].

Sepan quantos esta carta vieren como yo, Don Pedro Fernandez de Velasco Conde de Haro, Camarero mayor del muy alto, y muy esclarecido, y muy poderoso Principe, Rey y Señor, nuestro Señor el Rey Don Juan de Castilla y de Leon, y del su Consejo, por licencia, y mandamiento, y poderio que el dicho Rey nuestro Señor me mandó dar, y dio por una su carta firmada de su nombre y sellada con los sellos de los muy altos y muy esclarescidos Principes el Señor Don Juan Rey de Navarra, y de nuestro Señor Don Enrique Principe de Asturias fijo promogenito heredero del dicho Señor Rey; y otrosi firmada de los nombres y sellada con los sellos de Don Alvaro de Luna Condestable de Castilla y Conde de

[50] Ibid., Doc. 2.332. El original en papel lleva los sellos de los cinco firmantes.

Sanct Esteban, y de otros ciertos del Consejo del dicho Rey nuestro Señor, su tenor de la qual es este que se sigue: Don Juan, por la gracia de Dios, Rey de Castilla, &tc. [Se inserta aquí la carta contenida en el Capitulo III.]

Y por ende, yo el Conde Don Pedro Fernandez de Velasco Conde de Haro, por la dicha licencia, y mandamiento, y poder a mí fecho y dado por el dicho Rey nuestro Señor, y assimesmo por virtud del Seguro en esta razon dado por el Señor Infante Don Enrique, y por el Almirante Don Fadrique, y Condes de Benavente y Ledesma, y Adelantado Pedro Manrique, y por el poder que ellos me dieron por una su carta firmada de sus nombres y sellada con sus sellos, para que podiesse fascer y fisciesse por ellos y por cada uno de ellos, y por los que con ellos vinieren, el Seguro suso escripto, y otrosi por mi mesmo guyo y asseguro de parte del dicho Rey nuestro Señor, y en su nombre y por su auctoridad, y otrosi por el dicho Infante y por los sobredichos y por cada uno de ellos, y por mí a vos el dicho Infante Don Enrique, y a vos Don Alvaro de Luna Condestable de Castilla y Conde de Sanct Esteban, y a vos los dichos Almirante Don Fadrique, y los Condes Don Rodrigo Alonso Pimentel, y Don Pedro de Estuñiga, y Adelantado Pedro Manrique, y a los que con vos vinieren, fasta en el numero de los capitulos que el dicho Señor Rey sobre esto mandó dar, y a cada uno de vos, y a los que con vos vinieren, en esta guisa:

Vos el dicho Señor Infante, y los dichos Almirante, y Condes Don Rodrigo Alonso, y Don Pedro de Estuñiga, y Adelantado Pedro Manrique, con ochenta cavalgaduras de mulas y non bestias cavallares, y con ochenta omes de pie y mozos; y vos el dicho Condestable, y los Caballeros, y otras personas que con vos fueren, tanto que non passen del numero de las ciento y veinte cavalgaduras que con el Rey van, y sean las dichas cavalgaduras mulas y non bestias cavallares, y con los ciento y cincuenta omes de pies y mozos. Y durante la presente seguridad, y guyage, y salvoconducto, el qual dure y vala por el tiempo contenido en la dicha carta del dicho Rey nuestro Señor suso incorporada, non vos será fecho, nin mandado, nin consentido fascer mal, daño, injuria, nin ofensa alguna en vuestras personas por el dicho Rey nuestro Señor, nin por interpositas personas directamente nin indirecta, publica nin ascondidamente; nin podades por el dicho Rey nuestro Señor, nin por el dicho Señor Rey de Navarra, nin por el dicho Principe nuestro Señor, nin por otros qualesquier oficiales, subditos, nin naturales, nin vassallos del dicho Rey nuestro Señor, nin por otros qualesquier, nin por mí, vos los sobredichos, nin alguno de vos ser presos, arrestados, detenidos, secuestrados, ocupados, nin embargados en qualquier manera; antes podades venir y vengades a su Señoría seguramente a la dicha villa de Tordesillas, y al lugar de Simancas y a sus terminos, y estar en ellas y en cada una dellas libre y seguramente sin empacho nin contradiccion alguna, la qual en vuestras personas nin de alguno de vos non pueda ser fecha nin puesta por cosa alguna durante el tiempo del dicho Seguro y guyage, segun y por la forma y manera que mas complidamente se contiene en la dicha carta del dicho Señor Rey susoincorporada, y esta de la seguridad, y guyage, y salvoconducto que vos yo dó, y fago, y otorgo en el nombre del dicho Rey nuestro Señor, y de su parte, y por el dicho su poder, y auctoridad, y por mí, segund y por la forma y manera, y con aquellos mesmos vinculos, y calidades, y firmezas contenidas en la dicha carta susoincorporada, y só aquellas mesmas penas; y por virtud della fago pleyto y homenage una, y dos, y tres veces en manos y en poder del muy alto y muy poderoso Principe el Rey Don Juan nuestro Señor, que está presente, de servar, y tener, y complir todo lo en la dicha carta susoincorporada y en esta presente contenido, y cada cosa y parte dellos, y de non fascer, nin venir, nin permitir, nin consentir fascer nin venir al dicho Rey nuestro Señor, nin a otra persona alguna, de qualquier estado o condicion que sea o ser pueda, contra ello, nin contra cosa alguna, nin parte dello en todo, nin en parte, aunque oviesse del dicho Rey nuestro Señor expresso contrario mandado; antes con mi persona y con mi gente y poderío resistiré de fecho y contrastaré y daré todo favor y ayuda para resistir y contrastar a qualquier o qualesquier personas de qualquier estado o condicion, preminencia o dignidad que sean, que lo contrario fiscieren o quisieren fascer, segund que el dicho Rey nuestro Señor me lo mandó por la dicha su carta susoincorporada. Y aceptando la dicha absolucion de la subjection y naturaleza que a la merced del dicho Rey nuestro Señor debo, me desnaturo desde agora por la presente para en aquel caso, si acaesiesse (lo que a Dios non plega) de su Señoría, y Reynos, y tierras, y de la naturaleza que con Su Merced tengo, segund y por la forma y manera que el dicho Rey nuestro Señor me lo mandó por la dicha su carta. Lo qual todo otorgo, y fago pleyto y homenage de assi guardar y tener sin mal engaño, toda arte, fraude, cautela, y maquinacion cessantes. Y si lo contrario fisciere, o permitiere, o consintiere en qualquier manera, que incurra por el mesmo fecho en todas las penas puestas a los quebrantadores de los pleytos y homenages; y de aquellos non me puedo escusar por ninguna razon o derecho canonico, civil, o municipal, quantoquier que sea introducido o faga en favor mio: ca yo lo renuncio y parto de mí y de mi ayuda. Y mando de parte del dicho Señor Rey, y por virtud del dicho su poder a todos y qualesquier subditos, y vassallos, y naturales de qualquier estado, y condicion, y preminencia, o dignidad que sean, que lo guarden y complan, y fagan guardar y complir en todo y por todo, segun que en la dicha su carta susoincorporada y en esta por virtud de la por mí dada se contiene, y que non vayan, nin passen, nin consientan ir nin passar contra ello, nin contra cosa alguna, nin parte dello, so las penas suso contenidas. De lo qual di esta mi carta firmada de mi nombre y sellada con mi sello, y otorguéla ante el Escribano publico y testigos de yuso escriptos; que fue fecha y otorgada en la villa de Medina del Campo a once dias de junio año del Nascimiento del nuestro Señor Jesu Christo de mil y quatrocientos y treinta y nueve años.

Testigos que a esto fueron presentes llamados y rogados el Doctor Periañez Oydor y Referendario del dicho Señor Rey, y Alonso Perez de Vivero su Contador mayor [51], ambos a dos del su Consejo, y Diego Romero Contador mayor del dicho Señor Rey de las sus cuentas, y su Escribano de Camara, Relator [52], &tc.

Capítulo VII

En que se contiene el poder dado por el Rey al Conde de Haro para tener las villas de Tordesillas y Simancas[53].

Don Juan, por la gracia de Dios Rey de Castilla, de Leon, de Toledo, de Galicia, de Sevilla, de Cordoba, de Murcia, de Jaen, del Algarbe, y de Algecira, y Señor de Vizcaya y de Molina. Confiando de la gran lealtad y prudencia de vos Don Pedro Fernandez de Velasco Conde de Haro, mi

---

[51] Su asesinato en el alojamiento de don Alvaro de Luna el 1 de abril, 1453, fue con toda probabilidad el hecho que precipitó el final del Condestable. El cronista de la vida de Luna le echó la culpa por la falta que confianza en éste que Pérez de Vivero inspiraba en Juan II. *Crónica de D. Alvaro de Luna*, ed. Juan de Mata Carriazo, Madrid, 1940, págs. 295-308.

El contador mayor tenía a su cargo la elaboración del presupuesto, la organización de la recaudación de los pagos, y la relación de los cargos y deudas a los Contadores de cuentas. Torres Sanz, *La administración central*, pág. 232-33.

[52] Otros cargos que desempeñaba Diego Romero en su carrera eran: Secretario del Rey, Alcalde mayor de Toledo, y Contador mayor de Cuentas. El Relator era el oficial que expedía y firmaba documentos de toda índole, en todos los niveles de gobierno. Gómez Izquierdo, *Cargos*, págs. 63-64; Round, *Greatest Man Uncrowned*, pág. 20.

[53] *Archivo de los Duques de Frías*, 1, Doc. 2.331.

Camarero mayor y del mi Consejo, por quanto mi merced es que vos tengades la villa de Tordesillas y el lugar de Simancas durante el Seguro so el qual es mi merced que puedan venir y vengan a mí salva y seguramente a la dicha villa de Tordesillas y a sus terminos, el Infante Don Enrique mi primo, y el Almirante Don Fadrique, y el Conde Don Rodrigo Alonso Pimentel, y el Conde Don Pedro de Estuñiga, y el Adelantado Pedro Manrique, a los quales yo vos mandé que diessedes de mi parte y por mi poder cierto mi Seguro, y guyage, y salvoconducto porque podiessen ende venir, y estar, y se tornar, e ir de alli cada que quisiessen salva y seguramente durante el tiempo del dicho Seguro; por ende, porque vos mejor y mas libremente podades fascer y complir lo por mí a vos mandado y encomendado en esta parte, es mi merced y mando que durante el tiempo del dicho Seguro, vos el dicho Conde de Haro tengades por mí la justicia, y jurisdiccion civil y criminal alta y baxa, mero y mixto imperio de la mi Corte, y de la dicha villa de Tordesillas, y del dicho lugar de Simancas, y non otro alguno, ca yo los suspendo de los dichos oficios durante el dicho tiempo del dicho Seguro. Para lo qual todo y cada cosa dello y para la execucion dello, con todas sus incidencias, y dependencias, emergencias, y conexidades, dó poder complido por esta mi carta a vos el dicho Conde, y a los que vos pusieredes en vuestro lugar y en mi nombre durante el dicho tiempo.

Y ruego al Rey Don Juan de Navarra, mi muy caro y muy amado primo, y mando al Principe Don Enrique mi fijo primogenito heredero, y otrosi a los Duques, Condes, y Ricos Omes, Maestres de las Ordenes, Priores, y Comendadores, y a los otros Oficiales de la mi Corte, y a qualesquier de mis subditos y naturales de qualquier estado, o condicion, preminencia, o dignidad que sean, y a los Consejos, y Alcaides, y Alguaciles, Regidores, Caballeros, Escuderos, Oficiales, y Omes Buenos de la dicha villa de Tordesillas y el dicho lugar de Simancas, y de todas las cibdades, y villas, y lugares de los mis Reynos y Señoríos, que lo guarden y complan, y fagan guardar y complir en todo y por todo, segund que en esta carta se contiene, y que non vayan, nin passen contra ello, nin contra cosa alguna nin parte dello; mas que vos den todo favor y ayuda que les pidieredes y menester ovieredes en esta razon; y que vos non pongan, nin consientan poner en ello, nin en parte dello, embargo nin contradiccion alguna.

Y por esta mi carta vos dó auctoridad y poder complido para que de mi parte podades mandar y fascer salir, durante el dicho tiempo, de la dicha villa de Tordesillas y del dicho lugar de Simancas y de cada uno dellos, a qualquier persona o personas de qualquier estado, o condicion, preminencia, o dignidad que sean, que vos entendades que comple a mi servicio y a la guarda del dicho Seguro, que salgan della; a los quales y a cada uno dellos mando que lo fagan y complan segund y por la forma y manera que ge lo vos mandaredes de mi parte, y so las penas que les pusieredes, las quales yo les pongo por la presente; y vos dó poder complido para las executar contra los que assi non fiscieren y complieren, y contra sus bienes.

Y mando a los Consejos, y Alcaldes, Alguaciles, Caballeros, Escuderos, Oficiales, y Omes Buenos de la dicha villa de Tordesillas y del dicho lugar de Simancas y a cada uno dellos, que guarden y fagan guardar el Seguro que vos el dicho Conde de mi parte y por mi mandado dieredes a los sobredichos y a cada uno dellos; y que os den y fagan dar todo favor y ayuda para guardar el dicho Seguro, y fagan y complan todas las cosas que vos el dicho Conde dixeredes y mandaredes, bien assi como si yo por mi persona ge lo mandasse; y que juren y fagan juramento de lo assi guardar y complir en todo y por todo. Y los unos nin los otros non fagan ende ál por alguna manera so pena de la mi merced, y de los cuerpos, y de quanto han.

Dada en la villa de Medina del Campo a diez dias de junio, año del Nascimiento de nuestro Señor Jesu Christo de mil y quatrocientos y treinta y nueve años. Yo, el Rey. Yo, el Doctor Ferrando Diaz de Toledo Oydor y Refrendario del Rey y su Secretario, la fisce escrebir por su mandado.

(Y antes que espirasse el tiempo deste Seguro fue prorogado con otras semejantes letras por tres veces, fasta que el Rey dio el postrimero poder al Conde de Haro, de que adelante se fasce mencion, para tener las dichas villas por quarenta dias).

Capítulo VIII

De la manera que el Conde de Haro tovo para guardar las dichas villas de Tordesillas y Simancas, y administrar la justicia en ellas, y fascer otras cosas al tal caso convenientes

Despues que el Conde de Haro ovo tomado los Seguros del Rey, y del Rey de Navarra, y del Principe, y del Condestable, y de los otros Grandes que con el Rey eran, y dado a ellos el suyo y enviado por un Caballero suyo su primo, que se decia Diego Lopez de Padilla, y por un doctor suyo que se descia Sancho Garcia de Villalpando Oydor del Rey, al Infante Don Enrique, y a los otros Grandes que con él eran, el Seguro suyo, y a rescibir dél y dellos el que a dar avian para que dél y dellos recebiessen el juramento, y pleyto, y homenage que avian de fascer de seguridad del dicho Seguro, él se partió para la villa de Tordesillas con toda su gente de armas y de pie. Y apoderado della y de sus vecinos, rescebido dellos el juramento contenido en los capitulos suso escriptos, y puestas todas las armas de la villa en una iglesia que se llamaba Sanct Pedro con tal guarda que le complia, otro dia viernes siguiente mandó cerrar y tapiar las puertas de la villa salvo la de Valladolid, la qual encomendó a un Caballero suyo y su primo, que se descia Sancho Sanchez de Velasco Comendador de Montiel, y la de la puente encomendó a dos criados suyos que se llamaban Juan Munoz de Castañeda y Ferran Patiño, con ciertos omes de armas y ballesteros, para que ninguna persona no podiesse entrar salvo por cedula suya o de su hermano Ferrando de Velasco, Camarero del Rey y del su Consejo, y se escribiesse por un su Escribano, que en cada puerta estaba puesto. Y luego aquel dia, por virtud del poder del Rey, privó los Alcaldes y Alguaciles de la dicha villa, y puso por sí por Alcaldes al dicho Doctor Sancho Garcia, y a Geronimo Gonzalez de Cosio, un Escudero de que mucho fiaba, y por Alguaciles a dos Caballeros suyos que llamaban Juan Lopez de Porras y Pero Lopez de Medrano, para que de dos en dos con ciertos omes de armas y ballesteros anduviessen assi de noche como de dia por la villa por aquellos lugares que entendiessen que mas complia para escusar los ruidos; los quales porque mejor podiessen escusar, mandaron luego los Alcaldes y Alguaciles de parte del Conde poner dos plazas para vender las viandas fuera de la villa, una de parte de la puente de que comprassen los que venian por mandado del Rey de los que con Su Merced eran en Medina del Campo, y la otra a la puerta de Valladolid, de que comprassen los que por su mandado alli venian con el Infante Don Enrique y con los otros Grandes que con él venian. Y para ser avisado de qualquier gente de cada una de las partes que se quisiessen mover, comendó el cargo a un Caballero su primo que decian Carlos de Torres Alguacil mayor de Jaen, para lo qual assi con ginetes como con peones tenia puesto tal recabdo que non se podia mover ninguno que non fuesse dello avisado.

Y quanto a la guarda de la villa, fue por el Conde encomendada la ronda y guarda della al dicho Diego Lopez de Padilla su primo, y a otros tres Caballeros suyos que llamaban Iñigo Lopez de Mendoza, y Ferran

Sanchez de Velasco, y Pedro de Cartagena, para que cada noche con cierta gente de armas y de pie la rondassen y guardassen. Y para la guarda de la villa de Simancas envió luego un Caballero suyo que se llamaba Gonzalo Muñoz de Castañeda, con cierta gente de armas y de pie, para que la toviesse por él, y posiesse en ella aquella guarda y recabdo al tal acto complidero. Y puesto recabdo assi en ella, mandó luego apossentar los que con el Rey y el Rey de Navarra venian, y al Infante y a los otros Grandes que con él venian.

Capítulo IX
De como el Conde de Haro ordenó la guarda del palacio

Puesto recabdo en la villa segun de suso se contiene, fue el Conde a los palacios que el Rey alli tiene, y dio orden como alli se apossentassen assi el Rey como el Rey de Navarra, y él y su hermano Ferrando de Velasco con la guarda de gente de armas y ballesteros, segund en los capitulos suso escriptos fue acordado. La qual guarda era continuadamente en el palacio de cient omes de armas y cient ballesteros, en tal manera que donde el Rey estoviesse, non podiesse llegar ninguna persona sin passar por tres puertas guardadas por gente de armas y ballesteros, sin otras que se guardaban por porteros puestos por él. Y para evitar los ruidos que suele fascer la muchedumbre de los que tienen las cavalgaduras a las puertas del palacio, fueron mandadas poner por el Conde ciertas palanqueras a dos puertas del palacio, de manera que los unos entrassen por su puerta sin poder llegar nin aver fabla con los otros, y que de esta manera podiessen ir por el palacio fasta el lugar donde el Rey estaba, que tenia dos puertas por do cada uno entrasse, y a donde aquellos que con ellos viniessen los esperassen sin poder fablar unos con otros, porque se escusassen todas deshonestas palabras. Y esta orden se dio para quando oviessen de entrar en consejo sin el Rey con la dicha guarda de gente de armas y ballesteros. Y assi ordenado, envió el Conde descir al Rey que veniesse quando a Su Merced ploguiesse.

Capítulo X
De la entrada del Rey en Tordesillas, y de como fue rescebido

Otro dia sabado, como el Rey venia dexando a la Reyna su muger y al Principe su fijo en Medina del Campo, y al Condestable con todos los otros Grandes que alli con Su Merced eran (exceptos los yuso escriptos, que con su Señoría venian), el Conde de Haro envió a su hermano Ferrando de Velasco con una gran esquadra de gente de armas muy bien aderezados assi de arneses como de caballos, y cubiertas, y paramentos, a le rescebir a muy gran trecho de la villa. Y fecha por él y por los otros Caballeros que con él iban reverencia a Su Alteza, él se puso en su reguarda y vino assi con Su Merced fasta la puerta de la puente, donde se falló por Caballeros entendidos en tales actos que el Conde debia estar, y non salir fuera, segund el cargo del Seguro que a los unos y a los otros en aquella villa dado tenia.

Y alli salió a el Rey a caballo en habito de guerra con solos sus pages muy bien aderezados. Y fecha reverencia a Su Merced, el Rey, dandole la mano, le ratificó los capitulos jurados, mandando que dexadas las armas, segund en los capitulos se contenia, todos los que alli venian con él, pues non eran mas del numero limitado, y rescebiendo dellos el juramento que a fascer avian, les fisciessen abrir. Lo qual, con la reverencia que debia puesto en obra, fueron luego las puertas abiertas, y entraron con el Rey el Rey de Navarra, y Ruy Diaz de Mendoza su Mayordomo mayor, y Pero Ruyz Sarmiento su Repostero mayor, y Pero Garcia de Herrera su Mariscal, y Juan de Silva su Alferez mayor, y Perafan de Rivera Adelantado del Andalucia, y Pedro de Acuña su Guarda mayor, y Gomez Carrillo de Acuña su Camarero de los paños [54], y Juan de Luna, y Luis de la Cerda, y Diego Hurtado, y el Doctor Periañez del su Consejo, y Alonso Perez de Vivero su Contador mayor, y otros Caballeros y gentiles omes, fasta complido el numero contenido en los dichos capitulos.

Y con el Rey de Navarra venian Don Alonso de Guzman Señor de Lepe, y Ruy Diaz de Mendoza su Camarero mayor, y Mosen Rebolledo. Y en esta orden: todos los Caballeros que con el Rey y con el Rey de Navarra venian, delante, y luego el Rey y el Rey de Navarra a la mano dere-

---

[54] Hijo de Lope Vázquez de Acuña; se casó en 1434 con doña María de Castilla. Para sus bodas, Juan II le dio a la novia unos lugares de la villa de Atienza. Saltillo, *Historia Nobiliaria*, 1, 270.

cha, y el Conde a la mano izquierda, y luego a las espaldas Ferrando de Velasco con la gente de armas; y assi llegaron fasta el palacio. Y apossentado el Rey y el Rey de Navarra, todos los principales de aquellos Señores fueron a comer con el Conde, y despues de muy bien servidos, traidas especias y vino, fueron a repossar. Y cada dia por esta orden fueron dél hospedados todos los Caballeros y Gentiles Omes que alli venieron durante el tiempo del Seguro.

Capítulo XI
De la entrada del Infante, y de como fue rescibido, y de lo que dixeron al Rey, y de los que el Rey les respondió

En este mesmo dia que el Rey entró en la tarde, sabido que el Infante Don Enrique venia, y con él el Almirante, y Conde de Benavente, y el Adelantado Pedro Manrique, el Conde envió a tres Caballeros de su casa, sus primos que se descian Juan Rodriguez de Rojas[55], e Iñigo de Estuñiga Guarda mayor del Rey, y Diego Lopez de Padilla, con una gran esquadra de gente de armas a le rescebir, y a Gutierre de Robles, y a Portocarrero, y a Garcia de Arce, y Ferrando de Alvarado, y otros Caballeros mancebos de su casa a cerca de Simancas, y donde ya con él venia, segund por el Conde estaba ordenado, por Guarda suya Gonzalo Muñoz de Castañeda con cierta gente de armas. Y fecha reverencia a Su Merced y puesta su guarda, Gonzalo Muñoz se tornó a la guarda de su villa y la dicha guarda vino en su reguarda fasta la villa de Tordesillas. Y sabido que venia cerca della, salió a rescebirle el Rey de Navarra, y con él el dicho Conde, segund y en la manera que al Rey avia salido, con pieza de Caballeros y Escuderos. Y despues de fecha reverencia a los que con el Infante venian, y al Rey de Navarra y a los que con el Rey de Navarra salieron al Infante, como el Infante vio al Rey, le fiszo una gran reverencia y le besó la mano, y el Rey le dio paz, y el Infante le tornó a besar la mano, fablandole muy graciosamente, y assi vinieron fasta la villa. Y como llegaron a la puerta fueron contadas por las guardas de la puertas las cavalgaduras y personas que con el Infante y con los otros Caballeros de suso nombrados avian venido. Y rescebido dellos el juramento, y pleyto, y homenage concordado en los capitulos de suso nombrados, y to-

55 El mayorazgo de Poza, Villatirán, Villacisla, Váscones y Revenga fue fundado a su favor. Saltillo, *Historia Nobiliaria*, 1, 232.

madas las armas a aquellos que las traian, entraron en esta ordenanza: el Rey de Navarra en medio, y el Infante a la mano derecha, y el Conde a la mano izquierda, y luego delante el Almirante y el Conde de Benavente. Y el Adelantado quedó en su possada, por se sentir enojado. Y todos los que con el Infante y con ellos venian, iban delante; y en sus espaldas la guarda de gente de armas con los Caballeros y Gentiles Omes de suso nombrados, fasta el palacio del Rey. Y quando fueron cerca del palacio, el Conde se adelantó para dar la orden de como avia de entrar. La qual, despachado el palacio de todos los que en él eran, excepto los donceles de su Camara de Rey, y assimesmo del Rey de Navarra y otras algunas personas especiales, fue en esta manera. Despues que ovieron decavalgado a las puertas ordenadas, segund suso se fasce mencion, entraron con el Rey e Infante todos los que con el Infante y con los otros Caballeros venian, la primera puerta de las tres, que se guardaban por gente de armas; y a la segunda quedaron todos, salvo aquellos que eran Caballeros y Gentiles Omes conoscidos; y a la tercera, do estaba el Rey en cabo de un gran corredor, y con él Ferrando de Velasco hermano del Conde, con la guarda de gente de armas de una y de otra parte del corredor, todos armados, salvo las armaduras de cabeza, con sus fachas de armas en las manos, y él assi en las espaldas del Rey, entraron el Infante, y el Almirante, y Conde de Benavente con numero de quince personas, que era acordado, que mas non entrassen; las quales fueron estas: Don Gabriel Manrique Comendador mayor de Castilla de la Orden de Sanctiago, y Gomez de Benavides, y Gomez Manrique, y Garcia de Ferrera, y Don Juan de Castro, y Rodrigo de Medrano, y Lope de Estuñiga, y Pedro de Arguello, y Lorenzo de Avalos, y su Secretario del Infante. Y despues que le ovieron fecho reverencia los Caballeros de suso nombrados, a los quales cada uno en su grado él rescibió muy bien, quando el Infante vio al Rey, del comienzo del corredor él le fiszo una grande reverencia fasta el suelo, y al medio del corredor le fiszo otra, y entonces el Rey movió facia el Rey de Navarra, y facia él un poco por el corredor. Y como el Infante llegó a él, fincada la rodilla le besó la mano, y él le dio paz, y el Infante le tornó a besar la mano, y el Rey le rescibió muy bien. Y el Infante le suplicó que a Su Merced le ploguiesse de le mandar dar audiencia delante los del su Consejo, y el Rey le respondió que le plascia, y mandó que todos se apartassen. Y el Rey se retrayó a su dossel y se assentó es su silla, y el Rey de Navarra en otra silla a la mano derecha, y el Infante en un banquero pequeño a la mano izquierda. Y en el banco de la mano derecha se sentaron el Conde de Haro y todos los otros Señores del Consejo del Rey que alli eran; y en el banco de la mano izquierda se sentó el Almirante y el Conde de Benavente, y a las espaldas del Rey estaba Ferrando de Velasco, hermano del Conde, armado segund dicho es; y a la otra gente de armas en cabo del corredor, en manera que, aunque non podian oir cosa, veian assi al Rey como a los del su Consejo; y todos los que con el Rey de Navarra y el Infante avian venido, en las espaldas de la guarda.

Y assi todos puestos, el Infante se levantó y fincó la rodilla delante el Rey, y el Rey le mandó tornar a sentar y que dizesse lo que le ploguiesse. Y entonces él dixo:

"Señor, yo fago a nuestro Señor Dios muchas gracias, y a vos, Señor, rindo muchas mercedes por me aver traido aqui; porque yo, Señor sin impedimiento alguno pueda notificar a Vuestra Alteza qual mi voluntad es y ha seido, y assimesmo de mi primo el Almirante, y de los Condes de Ledesma y Benavente, y Adelantado Pedro Manrique, y de los otros Grandes de vuestros Reynos que en Valladolid son al servicio de Dios, y al bien avenir de vuestros Reynos; y quan necessario es al reparo de los grandes daños que en vuestros Reynos han seido, Vuestra Merced como Rey y Señor, por sí lo regir y gobernar en toda libertad. Por ende, muy alto Principe y Señor, porque la hora es indispuesta, plega a Vuestra Alteza assignar a mí y a estos Caballeros, quando le plascerá de nos oir; pues yo y ellos tenemos que de oir nuestra suplicacion, y aquellas poner en obra, redundará gran servicio de Dios y vuestro y bien de vuestros Reynos."

E él le respondió: "Primo, de vuestra venida y de estos Caballeros a mí yo he gran plascer, y me ploguiera que antes lo ovierades fecho, segund ya sabedes que por muchas veces vos lo yo envié rogar y mandar. De yo regir mis Reynos en toda libertad y como comple a servicio de Dios, y mio, y bien dellos, Dios sabe que esto fue y es siempre mi deseo, y si assi non se ha fecho, perdone Dios a quien lo ha ocupado, como es notorio que por mí non ha quedado nin quedará en quanto en mí fuere. Quanto es, primo, a la audiencia que me pedides, esto sea quando a vos en plascer viniere, que yo siempre seré presto de oir aquellos que comple a servicio de Dios, y mio, y bien de mis Reynos, y aquello poner en obra."

Y el Infante en nombre suyo y de los Caballeros suso nombrados ge lo tovo en merced, y tomó dél licencia para se ir a apossentar. Y el Rey de Navarra salió con él fasta la escalera, y el Conde fue con él con la guarda de gente de armas fasta le dexar apossentado a él y a los otros Caballeros que con él venian.

Capítulo XII

Como el Conde iba a ver la guarda de la villa, y de como le fueron traidos los escriptos de todos lo que eran entrados

Tornado el Conde al palacio del Rey donde possaba, y fecha relacion a Su Merced de como todos eran apossentados, él cavalgó con fachas por la villa, y despues por la ronda, por ver el recabdo que estaba en la villa por aquellos a quien lo avia encomendado. Y dexado el recabdo que complia, él se tornó al palacio, a donde su hermano tenia ordenada la guarda del palacio, assi de fuera como de dentro. La qual orden assi por el Conde como por su hermano se guardó durante el tiempo del Seguro. Y esto acabado, retraido el Conde a su camara, las guardas de las puertas de la villa le traxeron los escriptos de las personas, que assi con el Rey como con el Rey de Navarra, e Infante, y Caballeros eran entrados, segund en los capitulos suso incorporados se contiene, demas de algunas personas especiales, parientes suyos que el Conde avia mandado entrar. Lo qual visto, el Conde mandó que pues el numero era complido, sin expresso mando suyo o de su hermano, ninguna persona en la villa non fuesse acogida.

Capítulo XIII

De como el Infante y los otros grandes venian a palacio y entraban en presencia del Rey y en su Consejo

Otro dia domingo, porque el Infante, nin assimesmo el Condestable, y el Almirante, y Condes de Castro y Benavente, y Adelantado, segund los capitulos non podian venir a palacio sin guarda del Conde, él ordenó que quando el Infante, y con él el Almirante, y Conde, y Adelantado viniessen a palacio, viniessen con él su primo Juan Rodriguez de Rojas e Iñigo de Estúñiga Guarda mayor del Rey, con cierta gente de armas; aunque cuando el Conde non sea ocupado por mandado del Rey en algunos arduos negocios, él iba por el Infante.

Y con el Condestable y Conde de Castro, despues que vinieron lunes siguiente, ordenó que viniesen su primo el Arcediano Don Pedro Vaca (que despues a su suplicacion fue Obispo de Leon), y Garcia Sanchez de Alvaro, sin guarda de gente por non ser necesaria, por possar muy cerca de palacio. Y la orden que se tenia quando el Infante, que possaba al un cabo de la villa, avia de venir, era esta. Venia con él el Almirante, y

Conde de Benavente, y Adelantado, y otros algunos Caballeros de su casa nombrados y contados, quales a él plascia, en mulas, y en sus espaldas la guarda; y venia assi por la parte de Santa Clara fasta la puerta, que segund suso se contiene, para aquello con un palenque era fecha, y alli descendian, y los rescebia la guarda del palacio que Ferrando de Velasco su hermano tenia depurada.

Y esta manera mesma, quanto a la entrada y guarda del palacio, se tenia con el Condestable, y Conde de Castro, y con los otros Grandes, que assi por mandado del Rey avian venido de Medina del Campo a Tordesillas; los quales entraban por la puerta del palacio de facia la puente, que con su palenque para aquello, segund suso se contiene, era fecha. Y entrados en palacio, si en presencia del Rey avian de tener el Consejo, cada unos entraban por sus puertas, de manera que non se podian ver fasta ser en presencia del Rey, y alli con su guarda, segund se tovo la noche passada quando el Infante entró. Y esta orden se guardaba quando entraban en Consejo sin ser el Rey presente, assi en la guarda de gente de armas, como en non se poder ver fasta que todos eran en el Consejo. En la qual orden vino este dia el Infante Don Enrique a comer con el Rey de Navarra a donde possaba en los palacios del Rey, y antes que comiessen fueron ver al Rey, fablando en muchas cosas, sin tocar en los negocios presentes.

Capítulo XIV
De la manera que el Conde tuvo porque los presentes negocios se cometiessen por el Rey al Rey de Navarra y al Infante

Temiendo el Conde que segund las cosas estaban, si en fabla de los presentes negocios los Grandes que alli con él eran, viniessen sin mas las voluntades se allanar, podrian venir las cosas en rotura, suplicó el Infante que en aquello sobreseyesse fasta que él mas largamente fablasse con el Rey y con el Rey de Navarra sobre la via que en ello le parescia, que se debia tener para mas breve los presentes negocios aver alguna buena conclusion. La qual fabla con el Rey fue, suplicandole, que pues algunas veces era fablado que él cometiesse los presentes negocios al Rey de Navarra y al Infante su primo, y fasta alli por algunos impedimientos non era fecho, que a Su Merced le ploguiesse, por le fascer merced, de comer el lunes siguiente con él alli en su palacio donde él possaba, y que comiessen alli con él el Rey de Navarra y el Infante sus primos; porque despues de les aver demostrado mucho amor, fablando con ellos muy graciosamente, dandoles a entender su derecha intencion, assi cerca dellos, como cerca del buen regimiento de sus Reynos, les dixesse alli, como a Su Alteza le plascia de les cometer los dichos debates. Y pues Su Merced veia que para los presentes negocios se despachar, era necessaria la venida de su Condestable, Su Merced lo enviasse llamar luego, lo qual Su Merced otorgó y mandó poner en obra. Y luego el Conde fue al Rey de Navarra y al Infante y les fiszo relacion de lo por él suplicado al Rey, y como lo avia otorgado, suplicandoles que assimesmo a ellos ploguiesse. Lo qual por ellos assi otorgado, el Infante se fue a despedir del Rey, y por la ordenanza susodicha se fue a su possada.

Capítulo XV

De como el lunes comió el Rey, y el Rey de Navarra, y el Infante con el Conde de Haro, y como despues de comer la comission fue otorgada, y como entró el Condestable

Otro dia lunes el Infante vino a palacio, y con él el Almirante, y Conde de Benavente, y Adelantado Pedro Manrique, por la orden susocontenida, a donde falló con el Rey al Rey de Navarra, el qual assi con ellos como con los otros Grandes y personas notables que ahi eran, con grande espacio graciosamente estovo fablando. Y llegada la hora del comer él fue a donde el Conde possaba en su palacio, y el Rey de Navarra a la mano derecha y el Infante a la mano izquierda. A donde adereszada una gran sala, como a su estado real se requeria, se sentó a comer uno de la una parte y otro de la otra, segund que vino; con que el Infante al agua manos, las rodillas en el suelo, lo servia. Y acabado de comer, él se retiró a la camara del Conde a tomar especias y vino, y alli otorgada la comission, se tornó a su camara, y alli tomaron licencia el Rey de Navarra y el Infante para se apartar a entender en la comission a ellos dada.

Y luego a la tarde vino el Condestable, y el Conde de Castro, y Ferran Alvarez de Toledo (que despues fue Conde de Alva), y otros Caballeros y notables omes de los que con el Principe avian quedado. Y porque el numero de las cavalgaduras, que con el Rey avian de venir eran complidas, y assi con el Condestable como con los otros venian muchas personas de cuenta, fue ordenado por el Rey con acuerdo del Conde, que porque los que oviessen con ellos de entrar, allende de los que el Conde de Haro dio lugar que con el Condestable, y Conde de Castro y de Alva entrassen, no passassen del numero deputado, saliessen otros tantos de los que en la villa estaban de los que con el Rey entraron. Lo qual assi complido, el Condestable y Condes vinieron a fascer reverencia al Rey. Y despues a la noche con fachas fue el Condestable a fascer reverencia al Infante, del qual y de los otros Grandes que con él eran, fue muy bien rescebido, y se tornó a su possada.

Y luego otro dia martes, platicado entre el Rey de Navarra y el Infante a cerca de la comission, y visto como en tan breve tiempo non se podria concertar para sentenciar, prorogaron el tiempo que por virtud de la comission les era dado, y assimesmo se prorogaron los Seguros del Conde, segund adelante se contiene.

Capítulo XVI
En que se contiene la comission que fue dada por el Rey al Rey de Navarra y al Infante

Don Juan, por la gracia de Dios Rey de Castilla, &tc. Por quanto de dos años a esta parte han seido y son en los mis Reynos algunos debates y dissensiones de que se han seguido y recrescido algunos bollicios, y levantamientos, y ayuntamientos de gentes, sobre los quales yo entendia mandar proveer por la manera que complia a mi servicio y execucion de la mi justicia, y al bien comun y pacifico estado de mis Reynos; y estando en esto venieron a mí por mi ruego y mandando y en mi servicio el Rey Don Juan de Navarra y el Infante Don Enrique su hermano, mis muy caros y muy amados primos, los quales, avida noticia de lo sobredicho, me suplicaron que quisiesse proveer en todo ello por la manera que compliesse a mi servicio, y al pacifico estado, y tranquilidad, y bien comun de los dichos mis Reynos, y de todos mis subditos y naturales dellos; por ende, yo considerando que si sobre ello non fuesse proveido, y los dichos debates, y dissensiones, bollicios, y levantamientos, ayuntamientos, y escandalos, e inconvenientes non fuessen atajados, cessados, y pacificados, a mí se podria dello seguir gran desservicio, y en los mis Reynos muchos males y daños; y movido por la suplicacion de los dichos Rey e Infante mis primos, aviendo aqui por expressados los dichos debates, y dissensiones, bollicios, y ayuntamientos, y escandalos, e inconvenientes, y las causas y fechos sobre que nascieron, con todas sus calidades, circunstancias y con todas las cosas que dello se siguieron, y dependieron y recrescieron, con todas sus anexidades y conexidades, bien assi, y tan complidamente como si todo ello y cada cosa y parte dello aqui fuesse nombrado y especificado; y queriendo que sea proveido en todo ello, y cada cosa y parte dello por la manera que comple al servicio de Dios, y mio, y al bien publico, y paz y sossiego de los dichos mis Reynos, y de los mis subditos y naturales dellos, para que del todo cessen los dichos escandalos e inconvenientes, y que non vayan nin procedan mas adelante; y por la gran confianza que yo he de los dichos Rey e Infante mis muy caros y muy amados primos, assi por quien ellos son, como por los grandes debdos que comigo han, me plogo y plasce de confiar dellos todos estos fechos y cada uno dellos para que por mi auctoridad simple y sumariamente, y de plano, sin estrepito y figura de juicio, ambos a dos en uno juntamente, y non el uno sin el otro, los vean y libren y determinen y puedan librar, y determinar, y proveer, y provean en todo ello, y en cada cosa y parte dello, y en las causas y fechos donde dependió y nasció los susodichos, y qualquier cosa y parte dello, y en las cosas que dellos se siguieron, y dependieron, y recrescieron por via de expediente, segund y por la forma y manera que a ellos ambos a dos juntamente, y non el uno sin el otro, fuere visto y entendido ser expediente y complidero a mi servicio y execusion de la mi justicia, y al bien comun, y paz y sossiego de mis Reynos, o como quisiessen a su libre simple voluntad, segund en aquellos casos que yo mesmo lo podria fascer, y pronunciar, y declarar de mi cierta ciencia, y deliberada voluntad, y poderio real absoluto, y de *plenitudine meae potestatis*; y para que de su libre voluntad y como quissieren, puedan mandar y manden salir qualesquier persona y personas, Condes, y Ricos Omes, y Caballeros, y Prelados, y otras qualesquier personas de qualquier estado, o condicion, o preminencia, o dignidad que sean, y que salgan de mi Corte, y que non estén en ella nin en ciertos lugares o lugares o partes de mi Reynos, por los tiempos y en la manera y forma que ellos quissieren; y puedan fascer y fagan todo lo susodicho y cada cosa y parte dello sin intervenir, nin admitir cognicion, nin informacion alguna, sin ser citadas nin presentadas, nin requeridas personas, nin partes algunas para ello, nin para cosa alguna, nin parte dello; ca yo por esta mi carta doy poder complido a los dichos Rey de Navarra e Infante Don Enrique mis muy caros y muy amados primos, ambos a dos juntamente, y non el uno sin el otro, para todo ello y para cada cosa y parte dello, con todas sus incidencias, emergencias, anexidades, y conexidades. Y la sentencia o sentencias, mandamiento o mandamientos, que sobre todo ello o sobre cada cosa y parte dello, dieren o pronunciaren, o provision o provisiones, o declaracion o declaraciones que sobre ellos fiscieren, como dicho es, que las lleguen y puedan llegar a debida execucion con efecto ellos o qualquier dellos; ca yo por la presente de mi deliberada voluntad, y cierta ciencia, y poderio real absoluto, y de *plenitudine meae potestatis*, y como mejor puedo, he por dadas, y dó la dicha sentencia o sentencias, y he por fechos y fago todos los mandamiento o mandamientos, provision o provisiones, declaracion o declaraciones, ordenacion o ordenaciones, que los dichos Rey de Navarra e Infante Don Enrique mis primos, sobre ello dieren o fiscieren, y cada uno y qualquier dellos. Y es mi merced y mando que non haya nin pueda aver dello, nin de cosa alguna, nin parte dello, apelacion, nin suplicacion, nin agravio, nin nulidad, nin otro remedio, nin recurso alguno para ante mi, nin para ante los del mi Consejo, y Oydores de la mi Audiencia y Chancillería[57] nin para ante otro alguno.

Y por esta mi carta dó licencia a todos, y qualesquier de los del mi Consejo, y otras personas qualesquier de los mis Reynos, que los dichos Rey e Infante entiendan que comple, que prometan, y juren, y fagan pleyto y homenage de tener, y guardar, y aver por firme y estable lo que los dichos Rey e Infante declaren, y ordenaren, y proveyeren, y sentenciaren, y mandaren, y que darán favor y ayuda a lo executar, y que non irán nin vernán contra ello, nin contra cosa alguna nin parte dello, so qualesquier penas, y firmezas, y renunciaciones; ca yo de mi cierta sciencia y *propio motu* y poderio mando que vala y sea firme para agora y para siempre jamas.

Y dó poder complido a los dicho Rey de Navarra e Infante Don Enrique para librar, y determinar, y declarar todo lo susodicho, y cada cosa y parte dello, en la manera susodicha del dia de la data desta mi carta, fasta tres dias primeros siguientes.

Y juro y prometo por mi fe real y por esta señal de la Cruz †, y por las palabras de los sanctos Evangelios, que con mi mano tango corporalmente, de non revocar, nin limitar, nin embargar, nin derogar este poder, y de guardar, y complir, y executar, y fascer executar, y guardar, y complir todo lo susodicho; y otrosi todo lo que por los dichos Rey de Navarra e Infante Don Enrique fuere ordenado, y proveido, y juzgado, y sentenciado de non ir, nin venir, nin consentir, nin permitir ir, nin venir contra ello nin contra cosa alguna nin parte dello, en tiempo alguno, nin

---

57 La Audiencia era el organismo de la justicia civil y alto tribunal de apelación. La Chancillería era la parte diplomática de la Cámara real. Suárez Fernández, "Los Trastámaras," pág. 19.

por alguna manera por mí nin por otro directa nin indirecta, callada nin expressamente. Lo qual todo y cada cosa y parte dello, quiero y mando que se faga, y compla, y tenga, y guarde, y execute assi, sin embargo de qualesquier leyes, y fueros, y derechos, y ordenamientos, y usos, y costumbres que contra lo susodicho y contra qualquier cosa y parte dello son o puedan ser en qualquier manera o por qualquier razon. Los quales de mi cierta sciencia y declarada voluntad y de mi *propio motu* real absoluto, quiebro, y abrogo, y derogo con ellas y con cada una dellas, y quiero que non hayan lugar en este caso, etc.

Fueles dado poder que podiessen prorogar ambos a dos juntamente, y non el uno sin el otro, esta comission fasta el lunes primero siguiente. Dada en Tordesillas a diez y seis dias de junio año de mil y quatrocientos y treinta y nueve años.

Capítulo XVII
Del juramento que fiscieron el Rey y el Infante quando les fue dada la comission

En Tordesillas a diez y seis de junio firmó el Rey la comission, y se dio por mí al Rey de Navarra e Infante, y aceptaronla, y fiscieron juramento por ante mí en esta manera: Que juraban a Dios, y a Sancta Maria, y a las palabras de los sanctos Evangelios, do quier que están, que en estos fechos que el Rey nuestro Señor les encomendaba, segund Dios y sus buenas consciencias verán, y declararán, y determinarán, segund el poder a ellos dado, como entendieren que mas comple al servicio del dicho Señor Rey, y al provecho y bien de sus Reynos, y sossiego y tranquilidad dellos. Y luego se apartaron y declararon las personas que segund el tenor del dicho poder avian de declarar, para que jurassen y fisciessen pleyto y homenage para tener y guardar lo que ellos juzgassen a los del Consejo del Rey nuestro Señor que aqui estaban en Tordesillas, y assimesmo en Medina y en Valladolid, que son el Condestable, Almirante, Adelantado Pedro Manrique, Condes de Haro, y Ledesma, y Benavente, y de Castro, y Maestres de Calatrava y Alcantara, y Prior de Sanct Juan, y Condes de Medina Celi, y de Castañeda, y Valencia, y Buelna, y Ferran Alvarez, y Ruy Diaz.

Capítulo XVIII
Del juramento que fiscieron cerca de la comission los Grandes que estaban con el Rey[58]

Sepan quantos esta carta vieren como nos, Don Alvaro de Luna Condestable de Castilla y Conde de Sanct Estevan, y Don Juan Arzobispo de Toledo Primado de las Españas y Chanciller mayor de Castilla, y Don Fadrique Almirante mayor de Castilla, y Don Pedro Fernandez de Velasco Conde de Haro, Camarero mayor del Rey nuestro Señor, y Don Diego Gomez de Sandoval Conde de Castro, y Don Rodrigo Alonso Pimentel Conde de Benavente, y el Adelantado Pedro Manrique, y Don Luis de Guzman Maestre de Calatrava, y Don Rodrigo de Luna Prior de Sanct Juan, y Don Gutierre de Sotomayor Maestre de Alcantara, y el Protonotario Don Alonso Carrillo, y Ferran Alvarez de Toledo, y Ruy Diaz de Mendoza Mayordomo mayor del Rey nuestro Señor, y Don Alonso de Guzman, y el Mariscal Pero Garcia, y Don Juan de Leon, y el Mariscal Diego Fernandez, y el Adelantado Perafan, y el Alferez Juan de Silva, y Don Pedro Manuel, y Pedro de Acuña vassallos del dicho Señor Rey y del su Consejo:

Por razon que el dicho Señor Rey mandó dar una carta firmada de su nombre y sellada con su sello en que se contiene que, por quanto de dos años a esta parte han siedo e son en sus Reynos algunos debates y dissensiones, de que se han recrescido algunos bollicios, y levantamientos, y ayuntamientos de gentes, y otros escandalos e inconvenientes en sus Reynos, y por se dar y proveer en los dichos debates, y dissensiones, y ayuntamientos, y los atajar, que Su Merced encomendaba todos los dichos debates y las causas de que dependieron, al Rey Don Juan de Navarra y al Infante Don Enrique sus muy caros y muy amados primos, para que lo ellos librassen y determinassen en cierta forma y en cierto tiempo; y assimesmo entre las otras cosas contenidas en la dicha carta se contiene y manda el dicho Señor Rey, y da poder a todos y qualesquier del su Consejo y otras personas qualesquier de los sus Reynos, que los dichos Rey e Infante entiendan que comple, que prometan, y juren, y fagan pleyto y homenage de tener, y guardar, y aver por firme y estable lo que los dichos Rey e Infante declararen, y ordenaren, y proveyeren, y sentenciaren, y mandaren, y que darán favor y ayuda a executar todo lo susodicho y cada cosa y parte dello, segund que esto y otras cosas mas

58 *Archivo de los Duques de Frias*, 1, Doc. 2.333.

complidamente en la dicha carta del dicho Señor Rey se con tienen, la qual avemos aqui por inserta e incorporada, bien assi como si de palabra a palabra fuesse aqui puesta.

Por ende, por mandamiento del dicho Señor Rey, y por declaracion que los dichos Señores Rey e Infante fiscieron de nosotros los susodichos por ante Diego Romero Secretario del dicho Señor Rey, para que fisciessemos el dicho juramento y pleyto y homenage, nos los susodichos, y cada uno de nos, queriendo guardar y complir todo lo contenido en la dicha carta del dicho Señor Rey, y cada cosa y parte dello, en quanto a nosotros pertenesce guardar y complir, juramos y prometemos al nombre de Dios, y a Sancta Maria, y a esta señal de Cruz †, y a las palabras de los sanctos Evangelios corporalmente con nuestras manos tañidos, y fascemos pleyto y homenage una, y dos, y tres veces en manos de Mosen Diego Fajardo, que está presente, de tener, y guardar, y aver por firme y estable, y que avremos por firme lo que los dichos Señores Rey e Infante declararen, y ordenaren, y proveyeren, y sentenciaren, y mandaren, y que daremos favor y ayuda a executar todo lo susodicho y cada cosa y parte dello, y que non iremos nin vernemos contra ello nin contra cosa alguna dello, y faremos todas las otras cosas que a nos pertenescen fascer, contenidas en la dicha carta.

Y por que esta sea firme, y non venga en dubda, firmasmosla de nuestros nombres, y sellamosla con nuestros sellos, que fue fecha y otorgada en la villa de Tordesillas a diez y siete de junio año del Nascimiento de nuestro Señor Jesu Christo de mil y quatrocientos y treinta y nueve años.

El dicho Conde de Haro non juró, mas fiszo pleyto y homenage solamente.

Todos los nombrados fiscieron este pleyto y homenage en manos de Mosen Diego, salvo el Arzobispo, y el Maestre de Calatrava, y el Prior de Sanct Juan, que estaban en Medina, y lo fiscieron en manos de....[59]

Yo el Condestable. Yo el Almirante. Yo el Conde. Yo el Conde Pedro Manrique. El Conde Ferran Alvarez. Joannes Archiepiscopus Toletanus. Nos el Maestre. El Prior de Sanct Juan. Don Alonso Protonotario. El Mariscal. Ruy Diaz. El Comendador mayor Don Juan de Silva. El Adelantado. Pedro de Acuña. Pedro de Ferrera. Don Juan. Don Pedro.

---

59 Dejado en blanco.

Capítulo XIX

Del juramento que fiscieron cerca desta comission los Grandes que estaban en Valladolid [60]

Sepan quantos esta carta vieren, como nos Don Pedro de Estúñiga Conde de Ledesma Justicia mayor del Rey nuestro Señor, y Don Pedro Obispo de Osma, y Don Sancho de Rojas Obispo de Astorga, y Don Luis de la Cerda Conde de Medina Celi, y Don Juan Conde de Castañeda. y Don Pedro Niño Conde de Buelna, y Don Pedro Conde de Valencia, y Juan Ramirez de Arellano y Juan de Rojas, todos del Consejo del dicho Señor Rey: Por razon que el dicho Señor Rey, etc. [Sigue el documento anterior, pero esta vez juran en manos de Iñigo Lopez de Mendoza Señor de Rello.]

En la villa de Valladolid a diez y nueve dias de junio, año del Nascimiento de nuestro Señor Jesu Christo de mil y quatrocientos y treinta y nueve años.

El Conde. El Conde. Sancius Episcopus Astorgen. El Conde. Juan de Rojas. Juan Ramirez.

Capítulo XX

En que se contiene la prorogacion del Seguro dado por el Conde de Haro, del Rey, y del Rey de Navarra , y del Principe, y de los otros Grandes [61]

Don Juan, por la gracia de Dios Rey de Castilla, &tc. Por quanto yo ove dado una mi carta firmada de mi nombre y sellada con mi sello, la qual assimesmo es firmada de los nombres del Rey Don Juan de Navarra mi muy amado primo, y del Principe Don Enrique mi muy caro y muy amado hijo, y sellada con sus sellos, y otrosi firmada de los nombres y sellada con los sellos de Don Alvaro de Luna mi Condestable de Castilla y Conde de Sanct Estevan, y de otros Grandes de mis Reynos, dada en la villa de Medina del Campo a diez dias deste mes de junio, data desta mi carta, por la qual di poderio a vos Don Pedro Fernandez de Velasco Conde de Haro, mi Camarero mayor y del mi Consejo, para que por mí, y

60 *Archivo de los Duques de Frias*,1, Doc. 2336.

61 Ibid., Doc. 2334. Escrito en papel y sellado con tres sellos de placa.

en mi nombre, y de mi parte, y por mi auctoridad podiessedes guyar yassegurar, y yo por la dicha mi carta guyé y asseguré al Infante Don Enrique mi primo, y al dicho Don Alvaro de Luna mi Condestable de Castilla, y al Almirante Don Fadrique, y a los Condes Don Rodrigo Alonso Pimentel, y a Don Pedro de Estúñiga, y al Adelantado Pedro Manrique, y a las cavalgaduras, y omes de pie que conmigo y con ellos viniessen a la villa de Tordesillas en el numero contenido en los capitulos que en esta razon mandé dar, y di; el qual Seguro y guyage fue y es mi merced que durasse fasta el lunes en todo el dia, que fueron quince dias deste dicho mes, en cierta forma y manera contenida en la dicha mi carta, la qual he aqui por inserta e incorporada, bien assi como si de palabra a palabra aqui fuesse puesta; lo qual, y todo lo en ella contenido, quise y mandé que oviesse essa mesma fuerza y vigor; y despues yo entendiendo ser complidero a mi servicio y al bien publico y paz y sossiego de mis Reynos, fue mi merced de alargar y prorogar el dicho guyage y Seguro y salvoconducto contenidos en la dicha carta a todos los en ella contenidos y comprehendidos, y a cada uno dellos, fasta el jueves primero que viene, que serán diez y ocho dias deste dicho mes de junio, segund, y por la forma y manera, y con essas mesmas calidades, y clausulas, firmezas, y juramento, y voto, y pleyto, y homenage, y con todas las otras cosas y cada una dellas contenidas en la dicha carta.

Y agora, yo entendiendo ser complidero assi a mi servicio y al bien publico y paz y sossiego de mis Reynos, fue y es mi merced de largar y prorogar, y por la presente alargo y prorogo el guyage y seguridad y salvoconducto contenidos en la dicha carta, de que de suso se fasce mencion, a todos los en ella contenidos y comprehendidos, y a cada uno dellos; el qual quiero y mando que dure fasta el lunes primero que viene en todo el dia, que serán veinte y dos dias deste dicho mes de junio inclusive, segund, y por la forma, y manera, y con essas mesmas calidades, y clausulas, firmezas, y juramento, y voto, y pleyto, y homenage, y con todas las otras cosas y cada una dellas contenidas en la dicha carta, las quales y cada una dellas, he aqui por dichas, y repetidas, y especificadas, y agora por la presente las yo fago y otorgo de nuevo, segund, y por la forma y manera contenidas en la dicha mi carta.

Y ruego por la presente al dicho Rey de Navarra mi muy caro y muy amado primo, y al dicho Principe mi fijo, y otrosi mando al dicho Don Alvaro de Luna mi Condestable de Castilla y a todos los otros y a cada uno de los contenidos en la dicha mi carta, que fagan juramento, y voto solemne, y pleyto y homenage de lo guardar y complir durante este prorogacion, segund, y por la forma y manera que en la dicha carta de guyage y Seguro y salvoconducto se contiene.

Y mando y dó poder complido a vos el dicho Conde Don Pedro Fernandez de Velasco, para que por mí, y en mi nombre, y de mi parte, y por mi auctoridad, podades guyar y segurar, y yo por la presente guyo, y asseguro, y dó salvoconducto a los dichos Infante Don Enrique, y Don Alvaro de Luna mi Condestable de Castilla, y al Almirante Don Fadrique, y a los Condes Don Rodrigo Alonso Pimentel y Don Pedro de Estúñiga, y al Adelantado Pedro Manrique, y a las cavalgaduras y omes de pie en el numero contenido en la dicha mi carta y en los capitulos a los quales ella se refiere, y a todos los otros contenidos y comprehendidos en la dicha mi carta de Seguro, y guyage, y salvoconducto, durante la dicha prorogacion, segund y por la forma y manera que en ella se contiene, y con essas mesmas calidades, y firmezas, y abrogaciones, y derogaciones.

Y juro y prometo a nuestro Señor Dios, y a Sancta Maria, a esta esta señal de Cruz †, y a los sanctos quatro Evangelios, por mi mano tañidos corporalmente, y fago voto solemne a la Casa Santa de Jerusalen, y pleyto y homenage una, y dos, y tres veces, segund la costumbre de mis Reynos, en manos de vos el dicho Conde Don Pedro Fernandez de Velasco, de lo assi tener, y guardar, y complir durante esta dicha prorogacion, segund y por la forma y manera contenida en la dicha carta, y so essas mesmas firmezas y calidades.

Y mando a todos y qualesquier de mis subditos y naturales de qualquier estado o condicion, preminencia o dignidad que sean, que los guarden, y complan, y tengan, y fagan tener, y guardar, y complir en todo y por todo, segund que en la dicha mi carta y en la presente se contiene, y en cada una dellas, so las penas en ellas contenidas.

Y nos los contenidos en la dicha carta y los en ella comprehendidos, juramos a Dios, y a Sancta Maria, y a los sanctos cuatro Evangelio tocados con nuestras manos corporalmente, y a esta señal de Cruz †, y fascemos voto solemne a la Casa Sancta de Jerusalen, y assimesmo fascemos pleyto y homenage una, y dos, y tres veces en manos de los de yuso contenidos, de servar, y tener, y complir todo lo susodicho, y cada cosa y parte dello, segund y por la forma y manera que en la dicha carta de Seguro, que de suso se fasce mencion, y en esta carta se contiene, y el guyage, y Seguro, y salvoconducto que vos el dicho Conde Don Pedro Fernandez de Velasco dieredes y fiscieredes al dicho Infante Don Enrique, y al dicho Don Alvaro de Luna, y a los otros sobredichos y a cada uno dellos, segund y por la forma y manera, y so las penas contenidas en la dicha carta del dicho Seguro, que de suso se fasce mencion.

De lo qual todo nos los dichos Rey Don Juan de Castilla, y Don Juan Rey de Navarra, y Principe Don Enrique, dimos esta nuestra carta firmada de nuestros nombres y sellada con nuestros sellos. Y assimesmo la formamos de nuestros nombres y sellamos con nuestros sellos los otros de suso nombrados.

Dada y fecha en la villa de Tordesillas a diez y siete de junio año del Nascimiento de nuestro Señor Jesu Christo de mil y quatrocientos y treinta y nueve años.

Yo el Rey. Yo el Rey Don Juan. Yo el Principe. Yo Diego Romero la fiz escribir por mandado de nuestro Señor el Rey. Yo el Condestable. Archiepiscopus Toletanus. Nos el Maestre. El Prior de Sanct Juan. Ruy Diaz. El Maestre. Ferran Alvarez. Pedro de Ferrera. El Comendador mayor. Don Juan de Silva. El Adelantado. Protonotario. Don Pedro. Registrada.

Capítulo XXI
En que se contiene otra semejante prorogacion del Seguro dado por el Conde de Haro, del Infante y de los otros Grandes que están en Valladolid[62]

Sepan quantos esta carta vieren como nos Don Enrique Infante de Aragon y Sicilia, y Don Fadrique Almirante de Castilla, y Don Rodrigo Alonso Pimentel Conde de Benavente, y Pedro Manrique Adelantado mayor del Reyno de Leon, vassallos de nuestro Señor el Rey y del su Consejo: por quanto nos y Don Pedro de Estúñiga Conde de Ledesma ovimos dado y dimos Seguro a Don Alvaro de Luna Condestable de Castilla y a todos aquellos que con el dicho Señor Rey y con el dicho Condestable viniessen a la villa de Tordesillas fasta cierto numero de gente; y otrosi ovimos dado y dimos nuestra fe y poder complido a vos el Conde de Haro Don Pedro Fernandez de Velasco, para que por nos y por cada uno de nos y por los nuestros que con nos viniessen a la dicha villa de Tordesillas, podiessedes segurar y segurassedes al dicho Condestable y a los que assi con él y con el dicho Señor Rey viniessen a la dicha villa de Tor-

---

62 Ibid., Doc. 2.335. El original en papel es sellado con tres sellos de placa.

desillas, fasta en el dicho numero: el qual dicho poder vos dimos y otorgamos por la licencia y mandado y poder que para ello ovimos del dicho Señor Rey; y assimesmo por virtud del Seguro en esta razon a nos dado, para que viniessemos aqui a la dicha villa de Tordesillas, por vos el dicho Conde de Haro por virtud del poder que para ello ovieses del dicho Señor Rey y por vos mesmo; y quisimos que durasse el dicho Seguro, que assi aviamos dado al dicho Condestable y a los que con él y con el dicho Señor Rey viniessen a la dicha villa de Tordesillas, fasta quince dias deste mes de junio deste año de la fecha desta carta; y juramos, y votamos, y fiscimos pleyto y homenage so ciertas pacciones, y vinculos, y fidelidades, y firmezas de servar, y tener, y complir el dicho Seguro, y guyage, y salvoconducto que vos el dicho Conde diessedes y fisciessedes al dicho Condestable y a todos los otros que con él y con el dicho Señor Rey viniessen a la dicha villa de Tordesillas.

Y otrosi prometimos, y juramos, y fiscimos pleyto y homenage de tener y guardar lo contenido en una carta que el dicho Señor Rey ovo dado de ciertos capitulos sobre razon del dicho Seguro, segund que esto y otras cosas mas largamente se contienen en dos escripturas firmadas de nuestros nombres y del dicho Conde de Ledesma, y selladas con nuestros sellos y signadas del signo del Escribano de quien esta carta será signada, que fueron fechas y otorgadas a doce dias deste mes de junio del año presente de la fecha desta carta; a las quales y a cada una dellas nos referimos; y porque el dicho Rey nuestro Señor, entendiendo que comple assi a su servicio, quiere y plasce a Su Merced que el Seguro que a nos ovo dado, y por su poder el dicho Conde Don Pedro Fernandez de Velasco, y el que assi nos dimos al dicho Condestable y a los que con él y con el dicho Señor Rey viniessen a la dicha villa de Tordesillas, y por nuestro poder les dio el dicho Conde Don Pedro Fernandez de Velasco, dure fasta veinte y dos dias deste dicho mes de junio inclusive año susodicho; y Su Alteza prorogó y alargó el dicho termino del dicho Seguro fasta todo el dicho dia, so aquellos mesmos juramentos, y votos, y pleitos y homenages que primeramente avia fecho; y otrosi juró, y votó, y fiszo pleyto y homenage de lo tener y complir assi.

Por ende, nos los dichos Infante Don Enrique, y Don Fadrique Almirante de Castilla, y Conde de Benavente Don Rodrigo Alonso, y Adelantado Pedro Manrique, por virtud de la dicha licencia, que assi nos dio y otorgó el dicho Señor Rey, y por nos mesmos y nuestras personas, y por el dicho Conde de Ledesma, y por todos los otros Condes, y Prelados, y

Caballeros, y Ricos Omes, y personas que con nos el dicho Infante y en la valia y opinion nuestra, y de nos los dichos Almirante, y Conde de Benavente, y Adelantado Pedro Manrique, y del dicho Conde de Ledesma, estaban y están en la villa de Valladolid y en sus terminos, tomando sobre nos el cargo del dicho Seguro por nos y por los susodichos, asseguramos al dicho Condestable y a los que con el dicho Señor Rey y con el dicho Condestable vinieron o vinieren a la dicha villa de Tordesillas, o están o estuvieron o tornaren della, fasta el dicho numero contenido en los capitulos que el dicho Señor Rey mandó dar sobre esta razon; y damos nuestra fe y nuestro poder complido a vos el dicho Conde Don Pedro Fernandez de Velasco, para que por nos, y por cada uno de nos, y por los nuestros que con nos han venido o vinieren a la dicha villa de Tordesillas, y estovieron en ella, y se tornaren della, y por el dicho Conde de Ledesma y por todos los otros Condes, y Prelados, y Caballeros, y Ricos Omes, y personas que con nos el dicho Infante, y el dicho Almirante, y en la valia y opinion nuestra, y de nos los dichos Almirante, y Conde de Benavente, y Adelantado Pedro Manrique, y del dicho Conde de Ledesma, han estado y están o estovieren de aqui adelante en la dicha villa de Valladolid y en sus terminos y en esta dicha villa de Tordesillas, fasta los dichos veinte y dos dias complidos deste mes de junio, podades segurar y dar Seguro, y guyage, y salvoconducto al dicho Condestable y a los que con el dicho Señor Rey vinieren a la dicha villa de Tordesillas, y han estado, y estovieren, y tornaren della fasta el dicho numero contenido en los dichos capitulos.

Y nos por la presente assi lo asseguramos por el dicho tiempo, consintiendo, como consentimos en la dicha prorogacion y alargamiento de termino del dicho Seguro, que al dicho Rey nuestro Señor ha plascido y plasce que se faga, non embargante qualquier revocacion que nos el dicho Infante hayamos fecho al dicho Condestable Don Alvaro de Luna, y al Maestre de Alcantara, y a cada uno dellos, de la seguridad que ante de agora nos le ovimos dado y otorgado en la villa de Peñafiel en este dicho año de la fecha desta presente carta. El qual dicho Seguro queremos y otorgamos, que non pueda ser por nos revocado, nin limitado, nin condicionado, fasta los dichos veinte y dos dias complidos deste dicho mes, y durante el tiempo del dicho Seguro por el dicho Señor Rey a nos dado, y que vos el dicho Conde de Haro nos avedes de dar y dades por virtud de las carta y poderes que para ello del dicho Señor Rey.

Y assi nos los dichos Infante Don Enrique, y Almirante Don Fadrique, y Conde Don Rodrigo Alonso Pimentel, y Adelantado Pedro Manrique, por nos, y por el dicho Conde de Ledesma, y por todos los sobredichos, por quien assi asseguramos y tomamos sobre nuestras personas el dicho cargo del dicho Seguro, en nuestras animas juramos por nuestro Señor Dios, y a Sancta Maria y a esta señal de Cruz †, y por las palabras de los sanctos Evangelios, do quier que están, y fascemos voto solemne a la Casa sancta de Jerusalen, y assimesmo fascemos pleyto y homenage una, y dos, y tres veces, todos y cada uno de nos, por nos y por los sobredichos, en manos y poder de vos el dicho Conde Don Pedro Fernandez de Velasco, que presente estades, de servar, y tener, y complir todo lo contenido en las dichas escripturas firmadas de nuestros nombres y selladas con nuestros sellos, que assi ovieren passado por ante el Escribano de quien esta carta será signada, bien assi y tan complidamente como si el termino y plazo del dicho Seguro, que primeramente ovimos dado, y por nuestro poder dio el dicho Conde Don Pedro Fernandez de Velasco al dicho Condestable y a los sobredichos, segund que se fasce mencion por las dichas escripturas firmadas y selladas del signo del dicho Escribano se estendiera, y lo ovieramos otorgado fasta los dichos veinte y dos dias complidos deste dicho mes, y todo lo en esta carta contenido y cada cosa y parte dello, y el Seguro, y guyage, y salvoconducto que vos el dicho Conde Don Pedro Fernandez de Velasco por virtud della dieredes y fiscieredes, fasta los dichos veinte y dos dias complidos deste dicho mes de junio; y de non ir, nin venir, nin consentir fascer nin passar al dicho Rey nuestro Señor, nin a otra persona alguna, contra ello en todo nin en parte, aunque oviessemos del dicho Rey nuestro Señor expresso contrario mandamiento; ante resistiremos de fecho y daremos todo favor y ayuda a vos el dicho Conde de Haro, para resistir y contrastar a qualquier persona y personas de qualquier estado, o condicion, preminencia, o dignidad que sean, que lo contrario fiscieren o quisieren fascer, con nuestras personas y con todas nuestras gentes y vassallos y poderios; y seremos en ayuda de vos el dicho Conde Don Pedro Fernandez, para que sea guardado el dicho Seguro, y guyage, y salvoconducto, como dicho es, segund y por la forma que primeramente lo ovimos prometido, y votado, y jurado, y fecho pleyto y homenage de lo fascer y complir, fasta los dicho veinte y dos dias deste dicho mes de junio de que se fasce mencion por las dichas escripturas firmadas y selladas de los dichos nombres y sellos, que assi passaron por ante el dicho Escribano, so aquellas penas y casos que caen e incurren los Caballeros, y Omes y Fijosdalgo que quebranten los juramentos, y votos, y pleytos y homenages que fascen, y los non tienen nin complen en los casos licitos y en derecho permissos.

De lo qual dimos esta carta firmada de nuestros nombres y sellado con nuestros sellos. Y por mayor firmeza rogamos al dicho Escribano de yuso escripto que la signasse de su signo: que fue fecha en la villa de Tordesillas a diez y ocho dias del mes de junio, año del Nascimiento de nuestro Señor Jesu Christo de mil y quatrocientos y treinta y nueve años.

Testigos que fueron presentes el Doctor Gomez Fernandez de Miranda y el Doctor Sancho Garcia de Villalpando, y Pero Lopez de Vocos Comendador del dicho Conde de Haro. Nos el Maestre. El Almirante. El Conde. Pedro Manrique, &tc.

Capítulo XXII

Como espiró la comission, y de los que se comenzó a fablar para dar alguna orden en los negocios, al qual fin se dieron las prorogaciones susoescriptas; y como ante que espirassen, partieron el Rey, y el Rey de Navarra, y el Infante, y los otros Caballeros; y como el cargo de los apuntamientos quedó al Conde de Haro

Despues que la comission fecha al Rey de Navarra y al Infante espiró sin conclussion alguna, en esse poco tiempo que quedaba de la prorogacion del Seguro fue mandado al Conde de Haro por el Rey que tomasse consigo al Doctor Periañez para que juntamente con el Conde de Benavente y con el Adelantado Pedro Manrique platicassen en los presentes negocios, y trabajassen por dar en ellos alguna conclusion complidera al servicio del Rey y al pacifico estado de sus Reynos. Por las quales fueron muchas cosas apuntadas: señaladamente ciertos apuntamientos en que se contenia que, pues la comission del Rey y del Infante era espirada, se debia dar otra al Rey de Navarra, y al Infante, y a ciertos Grandes, assi de una parte como de otra, por tal orden que libremente, sin ser costreñido al contrario por cosa alguna, cada uno dellos podiesse descir y pronunciar aquello que mas fuesse servicio de Dios y del Rey y complidero al pacifico estado de sus Reynos. Los quales apuntamientos non ovieron ligar de se concluir, porque el Rey acordó de se tornar a Medina y con él el Rey de Navarra, por entender que complia assi a su servicio, para tener en sossiego la mucha gente de armas y de pie que alli con él estaba. Lo qual puesto en obra, y dada licencia al Infante y a los Grandes que con él vinieron, porque se tornassen a Valladolid, él cometió al Conde de

Haro los dichos apuntamientos para que quedasse en Tordesillas y trabajasse por servicio suyo y bien de sus Reynos de los concluir.

Y con esto partió de Tordesillas para Medina, y este mesmo dia partió el Infante para Valladolid.

Capítulo XXIII
De la manera que el Conde tovo para comunicar los dichos apuntamientos con el Conde de Benavente y con el Adelantado Pedro Manrique

Partido el Rey para Medina del Campo y el Rey de Navarra con él, y el Infante para Valladolid, segund dicho es, el Conde fiszo poner por escripto cerca de los apuntamientos fablados por él y por el Doctor con el Conde de Benavente y con el Adelantado Pedro Manrique, todas aquellas cosas que entendió ser convenientes y complideras para dar paz y sossiego en los presentes negocios. Y por personas fiables de su casa, assi Caballeros como Letrados, las fiszo consultar con el Conde y con el Adelantado porque, cuando fuessen concordes, se fisciesse relacion dello al Rey porque él determinasse aquello que entendiesse que mas era en su servicio. Y visto, despues de muchas alteraciones, el replicato fecho por el Conde de Benavente y por el Adelantado, dexado el cargo de la villa a su hermano Ferrando de Velasco, él se partió para Medina del Campo para fascer dellos relacion a Su Alteza. La qual fecha, el Rey avido su Consejo, y encomendado en los apuntamientos aquello que le pareció complidero a su servicio, le mandó la manera que en ello toviesse, encargandole mucho que por servicio suyo (pues veia en quanto trabajo su Reyno era), non cessasse de trabajar fasta en ellos dar aquella conclusion que complia al servicio de Dios y suyo.

Y luego el Conde se partió para Simancas a donde envió pedir de gracia al Conde y al Adelantado, que viniessen para fablar en los dichos negocios. Y por quanto el Adelantado estaba enojado, ovo de venir el Almirante su hermano. Y fablado mucho en los dichos negocios, se fiscieron enviados al Rey. Y con esto se tornaron el Almirante y el Conde a Valladolid a esperar la respuesta del Rey.

Capítulo XXIV

Como, estando las cosas en punto de se concluir, se ovieran de romper por la venida del Conde Don Rodrigo de Villandrando, y el expediente que se dio por el Conde de Haro en ello

Despues que el Rey ovo visto los apuntamientos por el Conde enviados y las cosas estaban en punto de se concluir, el Infante supo como Don Rodrigo de Villandrando Conde de Ribadeo, natural de Castilla, a quien el Rey avia enviado llamar,[63] venia de estancia a estancia a donde estaba, con assaz gentes de armas de frecheros, y era cerca de Roa; y temiendo que si antes que los negocios se concluyessen, llegasse a donde el Rey estaba, y los negocios non se concluyendo, el daño que dellos a él y a los Grandes del Reyno que con él eran en Valladolid podria venir, él envió con cierta gente de armas a Don Pedro de Estúñiga Conde de Ledesma Justicia mayor del Rey, para que le estorvase el camino, que non podiesse passar.

Y salido por el Rey assi de la venida del Conde como de la ida del Conde de Ledesma a él, entendiendo que non era servicio suyo, que un Caballero que por su mandamiento era venido de tan lueña tierra a él servir rescebiesse en su Reyno daño nin deshonor alguno; porque mas sin escandalo, nin rescebir mengua podiesse venir, deliberó de él mesmo llegarse a la villa de Olmedo con cierta gente de armas y ginetes. Lo qual puso en obra para que de alli, si las cosas non se igualassen, podiesse enviarle aquel socorro de gente, y con tales capitanes quales al caso conveniessen.

---

63 El título de Conde de Ribadeo fue otorgado a Villandrando el 22 de diciembre, 1431 por servicios prestados a don Juan II de Castilla, "molestando y hostilizando al de Aragón en las fronteras francesas de su reino." Antonio Mª Fabié, *Don Rodrigo de Villandrando, Conde de Ribadeo* (Madrid, 1882), pág. 101.

Fabié publica una serie de cartas enviadas por Juan II a Villandrando (págs. 220-26). En una, firmada en Roa el 3 de marzo, el Rey le escribe: "... vista la presente, todas cosas dexadas, sin vos mas detener, partades y vos vengades luego para mí, é acuciedes vuestro camino quanto mas pudieres, de guisa que lo ante que ser pueda, seades comigo con la gente de armas e archeros que vos yo enbié dezir con Fernando Sanchez, vuestro sobrino...." (Archivo de la Casa de Salinas y Ribadeo, Legajo I, núm. 7, § 53.) En otra misiva, enviada a Ribadeo a la villa de Cuenca donde estaba esperando noticias del Rey, Juan II le afirmó que ya le había mandado dinero, y que no diese creencia a lo que le pudiesen decir los enemigos del Rey. (Del mismo archivo, I, núm. 7, § 56.)

Y como en las semejantes cosas siempre se alargan mas las nuevas de quanto en la verdad ellas son, fue la nueva a Valladolid que el Conde de Castro con cierta gente de armas de la que con el Rey era, se partiera en contra del Conde de Ledesma. Por lo qual el Almirante partió con cierta gente de armas en socorro del Conde de Ledesma. Y como el Conde de Haro, que estaba en Simancas, le fue todo esto notificado, él escribió luego al Rey con su primo Don Pedro Vaca Arcediano de Valpuesta (que fue despues Obispo de Leon) suplicando a su Señoria que viesse quanto fuego querian poner en su Reyno los que tal consejo le daban, en que Su Merced partiesse de Medina del Campo, mayormente estando los fechos en punto de dar paz en su Reyno; y como al tiempo que le avia mandado quedar en Tordesillas, era fablado y apuntado que el Conde de Ribadeo se viniesse deteniendo por el camino por tal manera, que los negocios fuessen por aquella orden, que paresciesse ser complidera a servicio suyo y paz y sossiego de sus Reynos, y se podiessen concluir antes que el Conde llegasse tan adelante, que por su venida las cosas no solo se dilatassen, mas podiessen venir en toda rotura; y que para el reparo de esto lo que a él parescia era que Su Merced enviase mandar luego al Conde de Ribadeo, pues se descia que era venido a Roa, que de alli non partiesse por ciertos dias, en que se podia dar en los negocios la conclusion que complia; y que con esto entendia de tener manera, porque el Conde y el Almirante se tornassen luego a Valladolid; y que esperaba en Dios que las cosas se concluirian segund el estado en que él las tenia, como compliria a servicio de Dios y suyo, y bien de sus Reynos.

Y el Rey, visto el consejo del Conde y los que el Arcediano le dixo, aunque cuando él llegó era partido para Olmedo, aviendolo por muy bueno, lo puso asi en obra, enviando luego mandar al Conde de Ribadeo por su letra que de Roa non partiesse; y assimesmo otra su letra al Conde de Haro, de la qual la certificaba, tanto que el Almirante y el Conde se tornassen a Valladolid, de non enviar gente alguna al Conde de Ribadeo; antes se tornar a Medina a dar conclusion en los dichos negocios.

Capítulo XXV
Del poder que el Rey dio al Conde de Haro para que el Conde de Ribadeo estoviesse en Roa, tornandose el Almirante y el Conde de Ledesma a Valladolid

Don Juan, por la gracia de Dios Rey de Castilla &tc. Por la presente dó poder complido a vos Don Pedro Fernandez de Velasco Conde de Haro, mi Camarero mayor y del mi Consejo, para que de mi parte, y por mí, y en mi nombre podades segurar y fascer pleyto y homenage que, tornandose a la villa de Valladolid el Conde Don Pedro de Estúñiga con su gente del lugar donde agora está, en tanto que se ve y platica en los negocios que al presente ocurren, en que vos por mi mandado fablades con el Infante Don Enrique y con los otros que están en Valladolid, yo enviaré mandar a Don Rodrigo de Villandrando Conde de Ribadeo, mi vassallo, que esté en la villa de Roa donde agora está con su gente, y se non mueva nin parte della sin mi especial mandado, y que faré por manera que lo él faga y compla asi.

Otrosi, que del dia que por vos me fuere notificado o enviado notificar que los dichos negocios non se concuerdan, por tres dias complidos primeros siguientes el dicho Conde de Ribadeo estará en la dicha Roa con su gente y non partirá de alli fasta ser passados los dichos tres dias; porque en tanto el dicho Conde Don Pedro de Estúñiga pueda partir de la dicha villa de Valladolid y se tornar con su gente al lugar donde agora está. Y para que sobre esto podades por mí y en mi nombre fascer y otorgar qualquier seguro y firmeza, yo desde aqui la fago y otorgo segund y por la forma y manera que la vos fiscieredes y otorgaredes. Y prometo por mi fe real de lo guardar y complir, y mandar guardar y complir, segund y por la forma y manera que lo vos segurades de mi parte.

De lo qual mandé dar esta carta firmada de ni nombre y sellada con mi sello. Dada en Olmedo a veinte y siete dias de junio, año del Nascimiento de nuestro Señor Jesu Christo de mil y quatrocientos y treinta y nueve años.[64]

Yo el Rey. Yo el Doctor Ferrando Diaz de Toledo Oidor y Refrendario del Rey y su Secretario la fisce escribir por su mandado. Registrada.[65]

---

[64] En el *Archivo de los Duques de Frías*, existe una carta firmada por Juan II el mismo día pero en Medina del Campo, que autoriza al Conde de Haro para que dé seguro al Conde de Ledesma y a su gente (Art. 2.337. Cat. 5. Núm. 10). No se hace mención en el Archivo de la presente carta.

[65] Al día siguiente, el 28 de julio, el Rey firma una carta en Medina del Campo, en la que informa a los justicias de Tordesillas y de Simancas que se ha prorrogado el tiempo del Seguro *(Archivo de los Duques de Frías*, 1, Art. 2.338. Cat. 5. Núm. 11).

Capítulo XXVI
Como el Rey tornó a Medina del Campo y aprobó los capítulos

Despues que el Rey supo como el Conde de Ribadeo era quedado en Roa y el Almirante y Conde de Ledesma eran tornados a Valladolid, segund el Conde de Haro ge lo avia enviado descir de su parte, él tornó a Medina del Campo, segund lo avia escripto al Conde de Haro.

Y vistos los capitulos que por él le fueron enviados por el Arcediano su primo, por Su Merced fueron luego aprobados, y firmados, y sellados, y con todas las escripturas que al negocio pertenescian, enviados por el Arcediano al Conde, para que luego fuesse a poner en obra lo en ellos contenidos.

Y vistos por el Conde, luego dio orden como antes que él de Simancas partiesse, la gente de armas y de pie, asi de una parte como de otra, fuesse derramada. Lo qual assi puesto en obra, él se partió para Tordesillas a rescebir al Rey, y al Rey de Navarra, y al Infante, y a los Grandes que por mandado del Rey a la villa de Tordesillas avian de ir.

Capítulo XXVII
De la copia de los capítulos concordados

Las cosas que fueron apuntadas y vistas, y se han de concordar y firmar para servicio de Dios y del Rey nuestro Señor, y bien comun y paz y sossiego de sus Reynos, son las siguientes:

Primeramente, que al Rey nuestro Señor plega de ir, y vaya a la villa de Tordesillas con su Corte y con los del Consejo que a Su Merced le ploguiere, sin gente de armas de pie nin de caballo; y que vayan con Su Merced el Señor Rey de Navarra, y el Condestable, y el Conde de Haro y de Castro.

Item, que vengan alli el Señor Infante Don Enrique, y el Almirante, y el Adelantado Pedro Manrique, y el Conde de Benavente.

Item, que los dichos Señores Rey de Navarra, e Infante, y los Caballeros susodichos entiendan, y vean, y determinen sobre todas las cosas que los dichos Señores Rey de Navarra e Infante avian de ver por virtud de la comission a ellos dada, lo que mas entendieren que comple a servicio de Dios y del dicho Señor Rey, y bien, y paz, y sossiego, y provecho comun de sus Reynos y a execucion de la su justicia. Y el dicho Señor Rey con Consejo de ocho, o de los seis dellos si todos ocho non se concordassen, provea en ello por la manera susodicha. De lo qual se ha de dar por el dicho Señor Rey tal seguridad qual sea bastante, con juramento a consejo de sus letrados. Para lo qual el Rey nuestro Señor les dé plazo para lo assi fascer de quarenta dias, los quales corran del dia que el dicho Señor Rey fuere en el dicho lugar de Tordesillas en adelante. Lo qual se entienda en todas las cosas que so la dicha comission con comprehendidas, excepto las quatro cosas aqui contenidas, conviene a saber: si acaesciesse discordia entre los ocho susodichos sobre razon de las enmiendas que se ovieren de fascer sobre los bienes que fueron del Rey de Navarra y del Infante, de que el Rey nuestro Señor ovo fecho merced, assi a los de aca como a los de alla;[66] otrosi sobre la anulacion y cessacion de los processos, assi comenzados como los que se podrian comenzar sobre las cosas acaescidas, sobre que se fiscieron y se podrian fascer los dichos processos; como sobre las costas;[67] y sobre los libramientos ordinarios que se piden por aquellos Caballeros que están en Valladolid. Que en estos cuatro casos, si todos ocho non fueren concordes, el Rey nuestro Señor esté al consejo de la mayor parte de los dichos ocho en numero de personas.

Item, que la gente de armas de pie y de caballo que está ayuntada por causa destos fechos en Medina, y Valladolid, y Tordesillas, y otras partes y lugares del Reyno, el Rey nuestro Señor la mande toda derramar, y que todos la derramen luego; conviene a saber, la que está en Valladolid, y en Medina, y Tordesillas, y doce leguas en derredor de cada una de las dichas villas, fasta seis dias primeros seguientes de la fecha desta escriptura; y la otra gente que está en otras cibdades, y villas, y partes del Reyno, fasta quince dias primeros seguientes de la fecha desta escriptura; y que la gente del Conde Don Rodrigo de Villandrando esté donde agora está, y non vaya dende a parte alguna, salvo su camino

---

66 Se refiere a los bienes y mercedes confiscados en 1429 y distribuidos entre los leales. Miguel Angel Ladero Quesada, *La hacienda real de Castilla en el siglo XV* (La Laguna, 1973), págs. 270-74; Luis Suárez Fernández, "Las rentas castellanas del infante Don Juan II de Navarra y Aragón," *Hispania* 75(1959), 192-203.

67 Por lo visto, los Infantes de Aragón querián una ayuda en las costas; pero a causa de la crisis económica del reino, Juan II tuvo que poner límite a estos gastos. Normalmente, cuando se arrestaba a una persona, sus bienes eran confiscados y utilizados para pagar los gastos de otros que habían ayudado a la Corona. Round, *Greatest Man Uncrowned*, pág. 51.

fuera del Reyno, como en el capitulo yuso escripto, que sobre ello fabla, se contiene.

Item, que por el Rey nuestro Señor, nin por el Señor Rey de Navarra, nin por los que están con Su Merced, nin por el dicho Señor Infante, nin por los que están en Valladolid, nin por otros algunos de su parte nin por su mandado, non se allegará nin se ayuntará gente de armas de pie nin de caballo, fasta dos meses primeros seguientes, despues de passados los dichos quarenta dias en que se han de ver y determinar los dichos negocios, como dicho es.

Item, que en este tiempo de los dichos quarenta dias y de los dichos dos meses non se faga innovacion alguna de fecho nin de derecho por el Rey nuestro Señor, nin por alguna de las partes nin por su mandado; pero si passados los dichos quarenta dias en que se han de ver estos fechos, como dicho es, el Señor Rey de Navarra y el Señor Infante Don Enrique quisieren fascer innovacion alguna, llamando gente para tomar algunas villas y lugares durante los dichos dos meses, en daño de alguna y cada una de las dichas partes que aquel y aquellos en cuyo daño fuere, se pueda defender.

Item, que por seguridad de los susodichos, que assi han de venir al dicho lugar de Tordesillas, el dicho Señor Rey dé su Seguro bastante a los unos y a los otros; y assimesmo ruegue al dicho Señor Rey de Navarra y mande al Señor Infante que seguren; y assimesmo mande a los unos y a los otros que se den seguranzas bastantes. Y en quanto toca al numero de la gente que ha de ir con los susodichos a la villa de Tordesillas, quanta ha de ser en numero y quanta ha de traer cada uno, que quede a ordenanza del Conde de Haro y del Doctor Periañez; y que el Conde de Haro tenga la guarda de la dicha villa de Tordesillas por la forma que la tovo la otra vez; pero en lo que toca a la guarda del palacio, que tenga cincuenta omes de armas en quanto estovieren en Consejo, y que si mensageros vinieren, que los dexen entrar y salir sin armas, y que a cada uno dellos que assi vinieren, dé ome suyo que entre con él y los saque fuera despues de dadas las cartas.

Item, que los Caballeros que están en Valladolid puedan venir a fascer reverencia al Rey nuestro Señor al dicho lugar de Tordesillas, y su Señoria los resciba benigna y graciosamente; los quales vengan pocos a pocos, y salidos los unos, vengan los otros; y que estén el dia que vinieren y otro dia, y al tercero que se vayan; y que assimesmo vengan otros tantos de los otros Caballeros de aca quantos vinieren dellos, y que estén otros tantos dias por aquella forma, y les sean dadas possadas si las oviere.

Item, que el Rey nuestro Señor envie mandar al Conde Don Rodrigo de Villandrando que venga a fascer reverencia a Su Merced con treinta cavalgaduras, y que haya de plazo para venida, y estada, y tornada, y salida fuera del Reyno con su gente, o toda la dicha gente sin él sin las dichas treinta cavalgaduras con que ha de venir a fascer reverencia al dicho Señor Rey, cincuenta dias. En el qual dicho tiempo en los dichos cincuenta dias dure la guarda de la dicha gente, que ha de tener el Conde de Haro y su seguridad. Item, que porque todos sentimientos sean perdidos, los unos y los otros fablen como comple a servicio de Dios, y del Rey nuestro Señor, y bien de sus Reynos; y que desde el dia que el dicho Señor Rey, y el dicho Rey de Navarra, y el Infante Don Enrique, y los susodichos fueren en Tordesillas, se den por ningunas todas y qualesquier ligas y confederaciones fechas entre los unos y los otros;[68] y de mandamiento del Rey nuestro Señor entre los susodichos y los otros Grandes del Reyno, de la una parte y de la otra, de aquellos que bien visto será, se faga buena cuenta y honesta amistanza, qual comple a servicio de Dios, y del Rey nuestro Señor, y bien de sus Reynos, y honra de ellos mesmos. Pero en quanto toca al Señor Rey de Navarra, por quanto diz que entre él y el Infante non ha tales cosas porque se faga nueva amistanza, que él jurará de guardar sus honras y estados de todos, segund la forma del capitulo.

Item, que el Rey nuestro Señor y los susodichos sean en Tordesillas del dia del otorgamiento desta escriptura en ocho dias. Y otrosi, que el poder y recabdos que el dicho Señor Rey ha de dar sobre estos fechos, los mande dar, y sean dados del dia del otorgamiento desta escriptura fasta quatro dias.

Item, que luego en esse mesmo dia se faga escriptura a parte por los dichos Señor Rey de Navarra, y el Infante, y por los tres Caballeros del su Consejo, que el Rey nuestro Señor envió, conviene a saber, Condestable, y Conde de Haro. y Conde de Castro, y assimesmo por los tres Caballeros que se nombraron por la parte del dicho Señor Infante, conviene a saber, Almirante, Adelantado, y Conde de Benavente, para que todas las cosas que se fiscieren en qualquier manera, se fagan con consejo y

68 En mayo de 1439 los nobles del bando de Enrique de Aragón se reunieron en Renedo y formaron una Liga. *Halconero*, CCXXXVII; Suárez Fernández, ***Nobleza***, pág. 149.

acuerdo de todos ocho. Y pero que todas las novedades que son fechas, assi por el Conde de Benavente como por otros qualesquier, assi en prender omes como mugeres y les tomar sus bienes y echarlos fuera de los lugares, de diez dias a esta parte, se torne luego al estado primero.[69]

Capítulo XXVIII
De como el Rey aprobó estos capítulos

Don Juan, por la gracia de Dios, Rey de Castilla, &tc. Por quanto fueron apuntados, y fechos, y concordados ciertos capitulos sobre los fechos presentes, complideros al servicio de Dios, y mio, y bien comun, y paz, y sossiego de mis Reynos y Señorios, y a evitacion de los bollicios, y ayuntamientos, y escandalos que al presente son en mis Reynos, el tenor de los quales es este que se sigue:

Primeramente, que yo vaya a la villa de Tordesillas con mi Corte y con los de mi Consejo que a mi merced ploguiere, sin gente de armas nin de pie nin de caballo; y que vayan comigo el Rey de Navarra mi muy caro y muy amado primo, y el Condestable, y el Conde de Haro, y el Conde de Castro. Item, que vengan alli el Infante Don Enrique mi muy caro y muy amado primo, y el Almirante, y el Adelantado Pedro Manrique, y el Conde de Benavente.

Item, que el Rey de Navarra, e Infante, y los seis Caballeros susodichos entiendan, y vean, y determinen sobre todas las cosas que los dichos Rey de Navarra e Infante avian de ver por virtud de la comission por mí a ellos dada sobre estos fechos, lo que mas entendieren que comple a servicio de Dios y mio, y bien, y paz, y sossiego, y provecho comun de mis Reynos, y a execucion de la mi justicia; y los que yo mandé complir y executar. De lo qual se ha de dar por mí tal seguridad qual sea bastante, con juramento, fecha y ordenada a consejo de Letrados. Para lo qual les dé plazo para lo assi fascer de quarenta dias, los quales corran del dia que yo fuere en el dicho lugar de Tordesillas, donde tengo de ir, en adelante. Lo qual se entienda en todas las cosas, que so la dicha comission son comprehendidas, excepto las tres cosas aqui contenidas, conviene a saber: si acaesciesse discordia entre los ocho susodichos sobre

---

69 La gente común recelaba de los nobles, quienes, en las sublevaciones contra sus adversarios, tenían la costumbre de saquear pueblos, robar animales y alimentos, y tomar prisioneros. Julio Valdeón Baruque, *Los conflictos sociales en el reino de Castilla en los siglos XIV y XV* (Madrid, 1976), pág. 151.

la anulacion y cessacion de los processos, assi comenzados como los que se podrian comenzar sobre las cosas acaescidas, sobre que se fiscieron y se podrian fascer los dichos processos; como sobre las costas; y sobre los libramientos ordinarios que se piden por los Caballeros que están en Valladolid. Que en estas tres cosas, si todos ocho non fueren concordes, yo esté al consejo de la mayor parte de los dichos ocho en numero de personas.

Item, que la gente de armas de pie y de caballo que está ayuntada por causa destos fechos en Medina, y Valladolid, y Tordesillas, y otras partes de mis Reynos, yo la mande toda derramar, y que todos la derramen luego. Conviene a saber, la que está en Valladolid, y en Medina, y Tordesillas, y doce leguas en derredor de cada una de las dichas villas, fasta seis dias primeros seguientes de la fecha desta escriptura. Y que la gente del Conde Don Rodrigo de Villandrando esté donde agora está, y que non vaya dende a parte alguna, salvo su camino saliendo fuera del Reyno, como en el capitulo yuso escripto se contiene.

Item, que por mí, nin por el dicho Rey de Navarra, nin por los que están comigo, nin con él, nin por mí, nin por mi mandado, nin del dicho Rey de Navarra, nin por el dicho Infante Don Enrique, nin por los que están en Valladolid, nin por los otros algunos de su parte, nin por su mandado, non sea llamada nin ayuntada gente de armas, nin de pie nin de caballo, fasta dos meses primeros seguientes despues de passados los dichos quarenta dias, en que se han de ver y determinar los dichos negocios, como dicho es.

Item, que en este tiempo de los dichos quarenta dias y de los dichos dos meses, non se faga innovacion alguna de fecho nin de derecho por mí, nin por ninguna de las partes, nin por mi mandado, nin por alguno e los susodichos. Pero si passados los dichos quarenta dias en que se han de ver estos fechos, como dicho es, el dicho Rey de Navarra y el dicho Infante Don Enrique quisieren fascer innovacion alguna, llamando gente para tomar algunas villas y lugares durantes los dichos dos meses, en daño de algunos o de cada una de las dichas partes que aquel o aquellos en cuyo daño fuere, se pueda defender.

Item, que por seguridad de los susodichos que assi han de venir al dicho lugar de Tordesillas, yo mande dar mi Seguro bastante a los unos y a los otros; y assimesmo ruegue al dicho Rey de Navarra y mande al dicho Infante que seguren; y assimesmo mande a los unos y a los otros que se den seguranzas bastantes. Y en quanto toca al numero de la gente que ha de ir con los susodichos a la dicha villa de Tordesillas, quanta ha de ser en numero, y quanta ha de traer cada uno, que quede a ordenanza del Conde de Haro y del Doctor Periañez. Y que el Conde de Haro tenga la guarda de la dicha villa de Tordesillas por la forma que la tovo la otra vez; pero en lo que toca a la guarda del mi palacio, que tenga cincuenta omes de armas en quanto estovieren en Consejo; y que si mensageros vinieren, que los dexen entrar y salir sin armas; y que a cada uno de los que assi vinieren, dé ome suyo que entre con él y los saque fuera despues de dadas las cartas.

Item, que los Caballeros que están en Valladolid puedan venir a me fascer reverencia al dicho lugar de Tordesillas, y que yo les resciba benigna y graciosamente; los quales vengan pocos a pocos, y salidos los unos, vengan los otros, y estén el dia que vinieren y otro dia, y al tercero que se vayan; y assimesmo vayan otros tantos de los otros Caballeros de aca quantos vinieren dellos, y estén otros tantos dias por aquella forma, y les sean dadas possadas si las oviere.

Item, que yo envie mandar al Conde Don Rodrigo de Villandrando que venga a me fascer reverencia con treinta cavalgaduras, y que haya de plazo para venida, y estada, y tornada, y salida fuera del Reyno con su gente, o toda la dicha gente sin él, y sin las dichas treinta cavalgaduras con que ha de venir a me fascer reverencia, cincuenta dias; y en aquel dicho tiempo dure la guarda de la dicha gente que ha de tener el Conde de Haro y su seguridad.

Item, porque todos sentimientos sean perdidos, y los unos y los otros fablen como comple a servicio de Dios y mio, y bien de mis Reynos, que desde el dia que yo, y los dichos Rey de Navarra, e Infante, y los susodichos fueren en Tordesillas, se den por ningunas todas y qualesquier ligas y confederaciones fechas entre los unos y los otros; y de mandamiento mio entre los susodichos y los otros Grandes de mis Reynos de la una parte y de la otra de aquellos, que bien visto será, se faga buena y honesta amistanza, qual compla a servicio de Dios y mio, y bien de mis Reynos, y honra dellos mesmos. Pero en quanto al dicho Rey de Navarra, por quanto dice que entre él y el Infante non ha tales cosas porque se faga nueva amistanza, que él jurará de guardar sus honras y estados de todos, segund la forma del capitulo.

Item, que yo y los susodichos seamos en Tordesillas del dia del otorgamiento desta escriptura en ocho dias; y otrosi, que el poder y recabdos que yo he de dar sobre estos fechos, los mande dar y sean dados del dia del otorgamiento desta escriptura fasta quatro dias.

Por ende, yo queriendo poner en efecto y execucion las cosas susodichas y cada una dellas, es mi merced de guardar, y mandar guardar y complir, y que se guarden y complan en todo y por todo, los dichos capitulos y cada uno dellos, segund que de suso se contiene; y que persona, nin personas algunas de qualquier estado, o condicion, preminencia, o dignidad que sean, non sean osadas de ir nin passar contra ellos, nin contra alguna cosa o parte dello, so pena de la mi merced, y de los cuerpos, y de quanto han.

Y prometo por mi fe real, y juro a Dios, y a Sancta Maria, y a esta señal de Cruz †, y a las palabras de los sanctos Evangelios, tañendolos corporalmente con mi mano, y fago pleyto y homenage una, y dos, y tres veces en manos de Don Alvaro de Luna, mi Condestable de Castilla, que está presente, de guardar, y complir, y tener los dichos capitulos y cada uno dellos, en todo y por todo, segund que de suso se contiene; y de non mandar, nin permitir, nin consentir, nin passar contra ellos nin contra cosa alguna, nin parte dellos. Y ruego al dicho Rey Don Juan de Navarra y mando al Principe Don Enrique mi fijo primogenito heredero, y otrosi al dicho Infante Don Enrique, y a los otros comprehendidos y contenidos en los dichos capitulos, y en esta mi carta y a cada uno dellos, que juren y fagan pleyto y homenage de los assi guardar, y tener, y fascer complir, segund dicho es.

Dada en la Mejorada a tres dias de julio, año del Nascimiento de nuestro Señor Jesu Christo de mil y quatrocientos y treinta y nueve años.

Yo el Rey. Yo Diego Romero la fisce escribir por mandado de nuestro Señor el Rey.

Capítulo XXIX

De la carta que el Rey dio allende de la comission de los ocho para estar en lo de las enmiendas de los bienes que fueron del Rey de Navarra y del Infante, y determinacion de los ocho o de la mayor parte[70]

Don Juan, por la gracia de Dios Rey de Castilla, &tc. Por quanto fueron apuntados, y fechos, y concordados ciertos capitulos sobre los fe-

[70] *Archivo de los Duques de Frías*, 1, Art. 2.339. Se trata de una copia. Cat. 5, núm. 12.

chos presentes, complideros a servicio de Dios y mio, y bien comun, y sossiego de mis Reynos y Señorios, y a evitacion de los bollicios, y ayuntamientos, y escandalos que al presente son en mis Reynos, y entre los otros un capitulo, su tenor del qual es este que se sigue:

Que el Rey de Navarra, y el Infante Don Enrique, y el Condestable, y el Conde de Haro, y el Conde de Castro, y el Almirante, y el Adelantado Pedro Manrique, y el Conde de Benavente entiendan, y vean, y determinan sobre todas las cosas que los dichos Rey de Navarra e Infante avian de ver por virtud de la comission por mí a ellos dada sobre estos fechos, lo que mas entendieren que comple a servicio de Dios y mio, y bien, y paz, y sossiego, y provecho comun de mis Reynos, y a execucion de la mi justicia, y lo que los dichos ocho o los seis dellos acordaren, que aquello vala, y lo yo mande complir y executar; de lo qual se ha de dar por mí tal seguridad qual sea bastante, con juramento, y fecha y ordenada a consejo de Letrados. Para lo qual yo les dé plazo para lo assi fascer, de quarenta dias, los quales corran del dia que yo fuere en la villa de Tordesillas, donde tengo de ir, en adelante. Lo qual se entienda en todas las cosas que so la dicha comission son comprehendidas, exceptos los tres casos contenidos en el capitulo que fabla de lo que los susodichos han de ver y entender, y assimesmo este caso aqui declarado, conviene a saber: si acaesciere discordia entre los ocho susodichos sobre razon de las enmiendas que se ovieren de fascer sobre los bienes que fueron del Rey de Navarra y del Infante Don Enrique, de que yo ove fecho merced, assi a los de aca como a los de alla; que en este caso, si todos ocho no fueren concordes, yo haya de estar y esté al consejo de la mayor parte de los dichos ocho en numero de personas.

Por ende, yo queriendo poner en efecto y execucion lo contenido en el dicho capitulo suso incorporado, es mi merced de lo guardar en todo y por todo, segund que en él se contiene. Y prometo por mi fe real, y juro a Dios, y a Sancta Maria, y a esta señal de Cruz †, y a las palabras de los sanctos Evangelios, tañendolos corporalmente con mi mano, y fago pleyto y homenage una, y dos, y tres veces en manos de Don Alvaro de Luna mi Condestable, que está presente, de guardar, y complir, y tener, y fascer guardar, y complir, y tener el dicho capitulo, segund que en él se contiene, y de non ir nin venir contra él. De lo qual mandé dar esta mi carta firmada de mi nombre y sellada con mi sello.

Dada en la Mejorada a tres de julio año del Nascimiento de nuestro Señor Jesu Christo de mil y quatrocientos y treinta y nueve años.

Yo el Rey. Yo Diego Romero la fisce escribir por mandado de nuestro Señor el Rey.

Capítulo XXX
En que se contiene la comission que el Rey dio al Rey de Navarra y a ciertos Grandes, segund se contiene en los capitulos

Don Juan por la gracia de Dios Rey de Castilla, &tc. [Sigue como en la carta anterior hasta "Por ende."]

Por ende, queriendo complir lo contenido en el dicho capitulo, por la presente doy poder complido, por la forma contenida en el dicho capitulo suso incorporado, a los susodichos, para que puedan ver y determinar sobre lo contenido en él y cerca dello lo que por virtud de la comission por mí dada sobre los negocios presentes, los dichos Rey de Navarra e Infante podian ver y determinar, con toda sus incidencias y dependencias, emergencias y conexidades.

Y juro a Dios, y a Sancta Maria, y a esta significanza de Cruz †, y por las palabras de los sanctos Evangelios, con mi mano corporalmente tañidos, de estar y que estaré al consejo de los susodichos en la forma y manera contenida en el dicho capitulo, como dicho es; y de non ir nin venir contra ello, nin contra cosa alguna nin parte dello.

Y por esta mi carta mando al Principe Don Enrique mi muy caro y muy amado fijo, y a los duques, y Condes, y Ricos Omes, Prelados, y Caballeros, y Maestres, y Priores de las Ordenes, y los otros del mi Consejo, y a qualesquier otras personas de qualquier estado, o condicion, preminencia, o dignidad que sean, de los mis Reynos y Señorios, que assi lo guarden, y tengan, y complan, y fagan tener, y guardar, y complir, segund que en esta dicha mi carta se contiene, y non consientan ir nin venir, nin permitir ir nin venir contra ello, nin contra cosa alguna nin parte dello, so pena de la mi merced.

Dada en la villa de Medina del Campo a tres dias de julio año del Nascimiento de nuestro Señor Jesu Christo de mil y quatrocientos y treinta y nueve años.

Yo el Rey. Yo el Doctor Ferrando Diaz de Toledo, Oydor y Refrendario del Rey y su Secretario la fisce escribir por su mandado.

Capítulo XXXI
De como el Infante y los Caballeros que con él eran en Valladolid, aprobaron la carta del Rey dada sobre el capitulo de las enmiendas, de estar por lo que los ocho determinassen, o por la mayor parte [71]

Sepan quantos esta carta vieren, como nos Don Enrique Infante de Aragon y Sicilia, Maestre de la Caballeria de la Orden de Santiago, y Don Fadrique Almirante mayor de Castilla, y Don Pedro de Estúñiga Conde de Ledesma, y Don Rodrigo Alonso Pimentel Conde de Benavente, y Pedro Manrique Adelantado mayor de Leon: Por razon que el Rey nuestro Señor mandó dar una su carta firmada de su nombre y sellada con su sello, el tenor de la qual es este que se sigue: Don Juan, por la gracia de Dios Rey de Castilla &tc. [Sigue lo contenido en el Capitulo XXX].

Por ende, nos los susodichos, y cada uno de nos, queriendo guardar y complir todo lo contenido en la dicha carta del dicho Señor Rey suso incorporada, y cada cosa y parte dello, en quanto a nos pertenesce tener, y guardar, y complir, juramos y prometemos al nombre de Dios, y a Sancta María, y a esta señal de Cruz †, y a las palabras de los sanctos Evangelios corporalmente con nuestras manos tañidos, y fascemos pleyto y homenage una, y dos, y tres veces en manos de Lope de Rojas, que está presente, de lo assi tener y guardar todo y cada cosa y parte dello, nos y cada uno de nos, segund y por la forma y manera que en la dicha carta del dicho Señor Rey suso incorporada se contiene; y de non ir, nin venir, nin passar contra ello.

Y porque esto sea firme y non venga en dubda, firmamos esta carta de nuestros nombres y sellamosla con nuestros sellos; que fue fecha en la villa de Valladolid a tres dias de julio año del Nascimiento de nuestro Señor Jesu Christo de mil y quatrocientos y treinta y nueve años.

Nos el Maestre. El Almirante. Yo el Conde. El Conde Pedro Manrique, &tc.

---

71 Ibid., Art. 2.340. Es el original en papel con cinco sellos de placa. Cat. 5, núm. 13.

Capítulo XXXII

De como el Rey de Navarra, y el Condestable, y el Conde de Haro, y el Conde de Castro, y el Doctor Periañez aprobaron la carta del Rey dada sobre el capitulo de las enmiendas de estar por lo que los ochos determinassen, o por la mayor parte[72]

Sepan quantos esta carta vieren como nos Don Juan, por la gracia de Dios Rey de Navarra, y nos Don Alvaro de Luna Condestable de Castilla y Conde de Sanct Estevan, y Don Pedro Fernandez de Velasco Conde de Haro, Camarero mayor de nuestro Señor el Rey, y Don Diego Gomez de Sandoval Conde de Castro y Adelantado mayor de Castilla, y el Doctor Periañez: Por razon, &tc. [Sigue igual que en el capitulo anterior, hasta "que fue fecha", y jurado en manos de Gomez Carrillo de Acuña.]

Que fue fecha en la Mejorada a tres dias de julio año del Nascimiento de nuestro Señor Jesu Christo de mil y quatrocientos y treinta y nueve años.

El Conde de Haro non juró, mas fiszo pleyto y homenage solamente.

Yo el Rey. Yo el Condestable. Yo el Conde. Yo el Conde.

Capítulo XXXIII

En que se contiene el poder del Rey para que el Conde segure, y del Rey de Navarra, y del Principe, y de los otros Grandes, como seguran de guardar el Seguro del Conde. Y este Seguro fue el de los quarenta dias de la segunda vez[73]

Don Juan, por la gracia de Dios Rey de Castilla, &tc. Por quanto yo ove mandado dar, y di una mi carta de Seguro y salvoconducto, firmada de mi nombre y sellada con mi sello, la qual assimesmo es firmada de los

---

[72] Ibid., Art. 2.341. Se trata del original en papel, con tres sellos de placa. Cat. 5, núm. 14.

[73] Ibid., Art. 2.342. Es el original de la carta, en papel, con veintiún sellos de placa. Cat. 5, núm. 15.

nombres y sellada con los sellos de Rey Don Juan de Navarra, y muy caro y muy amado primo, y del Principe Don Enrique mi muy caro y muy amado fijo primogenito heredero, y otrosi de Don Alvaro de Luna mi Condestable de Castilla y Conde de Sanct Estevan, y de otros Grandes de mis Reynos y del mi Consejo; su tenor de la qual es este que sigue:

Don Juan, por la gracia de Dios Rey de Castilla, &tc. [Sigue el documento del Capitulo III.]

Y despues de esto, yo entendiendo ser complidero assi a mi servicio, y al bien comun, y paz, y sossiego de mis Reynos, firmé y juré ciertos capitulos, los quales fueron assimesmo firmados y jurados por el dicho Rey de Navarra, mi muy caro y muy amado primo, y por el dicho Principe, mi muy caro y muy amado fijo, y assimesmo por el Infante Don Enrique mi muy caro y muy amado primo, y otrosi por el dicho Condestable, y por Don Fadrique mi Almirante mayor de Castilla, y Don Pedro Fernandez de Velasco Conde de Haro, mi Camarero mayor, y Don Diego Gomez de Sandoval Conde de Castro, mi Adelantado mayor de Castilla, y Don Rodrigo Alonso Pimentel Conde de Benavente, y Don Pedro de Estúñiga Conde de Ledesma, Justicia mayor, y Pedro Manrique, mi Adelantado mayor del Reyno de Leon, y por otros Grandes de mis Reynos y del mi Consejo; entre los quales se contienen quatro capitulos que discen de esta guisa.

Primeramente, que a mí plasce de ir a la villa de Tordesillas con mi Corte, que a mi merced ploguiere, sin gente de armas, y que vayan comigo el Rey de Navarra mi primo, y Don Alvaro de Luna mi Condestable de Castilla, y el Conde de Haro, y el Conde de Castro.

Item, que vayan alli el Infante Don Enrique mi primo, y el Almirante Don Fadrique, y el Adelantado Pedro Manrique, y el Conde de Benavente.

Item, que los Caballeros que están en Valladolid puedan venir a me fascer reverencia al dicho lugar de Tordesillas, y yo los resciba benigna y graciosamente; los quales vengan pocos a pocos, y salidos los unos, vengan los otros; y que estén el dia que vinieren y otro dia, y al tercero que se vayan; y assimesmo vayan otros tantos Caballeros de los de aca, quantos vinieren dellos, y estén otros tantos dias por aquella forma, y les sean dadas possadas si las oviere.

Item, que por seguridad de los susodichos que assi han de venir al dicho lugar de Tordesillas, yo dé Seguro bastante a los unos y a los otros; y assimesmo ruegue al Rey de Navarra y mande al Infante Don Enrique, mis muy caros y muy amados primos, que asseguren; y assimesmo mande a los unos y a los otros que se den seguranzas bastantes, y que el dicho Conde de Haro tenga la guarda de la dicha villa por la forma que la tovo la otra vez; pero en lo que toca a la guarda del palacio, que tenga cincuenta omes de armas en quanto estovieren en mi Consejo.

Por ende yo, queriendo proveer a la seguridad de los sobredichos y cada uno dellos, y de los que con ellos vinieren, por el tenor de la presente de mi cierta sciencia y poderio real absoluto, mando y dó licencia, y libre, llenero, complido y bastante poderio a vos el dicho Don Pedro Fernandez de Velasco Conde de Haro, mi Camarero mayor y del mi Consejo, para que por mí, y en mi nombre, y de mi parte, y por mi abtoridad podades guyar y assegurar, y yo por la presente guyo y asseguro a los sobre dichos y a cada uno dellos, y a las cavalgaduras y omes de pie que comigo y con ellos vinieren a la dicha villa de Tordesillas, fasta el numero contenido en ciertos capitulos firmados de mi nombre y sellados con mi sello, que en esta razon yo mandé dar a vos el dicho Conde. Y quiero y asseguro que, durante el presente guyage, y seguridad, y salvoconducto, el qual y la qual dure y vala fasta quarenta dias primeros seguientes, los quales corran desde el dia que yo fuere en la dicha villa de Tordesillas en adelante, yo non faré, nin mandaré fascer, nin consentiré ser fecho mal, daño, injuria, nin ofensa alguna a los sobredichos, nin a alguno dellos, nin a los que con ellos vinieren, como dicho es, por mí nin por interpositas personas, directamente nin indirecta, publicamente nin ascondida; nin pueda, nin puedan por mí, nin por el dicho Rey Don Juan de Navarra mi primo, nin por el dicho Principe mi fijo, nin por qualesquier oficiales, subditos, y vassallos mios, y otros qualesquier los sobredichos, nin qualesquier dellos ser presos, arrestados, detenidos, secuestrados, o embargados en qualquier manera: antes puedan venir a mí seguramente a la dicha villa y a sus terminos, y estar en ella, y se partir, e ir libre y seguramentemente durante el dicho Seguro, sin empacho nin contradicion alguna, segund y por la forma y manera y so aquellas mesmas calidades, y firmezas, y clausulas, y vinculos, y juramentos, y votos, y pleytos, y homenages, y abrogaciones, y derogaciones contenidos en la dicha mi carta de Seguro, y guyage, y salvoconducto suso incorporada. Lo qual, y todo lo en ella contenido, y cada cosa y parte dello, yo agora dó, y fago, y otorgo, con essos mesmos poderios y en essa mesma forma y manera, durante el tiempo de los dichos quarenta dias.

Y ruego al dicho Señor Rey de Navarra mi muy caro y muy amado primo, y mando al Principe mi fijo, y a todos los otros en ella contenidos y comprehendidos, que la guarden y complan en todo y por todo, so las penas en ella contenidas; y que fagan juramento, y voto solemne, y pleyto, y homenage de guardar, y tener, y complir la dicha seguridad, y guyage, y salvoconducto que vos el dicho Conde de Haro dieredes y avedes de dar de mi parte, y por mí, y en mi nombre, y por virtud desta mi carta a los sobredichos y a cada uno dellos, en todo y por todo. La qual yo les dó, como dicho es, y de non ir, nin passar, nin consentir ir, nin passar contra ello. Y mando y dó poder complido a vos el dicho Conde de Haro, para que guardades, y complades, y fagades guardar y complir, por la forma y manera que en la dicha mi carta suso incorporada es contenido.

Y juro y prometo a nuestro Señor Dios, y a Sancta Maria, y a esta señal de Cruz †, y a las palabras de los santos Evangelios tañidos corporalmente con mis manos, y fago pleyto y homenage una, y dos, y tres veces en manos de vos el dicho Conde Don Pedro Fernandez de lo assi tener, y guardar, y complir al dicho Rey de Navarra mi primo, y al dicho Principe mi fijo, y a todos los otros suso nombrados y a todos los otros contenidos en la dicha mi carta suso incorporada, y en ésta, segund y por la forma, y manera so essas mesmas calidades, poderios, vinculos, firmezas, denunciaciones, abrogaciones y derogaciones, y penas, y clausulas, y otras cosas de qualquier natura que sean, en ellas y en cada una dellas contenidas; y de non revocar, nin limitar, nin condicionar este dicho poderio que a vos assi dó, nin ir, nin venir, nin passar contra ello, nin contra cosa alguna nin parte dello.

Y nos, Don Juan Rey de Navarra, y Don Enrique Principe de Asturias fijo primogenito heredero del dicho Rey Don Juan de Castilla y Leon, mi Señor y padre, y otrosi nosotros los dichos Don Alvaro de Luna Condestable de Castilla, y Don Juan Arzobispo de Toledo, y Don Diego Gomez de Sandoval Conde de Castro, y Don Luis de Guzman Maestre de Calatrava, y Don Frey Rodrigo de Luna Prior de Sanct Juan, y Don Gutierre de Sotomayor Maestre de Alcantara, y Don Alonso Camillo Protonotario de Nuestro Sancto Padre, e Iñigo Lopez de Mendoza, y Per Alvarez de Osorio, y Don Alonso de Guzman, y Don Juan de Leon, y el Marsical Pero Garcia, y Don Pedro Manuel, y Don Juan Ramirez de Guzman Comendador mayor de Calatrava, y el Alferez Juan de Silva, y Pero Sarmiento, y el Adelantado Perafan, y el Mariscal Diego Fernandez, y Pero Acuña Guarda mayor del dicho Señor Rey de Castilla, rogado a nos el dicho Don Juan Rey de Navarra, y mandado a mí el dicho Principe, ser servicio de su Señoria y beneficio de sus Reynos y tierras, lo aceptamos segund y por la forma y manera, y so aquellas mesmas firmezas, y calidades, y clausulas, vinculos, y las otras coas, y cada una dellas de suso contenidas assi en la dicha carta del dicho Señor Rey de suso incorporada; y que non los susodichos (excepto el dicho Iñigo Lopez) lo fiscimos y otorgamos por ella como, segund y en la manera suso contenida en esta presente y en cada una dellas. Y assi nos y cada uno de nos juramos por nuestro Señor Dios, y a Sancta Maria, y a esta señal de Cruz †, y a las palabras de los sanctos Evangelios tocados por nuestras manos corporalmente, y fascemos pleyto y homenage una, y dos, y tres veces, nos y cada uno de nos, en manos y en poder de vos el dicho Conde Don Pedro Fernandez, que estades presente, de lo assi guardar, y tener, y complir todo, y cada cosa, y parte dello, segund que en la dicha carta de suso incorporada, y en esta presente se contiene; y assimesmo el guyage, y Seguro, y salvoconducto que vos el dicho Conde Don Pedro Fernandez, por virtud de lo susodicho dieredes y fisčieredes al dicho Infante Don Enrique, y a los susodichos, y a cada uno dellos; y non fascer, nin venir, nin permitir, nin consentir fascer, nin venir al dicho Señor Rey, nin a otra persona alguna contra ello, nin contra cosa alguna nin parte dello, en todo nin en parte, aunque oviessemos del dicho Señor Rey expresso contrario mandamiento: antes resistiremos de fecho, y contrastaremos con todo favor y ayuda a vos el dicho Conde de Haro, para resistir y contrastar a qualquier persona o personas de qualquier estado, o condicion, preminencia, o dignidad que sean, que lo contrario fiscieren o quisieren fascer, con nuestras personas, y con todas nuestras gentes y vassallos y poderios; y seremos en ayuda de vos el dicho Conde de Haro Don Pedro Fernandez y de los que con vos fueren, para que sea guardado el dicho Seguro, y guyage, y salvoconducto, como dicho es; y que non iremos, nin vernemos, nin passaremos contra ellos, nin contra cosa alguna nin parte dello, so las penas contenidas en la dicha carta suso incorporada, a las quales nos sometemos y obligamos. Y damos y otorgamos por la presente el dicho Seguro, y guyage, y salvoconducto a los susodichos y a cada uno dellos, y a los que con ellos vinieren, fasta en el numero contenido en la carta del dicho Señor Rey, y en los capitulos en ella incorporados, y segund, y en la manera y forma, y por el tiempo suso contenido.

Otrosi, yo el dicho Rey Don Juan de Castilla y de Leon, quiero y mando que por razon del dicho desnaturamiento, vos los sobredichos nin alguno de vos non hayades incurrido, nin incurrades en penas algunas civiles nin criminales; y vos seguro que por ello, nin por cosa alguna nin parte dello, non mandaré proceder, nin pueda ser nin sea procedido contra vuestras personas, y bienes, y dignidades, y oficios, nin contra cosa alguna nin parte dello en tiempo alguno, nin por alguna manera, via, nin cosa que sea, o ser pueda.

De lo qual todos nos los dichos Reyes de Castilla y de Navarra, y yo el dicho Principe Don Enrique, damos esta dicha carta firmada de nuestros nombres y sellada con nuestros sellos.

Y assimesmo firmamos de nuestros nombres y sellamos con nuestros sellos nos, los otros suso nombrados, y cada uno de nos.

Dada y fecha en la villa de Medina del Campo a tres dias de julio, año del Nascimiento de nuestro Señor Jesu Christo de mil y quatrocientos y treinta y nueve años.

Yo el Rey. Yo el Rey Juan. Yo el Principe. Yo el Doctor Ferrando Diez de Toledo Refrendario del Rey y su Secretario la fisce escribir por su mandado. Y va escripta en tres fojas con esta en que el dicho Rey firmó su nombre, y en fin de cada plana va firmada desta mi señal. Relator.

Yo el Condestable. Joannes Archiepiscopus Toletanus. Yo el Conde. Nos el Maestre. El Prior de Castilla. El Maestre. Gutierre Episocopus Palentinus. Ferran Alvarez. Ruy Diaz. Per Alvarez. Don Alonso. Don Juan. Pedro de Ferrera. Juan de Silva. Pero Sarmiento. El Adelantado. Diego Fernandez. Petrus. Registrada.

Capítulo XXXIV
De los capitulos jurados por el Rey de la segunda venida a Tordesillas [74]

Don Juan, por la gracia de Dios Rey de Castilla, &tc. Confiando de la gran lealtad y prudencia de vos Don Pedro Fernandez de Velasco Conde de Haro, y mi Camarero mayor y del mi Consejo, y porque mi merced es que vos tengades la mi villa de Tordesillas y el lugar de Simancas durante el Seguro por mí dado, de que se fasce mencion en otra mi carta firmada de mi nombre y sellada con mi sello, y otrosi firmada y sellada del Rey Don Juan de Navarra mi muy caro y muy amado primo, y del Principe Don Enrique mi fijo, y de otros Grandes de mis Reynos; so el

74 Ibid., Art. 2.343. Es la carta original. Cat. 5, núm. 16.

qual es mi merced que puedan venir y vengan a mí salva y seguramente a la dicha villa de Tordesillas y a sus terminos el Infante Don Enrique mi primo, y el Almirante Don Fadrique, y el Conde Don Rodrigo Alonso Pimentel, y el Conde Don Pedro de Estúñiga, y el Adelantado Pedro Manrique, a los quales vos yo mandé que diessedes de mi parte y por mi poder, cierto mi Seguro, y guyage, y salvoconducto, porque podiessen ende venir, y estar, y se tornar, y partir de alli cada que quisiessen salva y seguramente, durante el dicho tiempo:

Por ende, porque vos mejor y mas complidamente podades fascer y complir lo que por mí a vos mandado y encomendado en esta parte, es mi merced que se tengan y guarden, y sean tenidos y guardados los capitulos seguientes:

Primeramente, que yo y otrosi el Rey Don Juan de Navarra mi muy caro y muy amado primo, vayamos a la dicha Tordesillas: yo con ciento y veinte cavalgaduras entre unos y otros, y non mas, y ciento y cincuenta entre omes, y mozos de pie, y acemileros sin armas algunas; y el dicho Rey de Navarra mi primo con quarenta cavalgaduras por todos, y non mas, y sessenta entre omes, y mozos de pie, y acemileros sin armas algunas; y los que han de ir cavalgando, vayan en mulas y non bestias cavallares, y lleven solas espadas sin otras armas ofensivas nin defensivas; pero que yo pueda llevar tres o quatro pages, segund me plascerá, y el dicho Rey de Navarra mi primo, uno o dos pages.

Item, que el Infante Don Enrique, con los que son en Valladolid, vengan a mí a la dicha villa en esta manera: el dicho Infante con fasta treinta cavalgaduras, entre oficiales y otros, y los Caballeros que con él vinieren, con cincuenta cavalgaduras; assi que sean todos ochenta cavalgaduras, y sean mulas y non bestias cavallares, con solas espadas sin algunas otras armas ofensivas nin defensivas; y con sus acemilas, que puedan traer con ellas ochenta personas a pie entre omes y mozos sin espadas nin otras ningunas armas ofensivas nin defensivas.

Item, que las dichas cavalgaduras, y pages, y omes de pie que assi han de ir comigo y con el dicho Rey de Navarra, y otrosi con el dicho Infante, y con los otros Caballeros a la dicha villa de Tordesillas, segund de suso se fasce mencion en los dichos capitulos, se nombren todos por nombre antes que entren en la dicha villa: los que han de ir comigo y con el dicho Rey de Navarra, por un escripto firmado del mi Relator o de otro mi Escribano de Cámara; y los que han de ir con el dicho Infante y con los otros Caballeros que estan en Valladolid, por otro escripto firmado y signado de Escribano publico; por tal manera, que conocidamente pueda ser sabido quales con las personas que assi han de ir a la dicha villa de Tordesillas, fasta en el dicho numero contenido en los dichos capitulos.

Item, que qualquier persona que fuere fallada en la dicha villa, exceptas las assi nombradas y las que estovieren con el dicho Conde de Haro o entraren por mandamiento del dicho Conde, si fuere ome de pie o mozo, que le des cient azotes, y si fuere ome de mula, que pierda la bestia.

Item, que despues que yo fuere entrado en la dicha villa de Tordesillas, y el dicho Rey de Navarra, y el Infante Don Enrique, y los otros Caballeros, y personas que comigo y con ellos han de ir, como de suso se fasce mencion, se pongan y assignen, y sean puestos y assignados limites por vos el dicho Conde de Haro, de los barrios y calles donde possaren los unos a los barrios de los otros, para que los unos non passen al barrio de los otros sin licencia de vos el dicho Conde. Los quales limites es mi merced que sean mandados a pregonar por vos el dicho Conde, que sean guardados so pena que el que los passare pierda la bestia que cavalgare, y sea echado fuera de la dicha villa.

Item, que yo y el dicho Rey de Navarra, y otrosi el dicho Infante, y los otros que alli ovieren de ir, juremos y juren de non llevar otras armas algunas ofensivas nin defensivas directa nin indirectamente, salvo las susodichas, en ellos nin en sus acemilas, salvo cuchillos o ganivetes de mesa para cortar.

Item, que se tenga por dicho, que en llegando a la puerta de la dicha villa de Tordesillas, antes que entren en la dicha villa, todos los susodichos, excepto yo y el dicho Rey de Navarra mi primo, dexen las dichas espadas en poder de vos el dicho Conde de Haro, en manera que, en ninguna caso los unos nin los otros, durante el tiempo del Seguro que vos el dicho Conde por mi auctoridad avedes de dar, non puedan traer armas algunas publica nin ascondidamente.

Item, que a ordenanza de vos el dicho Conde y de quien lo vos encomendaredes, quede fascer catar las acemilas, si vinieren en ellas algunas armas.

Item, que vos el dicho Conde o a quien lo vos encomendaredes, podades tomar y tomedes todas las armas ofensivas y defensivas que en la dicha villa de Tordesillas se fallaren sobre juramento de los vecinos dellas, y las pongades en un lugar qual a vos plascerá.

Item, porque mejor se pueda guardar el dicho Seguro, a mí plasce de vos cometer la mi justicia civil y criminal de mi Corte y de la dicha villa de Tordesillas y del dicho lugar de Simancas, porque vos pongades Alcaldes y Alguaciles; y otro non use tal oficio durante el tiempo del dicho mi Seguro.

Item, que vos el dicho Conde de Haro tengades la guarda de la dicha villa por la forma que la tovisteis la otra vez; pero en lo que toca a la guarda del mi palacio, que tengais cincuenta omes de armas quanto yo o los que assi vinieren a la dicha villa, estovieren en Consejo en mi palacio; o los dichos Infante, o Condestable, o Conde de Castro, o Almirante, o Conde de Benavente, o Adelantado Pedro Manrique ovieren de venir a Consejo al dicho palacio, o alguno o algunos dellos, que tengais todavia la dicha guarda vos el dicho Conde con los dichos cincuenta omes de armas o con mas, como bien visto vos fuere. Tanto, que al tiempo que los sobredichos ovieren de venir, non queden en todo el palacio salvo solos los de mi Consejo y veinte personas de los que sirven a mí en la mi Camara y en mi mesa. Y para mejor ser cierto dello, que vos el dicho Conde lo podades catar o quien vos mandaredes. Las quales veinte personas sean nombradas por mí; y con el Rey de Navarra mi primo, diez personas.

Item, que yo envie mandar a los de la dicha villa de Tordesillas y del dicho lugar de Simancas, que juren de guardar el dicho Seguro, y fascer y complir en todo y por todo lo que vos el dicho Conde les mandaredes, assi como si yo ge lo mandasse; y de vos dar todo favor y ayuda para guardar y fascer guardar el dicho Seguro.

Item, que vos el dicho Conde, por mi auctoridad, podades mandar salir de la dicha villa de Tordesillas y del dicho lugar de Simancas aquellas personas vecinos dende que entendieredes que comple a mi servicio y guarda del dicho Seguro, y que salgan de la dicha villa y lugar.

Item, que qualesquier personas que fueren assi comigo, como con el dicho Rey de Navarra y con el dicho Principe mi fijo, si alla ovieren de ir, como con el dicho Infante y con los otros Caballeros que con ellos fueren, juren de guardar el dicho Seguro y de dar a vos el dicho Conde todo favor y ayuda para lo guardar, cada que por vos de mi parte fuere mandado y requerido; bien assi como si por mí les fuesse mandado, y otrosi por cada uno de los con quien fueren.

Item, que yo, y el dicho Rey de Navarra, y el Principe mi fijo, y el dicho Infante Don Enrique, y todos los otros Grandes comprehendidos en el dicho Seguro, fagamos y fagan juramento de non mandar, nin dexar, nin permitir directa nin indirectamente, durante el tiempo del dicho Seguro, que gente alguna mia, nin dellos, nin de alguno dellos, se llegue contra la dicha villa de Tordesillas y lugar de Simancas, durante el tiempo del dicho Seguro.

Item, que por evitar los ruidos y escandalos que se podian levantar, a mi merced plasce que el mi Apossentador, que oviere de apossentar en la dicha villa de Tordesillas, apossente con acuerdo de vos el dicho Conde de Haro o de otro a quien lo vos encomendaredes. Por manera que ninguna possada non se dé nin tome sin ser dada por el dicho Apossentador o por el que vos el dicho Conde para ellos posieredes, si non que sea della echado por vos el dicho Conde; por manera que los apossentamientos se fagan assi apartados por que todos los ruidos sean escusados.

Item, que yo mande al dicho Infante y a todos los Grandes de mi Reynos que con mi merced fueren en la dicha villa de Tordesillas, que quando ovieren de fablar ante mí algunas cosas, assi a los unos como a los otros, se hayan assi honestamente, por manera que la reverencia y obediencia a mí debida sea guardada. Y quando ovieren de fablar los unos, sean ausentes los otros.

Item, que el dicho Infante, nin los otros que con él vinieren, non vengan a mi palacio sin vos el dicho Conde o quien vos enviaredes que venga con ellos; y quando ovieren de venir, non vengan salvo el dicho Infante y los otros principales que con él vinieren, y non algunos otros Caballeros, nin Escuderos, nin servidores. Y esta mesma manera y forma se tenga y guarde por los otros Grandes que comigo fueren a la dicha villa de Tordesillas. Y quando ovieren de ir a palacio, non vengan sin vos el dicho Conde, o quien vos enviaredes.

Item, que assi los unos como los otros, quando ovieren de enviar por las viandas y provisiones a las plazas, envien por ellas sus solos oficiales sin otra compañia, por evitar ruidos y escandalos que, fasciendose por otra manera, en ellos se podrian recrescer.

Item, que todos los carniceros, y recatones, y todos los otros que vinieren a traer viandas a la dicha villa de Tordesillas las vendan y se apossenten fuera della, y non entren en la dicha villa. Y sean dos plazas: una allende de la puente, y otra a la puerta de Valladolid.

Item, que yo mande dar a vos el dicho Conde de Haro cient ginetes de vuestros parientes para la guarda susodicha, en cuenta del numero de vuestra gente.

Las quales cosas susodichas y cada una dellas, es mi merced de mandar guardar y complir, y que se guarden y complan en todo y por todo, segund que de suso se contiene; y que persona nin personas algunas de qualquier estado, o condicion, preminencia, o dignidad que sean, non sean osadas de ir nin passar contra ellas, nin contra cosa alguna nin parte dellas, so pena de la mi merced, y de los cuerpos, y de quanto han.

Y prometo por mi fe real, y juro a Dios, y a Sancta Maria, y a esta señal de Cruz †, y a las palabras de los sanctos Evangelios tañidos corporalmente con mi mano, de lo guardar y complir en todo y por todo, segund que de suso se contiene, y de non mandar, nin consentir, nin permitir ir, nin passar contra ellos nin contra cosa alguna nin parte dello. Y ruego al Rey Don Juan de Navarra mi muy caro y muy amado primo, y mando al Principe Don Enrique mi fijo primogenito heredero, y a los otros comprehendidos y contenidos en el dicho Seguro, y en esta mi carta y a cada uno dellos, que juren y fagan pleyto y homenage de los assi guardar, y tener, y fascer complir.

Dada en la villa de Medina del Campo a tres dias de julio año del Nascimiento de nuestro Señor Jesu Christo de mil y quatrocientos y treinta y nueve años.

Yo el Rey. Yo el Doctor Ferrando Diaz de Toledo, Oidor e Refrendario el Rey y su Secretario la fisce escribir por su mandado. Relator. Registrada.

Capítulo XXXV

De la carta dada por parte del Infante, y el Almirante, y Condes de Ledesma y Benavente, y Adelantado, para que la seguridad del Conde durasse assi en los ocho dias antes de los quarenta dias, como en los quarenta dias. Y de esta forma fue dada otra semejante letra por los que estaban con el Rey [75]

Don Enrique Infante de Aragón y de Sicilia, Maestre de la Orden de la Caballeria de Sanctiago, y Don Fadrique Almirante mayor de Castilla, y Don Rodrigo Alonso Pimentel Conde de Benavente, y el Conde Don Pedro de Estúñiga, y el Adelantado Pedro Manrique. Por quanto en

---

[75] En el Archivo de los Duques de Frías existe una carta firmada por Juan II el 5 de julio en Medina del Campo, en la que prorroga por ocho días el Seguro (1, Art. 2.344. Cat. 5, Núm. 17). El presente capitulo es la aprobación de esta carta, no incluida en esta crónica. Se trata del Art. 2.345 del Archivo en cuestión, una carta original en papel, con cinco sellos de placa. Cat. 5, Núm. 18.

los capitulos fechos y firmados por bienavenir de los fechos presentes, segund comple a servicio de Dios y de nuestro Señor el Rey, y a bien, y paz, y sossiego de los sus Reynos, entre las cosas que contiene, que se non faga innovacion alguna por el Rey nuestro Señor, nin por el Rey de Navarra, nin por los otros que con ellos están, nin por mí el dicho Infante Don Enrique, nin por los que comigo están, de fecho nin de derecho, fasta quarenta dias despues que nuestro Señor el Rey fuere en Tordesillas, y dos meses despues, segund que en el capitulo que cerca desto fabla, mas largamente se contiene; y que el dicho Señor Rey haya de ir a la dicha villa de Tordesillas desde el dia del otorgamiento de los dichos capitulos, fasta ocho dias: los quales ocho dias non van comprehendidos para que en ellos non se faga innovacion alguna por el dicho Rey nuestro Señor, nin por ninguna de las partes, segund que está en los dichos quarenta dias y dos meses contenidos en el dicho capitulo.

Por ende, queriendo que los dichos ocho dias vayan comprehendidos en quanto toca a la dicha innovacion, segund y por la forma y manera que son los dichos quarenta dias y dos meses, por la presente declaramos los dichos ocho dias, en quanto a non fascer en ellos, nin en alguno dellos innovacion alguna por el dicho Rey nuestro Señor, nin por ninguna de las partes, que sean de aquella condicion que son los dichos quarenta dias y dos meses.

Y prometemos de assi lo tener, y guardar, y complir, y mandar tener, y guardar, y complir, y de non fascer nin consentir que fagan innovacion alguna durante los dichos ocho dias, que es nuestra intencion y voluntad que sean comprehendidos y entendidos so el capitulo que fabla de la dicha innovacion, que se non ha de fascer durante aquellos, como en él se contiene. Lo qual queremos que se entienda con tanto que, si dentro de los dichos ocho dias alguna innovacion es fecha por los que están con el dicho Rey nuestro Señor, o con el dicho Señor Rey de Navarra, o por los Caballeros de su parte, o se fisciere durante aquellos, que luego ante de ser passados los dichos ocho dias, sea restituido y tornado todo al primer estado en que estaba ante de los ocho dias. De lo qual mandamos dar esta nuestra carta firmada de nuestros nombres y sellada con nuestros sellos.

Dada en la villa de Valladolid a siete dias del mes de julio, año del Nascimiento de nuestro Señor Jesu Christo de mil y quatrocientos y treinta y nueve años.

Nos el Maestre. El Almirante. Yo el Conde. Pedro Manrique. El Conde. Y otra tal letra, firmada del Rey de Navarra y del Condestable, y de los Condes de Haro y de Castro fue dada al Infante y para los susodichos.

Capítulo XXXVI
En que se contienen los capitulos jurados por el Rey de Navarra, y por el Principe, y por los otros Grandes que con Su Merced eran, para la guarda segunda de Tordesillas de los quarenta dias [76]

Sepan quantos esta carta vieren como nos, Don Juan, por la gracia de Dios Rey de Navarra, y Don Enrique Principe de Asturias, fijo primogenito heredero del muy alto y muy esclarescido Principe y muy poderoso Rey y Señor, mi Señor y padre, el Rey Don Juan de Castilla y de Leon, y otrosi nos, Don Alvaro de Luna Condestable de Castilla y Conde de Sanct Estevan, y Don Juan Arzobispo de Toledo Primado de las Españas Chanciller mayor de Castilla, y Don Diego Gomez de Sandoval Conde de Castro, y Don Luis de Guzman Maestre de Calatrava, y Don Rodrigo de Luna Prior de la Orden de Sanct Juan, y Don Gutierre de Sotomayor Maestre de Alcantara, y Don Alonso Carrillo Protonotario de nuestro Sancto Padre y Administrador perpetuo del Obispado de Sigüenza, e Iñigo Lopez de Mendoza, y Ferran Alvarez de Toledo, y Ruy Diaz de Mendoza Mayordomo mayor de nuestro Señor el Rey, y Don Alonso de Guzman, y Don Juan de Leon, y Don Pedro Manuel, y el Mariscal Pedro Garcia, y Don Juan Ramirez de Guzman Comendador mayor de Calatrava, y el Mariscal Diego Fernandez de Cordoba, y el Adelantado Perafan, y Pedro Sarmiento Repostero mayor de nuestro Señor el Rey, y Juan de Silva Alferez mayor de nuestro Señor el Rey, y Pedro de Acuña Guarda mayor de nuestro Señor el Rey, y el Doctor Periañez, todos del Consejo del dicho Señor Rey:

Por razon que el dicho Señor Rey mandó dar una carta firmada de su nombre y sellada con su sello, su tenor de la qual es este que se sigue: Don Juan, por la gracia de Dios Rey de Castilla, &tc. [Sigue la carta del Capitulo XXXIV.].

---

76 Ibid., Art. 2.346. Se trata de la carta original, en papel, con dieciocho sellos de placa. Cat. 5, Núm. 19.

Por ende, nos los dichos Rey de Navarra y Principe Don Enrique, y nos el Condestable, y todos los otros susodichos y cada uno de nos, queriendo guardar y complir todo lo contenido en la dicha carta del dicho Señor Rey suso incorporada, y cada cosa y parte dello, en quanto a nos pertenesce guardar y complir, juramos y prometemos al nombre de Dios, y a Sancta Maria, y a esta señal de Cruz †, y a las palabras de los sanctos Evangelios corporalmente tañidos con nuestras manos, y fascemos pleyto y homenage una, y dos, y tres veces en manos de Don Pedro Fernandez de Velasco Conde de Haro, que está presente, de lo assi guardar, y tener, y complir todo y cada cosa y parte dello, nos y cada uno de nos, segund y por la forma y manera contenida en la dicha carta; y de non ir, nin venir, nin passar contra ello, nin contra cosa alguna nin parte dello. Y porque esto sea firme y non venga en duda, firmamos esta carta de nuestros nombre y sellamosla con nuestros sellos, que fue fecha y dada en la villa de Medina del Campo a siete dias de julio, año del Nascimiento de nuestro Señor Jesu Christo de mil y quatrocientos y treinta y nueve años.

Yo el Rey Juan. El Principe. Yo el Condestable. Archiepiscopus Toletanus. El Conde. Nos el Maestre. El Prior de Sanct Juan. El Maestre. Pedro de Ferrera. El Adelantado. Don Alonso. Don Pedro. Don Juan. Protonotarius Administrator. Ruy Diaz. Ferran Alvarez. Juan de Silva. El Mariscal. Pedro de Acuña, &tc.

Capítulo XXXVII

En que se contienen los capitulos jurados por el Infante y por los otros Grandes que con él eran, para la guarda de los quarenta dias[77]

Sepan quantos esta carta viere como nos, Don Enrique Infante de Aragon y Sicilia, y Don Fadrique Almirante mayor de Castilla, y Don Rodrigo Alonso Pimentel Conde de Benavente, y Don Pedro de Estúñiga Conde de Ledesma, Justicia mayor de nuestro Señor el Rey, y Pedro

[77] Ibid., Art. 2.347. Existe el original y duplicado, con cinco sellos de placa. Cat. 5, Núm. 20 y 21.

Manrique Adelantado mayor del Reyno de Leon, todos vassallos del dicho Señor Rey y del su Consejo.

Por razon, &tc. [Sigue como en el capitulo anterior, hasta "Por ende".]

Por ende, nos los dichos Infante, y el Almirante, y Condes, y el Adelantado, queriendo guardar todo lo contenido en la dicha carta del dicho Señor Rey suso incorporada y cada cosa y parte dello, en quanto a nos pertenesce guardar y complir, juramos y prometemos al nombre de Dios, y a Sancta Maria, y a esta señal de Cruz †, y a las palabras de los sanctos Evangelios corporalmente tañidos con nuestras manos, y fascemos pleyto y homenage una, y dos, y tres veces en manos de Pedro de Arguello, que está presente, de lo assi guardar, y tener, y complir todo y cada cosa y parte dello, nos y cada uno de nos, segund y por la forma y manera contenida en la dicha carta; y de non ir, nin venir, nin passar contra ello, nin contra cosa alguna nin parte dello. Y porque esto sea firme y non venga en duda, firmamos esta carta de nuestros nombres y sellamosla con nuestros sellos, que fue fecha y dada en la villa de Valladolid a ocho de julio, año del Nascimiento de nuestro Señor Jesu Christo de mil y quatrocientos y treinta y nueve años.

Y por mas firmeza rogamos al Escribano de yuso escripto que la signasse con su signo. Testigos, que fueron presentes: el Doctor Sancho Garcia de Villalpando, y Juan Aguado criado del Doctor Ruy Garcia, y Pedro Calderi Escudero del dicho Pedro de Arguello.

Nos el Maestre. El Almirante. Yo el Conde. El Conde. Pedro Manrique. Y yo Luis Garcia de Hita Escribano de nuestro Señor el Rey y su Notario publico en la su Corte y en todos los Reynos a lo sobredicho, en uno con los dichos testigos, presente fui y vi en como en mi presencia y de los sobredichos, el dicho Infante, y el Almirante, y el Conde de Benavente, y el de Ledesma, y el Adelantado Pedro Manrique, de suso esta escriptura contenidos, fisciereon el dicho juramento, y pleyto, y homenage, segund que de suso se fasce mencion. Y otrosi, posieron cada uno dellos aqui en esta escritura sus nombres con sus propias manos. La qual escriptura en tres fojas de papel, cada foja de medio pliego de papel, y en fin de cada plana va puesta una señal de mi nombre. Y por su ruego y otorgamiento de los sobredichos Señores fisce aqui mi signo a tal: En testimonio de verdad. Luis Garcia.

Capítulo XXXVIII
En que se contiene el poder para tener la villa de Tordesillas y Simancas por los quarenta dias [78]

Don Juan, por la gracia de Dios Rey de Castilla, &tc. Por quanto yo he mandado dar y di una carta firmada de mi nombre y sellada con mi sello a vos Don Pedro Fernandez de Velasco Conde de Haro, mi Camarero mayor y del mi Consejo, por la qual mandé que vos el dicho Conde toviessedes por mí la villa de Tordesillas y el lugar de Simancas, y la justicia, y jurisdiccion civil, y criminal alta y baxa, y mero y misto Imperio de la mi Corte, y de los dichos lugares y cada uno dellos, por cierto tiempo, segund que esto y otras cosas mas largamente en la dicha mi carta se contienen, la qual he aqui por inserta e incorporada, bien assi como si de palabra a palabra aqui fuesse puesta; y porque despues desto a mí plugo y plasce de ir a la dicha villa de Tordesillas con mi Corte y con los de mi Consejo, y que vayan comigo el Rey de Navarra mi muy caro y muy amado primo, y Don Alvaro de Luna mi Condestable de Castilla, y vos el dicho Conde de Haro, y el Conde de Castro; y que vayan alli el Infante Don Enrique mi primo, y el Almirante Don Fadrique, y el Adelantado Pedro Manrique, y el Conde de Benavente; y que vos el dicho Conde de Haro tengades la guarda de la dicha villa de Tordesillas por la forma que la tovistes la otra vez, por termino de quarenta dias, los quales corran del dia que yo fuere a la dicha villa de Tordesillas, segund mas largamente se contiene en los capitulos en esta razon por mí firmados y jurados.

Por ende, mi merced es que, durante los dichos quarenta dias, vos tengades la dicha villa de Tordesillas y el dicho lugar de Simancas, y la justicia, y jurisdiccion alta y baxa, y mero y misto Imperio de la dicha mi Corte, y de los dichos lugares y de cada uno dellos; y podades usar y usedes della durante el dicho tiempo. Para lo qual dó poder complido a vos y a los que vos posieredes en vuestro lugar, segund y por la forma y manera contenida en la dicha mi primera carta, y con estas mesmas calidades.

Y mando a todos aquellos a quien se dirige la dicha mi primera carta, que la guarden y complan en todo y por todo, segund que en ella se contiene, durante los dichos quarenta dias, y que non vayan, nin passen, nin consientan ir nin passar contra ella en cosa alguna. Y los unos nin

78 Ibid., Art. 2.348. Es la carta original. Cat. 5, Núm. 22.

los otros non fagan ende ál por alguna manera, so pena de la mi merced, y de los cuerpos, y quanto han.

Dada en Medina del Campo a ocho dias de julio, año del Nascimiento de nuestro Señor Jesu Christo de mil y quatrocientos y treinta y nueve años.

Yo el Rey. Yo el Doctor Ferrando Diaz de Toledo Oidor y Refrendario del Rey y su Secretario la fisce escribir por su mandado. Registrada.

Capítulo XXXIX
En que se contiene el Seguro del Infante y de los otros Grandes que eran con él, para guardar el Seguro del Conde de Haro de los quarenta dias.[79]

Sepan quantos esta carta vieren como nos, Don Enrique Infante de Aragon y Sicilia, y Don Fadrique Almirante mayor de Castilla, y Don Rodrigo Alonso Pimentel Conde de Benavente, y Don Pedro de Estúñiga Conde de Ledesma, y Pedro Manrique Adelantado mayor del Reyno de Leon, vassallos de nuestro Señor el Rey y del su Consejo. Por quanto el dicho Señor Rey dio una carta firmada de su nombre y sellada con su sello, la qual assimesmo es firmada de los nombres y sellada con los sellos del Señor Don Juan Rey de Navarra, y de nuestro Señor Don Enrique Principe de Asturias fijo primogenito y heredero del dicho Rey nuestro Señor, y otrosi firmada de los nombres de Don Alvaro de Luna Condestable de Castilla y Conde de Sanct Estevabn, y de otros ciertos del Consejo del dicho Señor Rey, su tenor de la qual es este que se sigue: [Sigue la carta del Capitulo XXXIII.]

Por ende, nos el dicho Infante Don Enrique, y nos los dichos Almirante, y Condes de Benavente y de Ledesma, y el Adelantado Pedro Manrique, y cada uno de nos, conociendo lo susodicho contenido en la dicha carta del dicho Señor Rey suso incorporada, por su Señoria rogado al dicho Señor Rey de Navarra y mandado a nosotros los sobredichos y a los otros en la dicha carta contenidos, ser assi complidero a servicio de su Señoria y beneficio de sus Reynos y tierras por las causas de suso en la dicha su carta expressadas, lo aceptamos, y damos nuestra fe y poder complido a vos el dicho Don Pedro Fernandez de Velasco Conde de Haro, Camarero mayor el dicho Rey nuestro Señor y del su Consejo, para que

79 Ibid., Art. 2.349. Es el original. Cat. 5, Núm. 23.

por nos, y por cada uno de nos, y por los otros que con nos vinieren, podades segurar y seguredes a los dichos Don Alvaro de Luna Condestable de Castilla y Conde de Sanct Estevan, y Don Diego Gomez de Sandoval Conde de Castro, y Don Gutierre de Sotomayor Maestre de Alcantara, y a cada uno dellos, y a los suyos, y a cada uno dellos, y a los que con ellos fueren, y a los otros contenidos en la dicha carta del dicho Señor Rey susoincorporada, por el tiempo, y en la manera, y segund que el dicho Rey nuestro Señor vos dio poder por la dicha su carta, que los assegurassedes.

Y nos por la presente assi los asseguramos por el dicho tiempo, non embargante qualquier revocacion que nos el dicho Infante hayamos fecho al dicho Condestable Don Alvaro de Luna, y al dicho Maestre de Alcantara, y a cada uno dellos de la seguridad que antes de agora nos les aviamos dado y otorgado en la villa de Peñafiel en el presente año de la fecha y data de la presente. El qual Seguro queremos y otorgamos, que non pueda ser por nos nin por alguno de nos revocado, nin limitado, nin condicionado, durante el dicho tiempo. Y juramos por nuestro Señor Dios, y a Sancta Maria, y a esta señal de Cruz †, y a los sanctos Evangelios tocados con nuestras manos corporalmente, y assimesmo fascemos pleyto y homenage una, y dos, y tres veces, nos y cada uno de nos, en manos y poder de Pedro de Arguello, criado del dicho Infante Don Enrique, que está presente, de servar, y tener, y complir todo lo contenido en la dicha carta suso incorporada, y cada cosa y parte dello, y el Seguro, y guyage, y salvoconducto que vos el dicho Conde Don Pedro Fernandez por virtud della dieredes y fiscieredes, y de non fascer, nin venir, nin permitir, nin consentir fascer, ir, nin venir al dicho Rey nuestro Señor, nin a otra persona alguna contra ello en todo nin en parte, aunque oviessemos del dicho Rey nuestro Señor expresso mandamiento; antes resistiremos de fecho, y contrastaremos, y daremos todo favor y ayuda a vos el dicho Don Pedro Fernandez de Velasco Conde de Haro, para resistir y contrastar a qualquier persona o personas de qualquier estado, o condicion, preminencia, o dignidad que sean, que lo contrario fiscieren o quisieren fascer, con nuestras personas y con todas nuestras gentes y vassallos, y poderios; y seremos en ayuda de vos el dicho Conde Don Pedro Fernandez y de los que con vos fueren, para que sea guardado el dicho Seguro, y guyage, y salvoconducto, como dicho es.

Todo esto y cada cosa dello, so la absolucion de la fe, subjection, y naturaleza, que a la merced del dicho Rey nuestro Señor debemos, y so el desnaturamiento contenido en la dicha carta del dicho Señor Rey suso incorporada, segund y por la forma y manera susodicha, que el dicho Señor Rey nos lo mandó por la dicha su carta. Lo qual todo susodicho y cada cosa y parte dello nos obligamos, y juramos, y fascemos pleyto y homenage, como suso dicho es, de lo assi guardar, y tener, y complir segund y por la forma y manera que de suso se contiene, y de non ir, nin venir, nin passar contra ello nin contra cosa alguna nin parte dello, so las penas susodichas contenidas en la dicha carta del dicho Señor Rey; y demas, que por esse mesmo fecho sean confiscados todos nuestros bienes muebles y raices para la Camara del dicho Señor Rey.

Y desto dimos esta carta firmada de nuestros nombres y sellada con nuestros sellos. La qual otorgamos ante el Escribano, y Notario publico, y testigos de yuso escriptos.

Dada, y fecha, y otorgada en la villa de Valladolid a ocho dias de julio, año del Nascimiento de nuestro Señor Jesu Christo de mil y quatrocientos y treinta y nueve años.

Testigos que fueron presentes, llamados y rogados, el Doctor Sancho Garcia de Villalpando Oidor del Rey, y Juan Aguado criado del Doctor Ruy Garcia, y Pedro Calderin Escudero del dicho Pedro de Arguello.

Nos el Maestre. El Almirante. Yo el Conde. El Conde. Pedro Manrique. Yo Luis Garcia de Hita Escribano de nuestro Señor el Rey y Notario publico en la su Corte y en todos los sus Reynos, que a lo sobredicho, en uno con los dichos testigos, presente fui, y vi en como en mi presencia y suya de los dichos testigos, el dicho Señor Infante, y Almirante, y Condes de Benavente y de Ledesma, y Adelantado Pedro Manrique de suso en esta escriptura contenidos, fiscieron el dicho juramento, y pleyto, y homenage, segund que de suso se fasce mencion; y otrosi, posieron cada uno dellos aqui en esta escriptura sus nombres con sus propias manos. La qual escriptura va escripta en siete fojas de papel de medio pliego, y en fin de cada plana va puesta una señal de mi nombre. Y por su ruego y otorgamiento de los dichos señores fisce aqui mi signo a tal. En testimonio de verdad. Luis Garcia.

Capítulo XL
En que se contiene el Seguro que el Conde de Haro dio por los quarenta dias

Sepan quantos esta carta vieren como yo, Don Pedro Fernandez de Velasco Conde de Haro, Camarero mayor del muy alto y muy esclarescido Principe, y muy poderoso Señor Rey, nuestro Señor el Rey Don Juan de Castilla y de Leon, y del su Consejo, por licencia, y mandamiento, y poderio que el dicho Señor Rey me dio por una su carta firmada de su nombre y sellada con su sello, la qual assimesmo es firmada de los nombres y sellada con los sellos de los muy altos y muy esclarescidos Principes el Señor Don Juan Rey de Navarra, y de nuestro Señor Don Enrique Principe de Asturias fijo primogenito heredero del dicho Señor Rey, y otrosi firmada de los nombres y sellada con los sellos de Don Alvaro de Luna Condestable de Castilla y Conde de Sanct Estevan, y de otros ciertos del Consejo del dicho Rey nuestro Señor, su tenor de la qual es este que sigue: [Sigue la carta del Capitulo XXXIII.]

Por ende, yo el dicho Don Pedro Fernandez de Velasco Conde de Haro, por la dicha licencia, y mandamiento, y poder a mí fecho y dado por el dicho Rey nuestro Señor, y assimesmo por virtud del Seguro en esta razon dado por el dicho Señor Infante Don Enrique, y por el Almirante Don Fadrique, y Condes de Benavente y de Ledesma, y Adelantado Pedro Manrique, y por el poder que ellos me dieron por una su carta firmada de sus nombres y sellada con sus sellos, para que podiesse fascer y fisciesse por ellos, y por cada uno dellos, y por los que con ellos viniessen, el Seguro suso escripto; y otrosi, por mi mesmo guio y asseguro de parte del Rey nuestro Señor, y en su nombre, y por sus abtoridad, y otrosi por el dicho Infante, y por los sobredichos, y por cada uno dellos, y por mí a vos el dicho Infante Don Enrique, y a vos Don Alvaro de Luna Condestable de Castilla y Conde de Sanct Estevan, y a vos los sobredichos Almirante Don Fadrique, y Condes Don Rodrigo Alonso Pimentel, y Don Pedro de Estúñiga, y Don Diego Gomez de Sandoval, y Adelantado Pedro Manrique, y a los que con vos vinieren fasta en el numero contenido en los capitulos que el dicho Señor Rey mandó dar, firmados de su nombre y sellados con su sello, y a cada uno de vos y a los que con vos vinieren, en esta guisa:

Vos el dicho Señor Infante, y los dichos Almirante, y Condes Don Rodrigo Alonso Pimentel, y Don Pedro de Estúñiga, y el Adelantado Pedro Manrique, con ochenta cavalgaduras de mulas, y non bestias cavallares, y con ochenta omes de pie y mozos; y vos, los dichos Condestable, y los Caballeros y otras personas que con vos fueren, tanto que non passen el numero de las ciento y veinte cavalgaduras, que con el Rey nuestro Señor aven de ir, segund el tenor de los dichos capitulos; y sean las dichas cavalgaduras de mulas, y non bestias cavallares, y con ellas ciento y cincuenta omes de pie y mozos, que con el dicho Señor Rey han de ir.

Y que durante la presente seguridad, y guyage, y salvoconducto, el qual dure y vala por el tiempo de los quarenta dias contenidos en la dicha carta del dicho Rey nuestro Señor suso incorporada, non vos será fecho, nin mandado, nin consentido fascer mal, daño, injuria, nin ofensa alguna en vuestras personas por el dicho Rey nuestro Señor, nin por interpositas personas, directa nin indirecta, publica nin ascondidamente; nin podades por el dicho Rey nuestro Señor, nin por el dicho Señor Rey de Navarra, nin por el dicho Principe nuestro Señor, nin por qualesquier oficiales, subditos nin naturales, nin vassallos del dicho Rey nuestro Señor, nin por otros qualesquier, nin por mí vos los sobredichos, nin alguno de vos ser presos, arrestados, detenidos, secuestrados, ocupados o embargados en qualquier manera; antes podades venir, y vengades a su Señoría seguramente a la dicha villa de Tordesillas y al lugar de Simancas y a sus terminos, y estar en ellas y en cada una dellas, y vos partir e ir dellas y de cada una dellas libre y seguramente, sin empacho nin contradicion alguna, la qual en vuestras personas, nin en alguno de vos non pueda ser fecha nin puesta por cosa alguna durante el tiempo del dicho Seguro y guyage, segund y por la forma y manera que mas complidamente se contiene en la dicha carta del dicho Rey nuestro Señor, y en esta dicha seguridad, y guyage, y salvoconducto que vos yo dó, y fago, y otorgo en nombre del dicho Rey nuestro Señor, y de su parte, y por el dicho su poder y auctoridad, y por mí, segund, y por la forma y manera, y con aquellos mesmos vinculos, y calidades, y firmezas contenidas en la dicha su carta suso incorporada, so aquellas mesmas penas y por virtud della.

Y fago pleyto y homenage una, y dos, y tres veces en manos y poder de Alonso de Cordoba Alcalde de los Donceles del dicho Señor Rey, que está presente, de observar, y tener, y complir todo lo en la dicha carta suso incorporada, y en esta presente contenido, y cada cosa y parte dello; y de non fascer, nin venir, nin consentir, nin permitir fascer, nin venir al dicho Rey nuestro Señor, nin a otra persona alguna de qualquier estado o condicion que sea o ser pueda, contra ello nin contra cosa alguna nin parte dello, en todo nin en parte, aunque oviesse del dicho Señor Rey expresso contrario mandado; antes con mi persona, y con mi gente, y poderio resistiré de fecho, y contrastaré, y daré todo favor y ayuda para resistir y contrastar a qualquier o qualesquier personas de qualquier estado, o condicion, preminencia, o dignidad que sean, que lo contrario fiscieren o quisieren fascer, segund que el dicho Rey nuestro Señor me lo mandó por la dicha su carta suso incorporada.

Y aceptando la dicha absolucion de la fe, subjection, y naturaleza que a la dicha merced del dicho Rey nuestro Señor debo, me desnaturo desde agora por la presente para en aquel caso, si acaesciere (lo que a Dios non plega) de su Señoria, y Reynos, y tierras, y de la naturaleza que con Su Merced tengo, segund y por la forma y manera que el dicho Rey nuestro Señor me lo mandó por la dicha su carta.

Lo qual todo otorgo, y fago pleyto y homenage de lo assi guardar y tener sin mal engaño, toda arte, fraude, cautela, y maquinacion cessantes. Y si lo contrario fisciere o permitiere o consintiere en qualquier manera que incurra por el mesmo fecho en todas las penas puestas a los quebrantadores de los pleytos y homenages, y que de aquello non me pueda escusar por ninguna razon o derecho canonico o civil o municipal, quanto quier que sea introducido o faga en favor mio; ca yo lo renuncio y parto de mí y de mi ayuda.

Y mando de parte del dicho Señor Rey, y por virtud del dicho su poder a todos y qualesquier sus subditos, y vassallos, y naturales de qualquier estado, o condicion, preminencia, o dignidad que sean, que lo guarden, y complan, y fagan guardar y complir en todo y por todo, segund que en la dicha su carta suso incorporada, y en esta, por virtud della por mí dada, se contiene; y que non vayan, nin passen, nin consientan ir, nin passar contra ello, nin contra cosa alguna nin parte dello, so las penas suso contenidas.

De lo qual di esta mi carta firmada de mi nombre y sellada con mi sello, y otorguéla ante el Escribano, y Notario publico, y testigos de yuso escriptos. Fecha y otorgada en la villa de Tordesillas a nueve dias de julio año del Nascimiento de nuestro Señor Jesu Christo de mil y quatrocientos y treinta y nueve años.

Testigo rogados, que a esto fueron presentes: el Arcediano Pero Vaca, y Diego Romero, y Pero Lopez de Vocos Escribano de Camara del dicho Rey nuestro Señor, y Juan Fernandez de Melgar Escribano del dicho Señor Rey.

Yo el Conde. Y yo Geronimo Fernandez de Alcala Escribano del dicho Rey nuestro Señor y su Notario publico en la su Corte y en todos los sus Reynos, a lo susodicho en uno con los dichos testigos presente fui; y de ruego y otorgamiento del dicho Conde Don Pedro Fernandez de Velasco, que en mi presencia y de los dichos testigos fizo el dicho pleyto y homenage en la manera susodicha y firmó aqui su nombre, fisce escribir este publico instrumento. El qual va escripto en ocho fojas de pliego entero de papel, con esta presente, y en fin de cada plana puesta la señal de mi nombre; y por ende fisce aqui este mi signo a tal: En testimonio de verdad. Geronimo Fernandez.

Capítulo XLI
De la carta que dio el Rey, guardando el capitulo suso escripto, para que se desatassen las ligas y se fisciessen otras

Don Juan, por la gracia de Dios Rey de Castilla, &tc. Por quanto en ciertos capitulos fechos y ordenados por mi mandado sobre los fechos presente a servicio de Dios, y bien comun, y paz, y sossiego de mis Reynos y Señorios, y a evitacion de los bollicios, y escandalos, e inconvenientes que al presente son en mis Reynos, se contiene un capitulo del tenor seguiente:

Item, porque todos sentimientos sean perdidos y los unos y los otros fablen como comple a servicio de Dios y mio, y bien de mis Reynos, que desde el dia que yo, y el dicho Rey de Navarra, e Infante, y el mi Condestable, y el Almirante, y el Conde de Haro, y de Castro, y de Benavente, y el Adelantado Pedro Manrique, fueren a Tordesillas, se den por ningunas todas y qualesquier ligas y confederaciones fechas entre los unos y los otros; y de mandamiento mio, entre los susodichos y los otros Grandes de mis Reynos de la una parte y de la otra, de aquellos que bien visto será, se faga buena y honesta amistanza, qual compla a servicio de Dios y mio, y bien de mis Reynos, y honra dellos. Pero en quanto toca al Rey de Navarra, por quanto dice, que entre él y el Infante non ha tales cosas porque se faga nueva amistanza, que él jurará de guardar sus honras y estados a todos segund la forma del capitulo.

Por ende, por la presente ruego al dicho Rey Don Juan de Navarra mi muy caro y muy amado primo, y mando al dicho Infante Don Enrique mi muy caro y muy amado primo, y mando assimesmo al dicho Don Alvaro de Luna mi Condestable de Castilla y Conde de Sanct Estevan, y a Don Fadrique mi Almirante mayor de Castilla, y a Don Pedro Fernandez de Velasco Conde de Haro, y al Conde de Castro, y a Don Rodrigo Alonso Pimentel Conde de Benavente, y a Pedro Manrique mi Adelantado mayor del Reyno de Leon, que guardando el tenor y forma del dicho capitulo suso incorporado, desaten y den por ningunas todas y qualesquier ligas y confederaciones fechas entre los unos y los otros. Y assimesmo mando a los susodichos y a los otros Grandes de mis Reynos, que bien visto será que fagan buena y honesta amistanza, qual compla a servicio de Dios y mio, y bien de mis Reynos, y honra dellos mismos.

Y ruego al dicho Rey Don Juan de Navarra que jure de guardar sus honras y estados de todos ellos, y ellos a él, segund el tenor y forma del dicho capitulo. Para lo qual todo les di licencia y consentimiento.

Dada en la villa de Medina del Campo a seis dias de julio año del Nascimiento de nuestro Señor Jesu Christo de mil y quatrocientos y treinta y nueve años.[80]

Yo el Rey. Yo Diego Romero la fisce escribir por mandado de nuestro Señor el Rey.

Capítulo XLII

En que se contiene la escriptura de cómo se avian de anular las ligas entre los Grandes del Reyno y fascer otras de nuevo

Sepan quantos esta carta vieren como nos Don Juan, por la gracia de Dios Rey de Navarra, y Don Enrique Infante de Aragon y de Sicilia, y Don Alvaro de Luna Condestable de Castilla y Conde de Sanct Estevan, y Don Fadrique Almirante mayor de Castilla, y Don Pedro Fernandez de Velasco Conde de Haro, Camarero mayor de nuestro Señor el Rey, y Don Rodrigo Alonso Pimentel Conde de Benavente, y Don Diego Gomez de Sandoval Conde de Castro, y Pedro Manrique Adelantado del Reyno de Leon:

Por razon que el dicho Señor Rey mandó dar una su carta firmada de su nombre y sellada con su sello, el tenor de la qual es este que se sigue: Don Juan, por la gracia de Dios Rey de Castilla, &tc. [Sigue la carta del capitulo anterior.]

---

80 Aquí el Conde de Haro rompe el orden cronológico del texto.

Por ende, nos los susodichos, queriendo guardar y complir el dicho capitulo, revocamos, y anulamos, y damos por ningunas y de ningun valor todas y qualesquier ligas y confederaciones, juramentos, pleytos, y homenages, prometimientos y amistanzas, que entre nosotros y cada uno de nos fasta aqui han seido, y sean fechas por escripto o por palabra, aunque en ellas se contenga, que non puedan ser revocadas nin anuladas, si expresamente aqui *de verbo ad verbum* non fuessen incorporadas.

Y nos, el dicho Rey Don Juan de Navarra, queriendo guardar assimesmo lo por el dicho Rey de Castilla mi muy caro y muy amado primo, a nos rogado de su parte por la dicha su carta suso incorporada, y usando del expreso consentimiento que por ella dio, juramos a Dios, y a Sancta Maria, y a esta señal de Cruz †, y a las palabras de los sanctos Evangelios corporalmente con nuestras manos tañidos, a vos los susodichos, y fascemos pleyto y homenage a vos el dicho Conde de Haro que, guardando el servicio de Dios, y del dicho Señor Rey y bien de sus Reynos, guardaremos a vos el dicho Infante nuestro hermano, y a cada uno de los otros sobredichos vuestras honras y estados; pero que todavia podamos usar de lo contenido en los dichos capitulos; y que los dichos juramentos, y pleytos, y homenages sobre ellos fechos queden en su fuerza y vigor.

Assimesmo, nos el dicho Infante, y los susodichos, de licencia y abtoridad del dicho Señor Rey, juramos a Dios, y a Sancta Maria, y a esta señal de Cruz †, y a las palabras de los sanctos Evangelios corporalmente con nuestras manos tañidos, y yo el dicho Conde de Haro fago pleyto y homenage que, guardando el servicio de Dios, y del dicho Rey y bien de sus Reynos, guardaremos a vos el dicho Señor Rey de Navarra vuestra honra y estado, segund el tenor y forma del dicho capitulo suso incorporado; pero que todavia podamos usar de lo contenido en los dichos capitulos, y juramentos, y pleytos, y homenages sobre ello fechos queden en su fuerza y vigor.

Y nos el dicho Infante Don Enrique y los sobredichos suso nombrados, son licencia y abtoridad del dicho Señor Rey, fascemos, y juramos, y firmamos entre nosotros buena, y honesta, y verdadera amistanza a servicio de Dios, y del Rey nuestro Señor, y bien de sus Reynos, y honra de nosotros mesmos y de cada uno de nos, segund y por la forma y manera contenida en el dicho capitulo y carta del dicho Señor Rey suso incorporado. Y juramos a Dios, y a Sancta Maria, y a esta señal de Cruz †, y a las palabras de los sanctos Evangelios corporalmente con nuestras manos tañidos; y yo el dicho Conde de Haro, y assimesmo nos los susodichos, fascemos pleyto y homenage una, y dos, y tres veces en mano de

...[81] de lo guardar, y tener, y complir, y faremos, y ternemos, y guardaremos, y compliremos todo lo susodicho y cada cosa dello, segund y por la forma y manera que dicha es. Y prometemos y juramos que faremos pleyto y homenage en la forma sobredicha, de non fascer, nin permitir fascer juramento nin juramentos, pleyto o pleytos, y homenages, ligas, nin confederaciones, nin prometimientos por nosotros, entre nos, nin entre cada uno de nos, fechos durante los quarenta dias contenidos en el dicho capitulo; y desde agora para entonces, y desde entonces para agora, revocamos y anulamos todos y qualesquier juramentos, y pleytos, y, homenages, ligas, y confederaciones, y prometimientos, y seguranzas que en contrario de esto son, y sean fechos y fablados de se fascer por nos y por cada uno de nos, o por otro u otros por nos, y por cada uno de nos; pero que quede en su fuerza y vigor lo contenido en los dichos capitulos por el Rey nuestro Señor y por nosotros sobre estos fechos concordados, y jurados, y firmados.

Y porque esto sea cierto y non venga en dubda, mandamos fascer tantas carta quantas sean necesarias, y firmamoslas de nuestros nombres y sellamoslas con nuestros sellos; y queremos que do paresciere la una dellas, sea de tanta abtoridad y fe, como si todas paresciessen.

Que fue fecha a ... [82] dias de julio, año del Nascimiento de nuestro Señor Jesu Christo de mil y quatrocientos y treinta y nueve años. Y por quanto, segund el tenor de este capitulo de la amistanza suso incorporado, podiera entrar el Maestre de Alcantara con los susodichos; pero, porque avia debates entre las partes sobre ello, el Rey nuestro Señor, entendiendo ser complidero a su servicio, manda al dicho Condestable que faga la amistanza, excepto el dicho Maestre, y ruega al dicho Rey de Navarra su primo, y da licencia a los Condes, y Prelados, y Caballeros susodichos, que le puedan ayudar si quieren; y los dichos Infante, y Almirante, y Condes de Benavente y de Ledesma, y Adelantado Pedro Manrique, que juren y fagan pleyto y homenage, como dicho es, de non ayudar a contrario del dicho Maestre contra derecho.

---

81 Dejado en blanco en el manuscrito.

82 Item.

Capítulo XLIII
Como el Rey, y el Rey de Navarra, y el Infante, y los otros Grandes vinieron la segunda vez a Tordesillas

Despues que el Rey mandó derramar la gente, y supo por el Conde de Haro como la gente de Valladolid se derramaba, firmadas y despachadas las escripturas, que segund los capitulos jurados él avia de dar, envió al Principe su fijo a Arevalo, y con él el Arzobispo de Toledo, y el Prior de Sanct Juan, y Sancho de Londoño Mariscal del Rey de Navarra; y vinose luego a Tordesillas, y con él el Rey de Navarra, y assimesmo los otros Grandes que a Su Merced plogo, guardando el numero de las cavalgaduras, segund la orden de los capitulos; y vino tan tarde que ovo de entrar con fachas; y dende a poco el Infante, y el Almirante, y el Conde de Benavente, y el Adelantado. Y por ser la hora indispuesta, al Rey plogo que non viniesse el Infante a le fascer reverencia fasta otro dia de mañana. Y cessó todo el rescibimiento, que ordenado podiesse ser.

Capítulo XLIV
De como se ayuntaron el Rey de Navarra, y el Infante, y los otros deputados para ver en la comision a ellos dada por el Rey, y de cómo non se concordaron

Otro dia de mañana, el Infante vino a palacio por la manera acostumbrada en la primera venida a Tordesillas, segund arriba se contiene. Y fecha reverencia al Rey, el Rey de Navarra, y el Infante, y el Condestable, y el Almirante, y los Condes de Haro, y de Castro, y Benavente, y el Adelantado Pedro Manrique descendieron a la casa del Consejo, que por el Rey para esto era deputada; y tomaron consigo al Doctor Periañez, por ser letrado, y le aver por de buena intencion en los presentes negocios. Y con la guarda de gente de armas, acostumbrada poner por el Conde de Haro cada y quando los semejantes ayuntamientos se fascian, comenzaron a entender y fablar en los presentes negocios, que cometidos le eran. Y ante todas cosas fiscieron leer a un secretario del Rey, que para ello era deputado, los capitulos jurados; y llegando al capitulo de dar por ningunas las lianzas y amistanzas, fue mucho contra el dicho por la parte del Rey de Navarra, disciendo que otros capitulos en el instrumento contenidos, que se descian ser complidos, non lo eran, y que se debian primero complir; y que fasta en tanto en el complimiento deste se debia sobreseer, señaladamente fasta que la gente fuesse derramada, disciendo estar en Valladolid y en otras partes.

Y por la parte del Infante se respondia, dando razones como todos los capitulos eran complidos, y si alguna cosa quedaba por complir, que eran prestos de luego lo complir. Y por ende non debia cessar de se complir el dar por ningunas las lianzas y amistanzas, segund que por todos era jurado, y por el Rey aprobado, y por su carta firmada de su nombre y sellada con su sello mandado que se fisciesse; pues segund la ordenanza de los capitulos, aquello ante todas cosas se debia poner en obra, por ser assi complidero para fablar en los negocios sin parcialidad. Y que esto fecho, eran contentos de fascer la honesta amistad por el Rey mandada fascer, segund en su letra se contiene. Pero como quiera que este dia y otros seguientes por esta forma fueron ayuntados y sobre ello mucho altercado, nunca se podieron concertar los unos con los otros, señaladamente en el desatar de las lianzas. De tal manera, que solo por no se concordar en esto, parescian ir las cosas en rotura. Por evitacion de la qual el Rey mandó al Conde de Haro que tomasse consigo al Doctor Periañez, para que fablasse con la una y con la otra parte, y diessen en ello alguna buen expediente. Y con esto cessaron de se mas ayuntar, por forma de entender en la comission por el Rey a ellos fecha.

Capítulo XLV

De las cosas que el Conde de Haro y el Doctor Periañez dixeron al Rey, porque la concordia cessaba; y de lo que les parescia cerca dello

Platicado por el Conde con el Doctor las cosas porque la concordia cessaba, y despues de sabida la intencion de la una y de la otra parte, dixeron al Rey que las razones por que ellos entendian, que la concordia cessaba, entre otras muchas eran tres.

La primera, este debate sobre desatar las ligas y fascer entre todos honesta amistanza. Y la segunda, porque Su Merced sabia que él avia mandado tornar al Rey de Navarra las villas que avian seido suyas, de que él avia fecho merced a algunos de los Grandes, que en esta amistanza y concordia avian de entrar; y que assi al Rey de Navarra como a ellos era visto que, estante esta qüestion, non se podian bien guardar las amistanzas entre ellos, nin la paz y sossiego del Reyno; por lo qual cada uno querria sus amigos y non querria desatar las lianzas [83]. Y la tercera, sobre el regimiento de su Reyno, y sobre aquellos que en su Consejo avian de estar y por qué tiempos, pues esta era la principal causa por qué los debates de su Reyno eran comenzados.

Y quanto a la primera, que a ellos parecian, pues jurada era y por escriptura estaba, y el Arzobispo de Santiago era venido [84], que Su Merced le mandasse, que con ciertos letrados viesse y determinasse lo que en ello segund razon y buen justicia se debia fascer; pero que las otras dos, por ser mas arduas, las remitian a Su Merced.

El Rey respondió que les tenia en servicio su buen consejo y parecer, y que quanto a la primera cabsa le parescia bien su consejo, y assi lo mandó luego al Arzobispo. Y quanto a las otras dos cosas, que él veria y fablaria con ellos aquello que mas entendiesse que complia a su servicio. Y luego el Arzobispo pidió a cada una de las partes un escripto de las razones que daban de lo que descian, y pronunció de acuerdo de los letrados en la manera que despues de los escriptos se contiene.

---

83 Mercedes fueron dadas o acrecentadas en 1429 a numerosas personas. Los que nos interesan son: Juan de Silva; Juan Ramírez de Arellano, Comendador de Calatrava; Suero de Quiñones; Alfonso de Guzmán; Gutierre de Sotomayor, Maestre de Alcántara; Luis de Guzmán, Maestre de Calatrava; Rodrigo Alonso Pimentel, Conde de Benavente, y su hijo Juan; Pedro Ponce de León, Conde de Medellín, y su hijo Juan; Don Pedro Fernandez de Velasco, Conde de Haro, y su hermano Fernando de Velasco; el Almirante Fadrique Enríquez, su hermano Enrique, y su hermana Mencía; Ruy Díaz de Mendoza; el Adelantado Pedro Manrique, su hijo Diego, y su hermano Rodrigo; Gómez de Benavides; Lope de Rojas; Pedro de Estúñiga, Conde de Ledesma, y sus hijos Alvaro y Diego; el Mariscal Iñigo de Estúñiga; Alfonso Pimentel, Adelantado de Galicia; Pedro Niño, Conde de Huelna; Lope de Mendoza, Arzobispo de Santiago; Pedro de Mendoza, Señor de Almazán; Diego Gutierre de Toledo, Obispo de Palencia; Diego Hurtado; Luis de la Cerda, Conde de Medina Celi; el Dr. Periañez; Juan de Tovar; Pedro Alvarez de Osorio; Pedro de Quiñones; Juan Martínez de Contreras, Arzobispo de Toledo; Alonso Pérez de Vivero. Ladero, *La hacienda real*, págs. 270-274. Suárez Fernández, "Las rentas castellanas," págs. 192-203.

Es importante tener en cuenta que personas de los dos campos adversarios recibieron mercedes, que en el verano de 1439, se negaron a renunciar a pesar de su lealtad de momento.

84 Lope de Mendoza.

Capítulo XLVI

Del escripto que fue dado por la parte del Rey de Navarra, por donde descia que los capitulos non eran complidos, y que las ligas non se debian desatar

Los capitulos que parece que se deben concordar por forma de respuesta, son estos:

Primeramente, que toda la gente de armas que se disce que non se derramó, de la que fue ayuntada por cabsa destos bollicios, se derrame por ambas las partes a vista de una persona a quien el Rey nuestro Señor dé cargo para ello, en uno con otra personas que el Rey de Navarra dé, y otra el Infante. Lo qual se jure de complir por las partes dentro de diez dias, exceptos los de la guarda del Rey nuestro Señor, que sean docientos y cinquenta omes de armas.

Item, que en las cibdades y villas del Rey nuestro Señor que están ocupadas por los Caballeros, deben ser rescibidos libremente los vecinos dellos que vinieron por mandamiento del Rey nuestro Señor a Su Merced, y a los que con él estaban y los que fueron eschados dellos; mayormente pues los que vinieron al Infante y Caballeros son rescebidos en las cibdades y villas, que están a mandamiento del dicho Señor Rey, y ninguno non fue echado dellas. Lo qual se jure de fascer luego, en manera que se execute con efecto dentro de diez dias. Pero si a este capitulo non quisieren venir, que se tengan por dicho que el Rey nuestro Señor mandará salir y echar de las cibdades y villas donde estovieren los que a ellas vinieron.

Item, que fecho el dicho juramento, se den luego por ningunas las ligas, y que se faga la honesta amistanza, segund que en el capitulo que sobre ello fabla, se contiene, para que procedan a entender en los otros fechos a ellos cometidos, con tanto que quede facultad al Señor Rey de Navarra y al Señor Infante, si en los quarenta dias non se igualaren, de poder tomar y aver lo suyo, y que les ayuden a ellos los amigos que de ante tenia, sin embargo de la dicha anulacion y nueva amistanza; y que esta mesma facultad quede a los que lo tienen.

Item, que deben ser traidos los embargos y tomas [85] fechos o mandados fascer despues de los capitulos jurados, porque se tornen al primer

[85] La usurpación y rentas reales o impuestos, ajenos a los señores que los confiscan. Ladero, *La hacienda real*, pág. 76.

estado; y restituidos los maravedis y cosas tomadas y rescibidos, dentro de diez dias del otorgamiento desta escriptura.

Item, que fecho el juramento de las cosas susodichas, y desatadas las lianzas, y fecha la nueva amistanza, determinen los deputados, dentro de cinco dias, del libramiento general; y que los embargos y tomas fechos antes de los dichos capitulos se alcen, y tornen, y restituyan los maravedis y cosas tomadas.

Item, que se torne todo lo innovado en Villalon, y Paredes, y Mayorga al primer estado en que estaba diez dias antes de otorgados los capitulos.

Capítulo XLVII
Del escripto que fue dado por parte del Infante en respuesta del que dio el Rey de Navarra, en que se contiene que los capitulos eran complidos, y que las ligas se debian desatar

Lo que parece que se debe acordar cerca de los capitulos postrimeramente dados, es esto:

Cerca del primer capitulo, que toda la gente de armas, que se disce que non se derramó de la que fue ayuntada por cabsa destos bollicios, se derrame por ambas partes a vista del Conde de Haro; y que la guarda del Rey nuestro Señor y de nuestro Señor el Principe sea la que tenian al tiempo, que fueron otorgadas las paces con los Señores Reyes de Aragon y de Navarra, y con los Señor Infantes; y el Conde de Haro haya informacion quanta gente de armas era en la dicha guarda al dicho tiempo, y la declare de aqui a cinco dias.

Y cerca del segundo capitulo (pues non fue jurado nin expressado en los capitulos), non se debe dello fascer mencion. Y si el dicho Señor Rey mandará salir y echar de las cibdades y villas donde estovieron los Caballeros y Escuderos, que vinieren en su servicio a llamamiento del Señor Infante, y de los Caballeros que con Su Merced estaban, faga lo que su merced fuere, aunque paresceria non ser su servicio.

Y cerca del tercer capitulo, que las ligas se debieron, y deben dar por ningunas sin otra dilacion, y se debe fascer la dicha honesta amistanza, segund está requerido por parte del dicho Señor Infante y Caballeros, que se contienen en los capitulos jurados, lo qual se complió por el dicho

Señor Infante y Caballeros; y que passados los quarenta dias, si non se igualaren los fechos, y algunos quisieren ayudar a los dichos Señor Rey de Navarra e Infante, para cobrar las villas que discen que les pertenecen, que les non pare perjuicio la dicha honesta amistanza; nin otros pare perjuicio a los que quisieren ayudar a los tenedores de las dichas villas.

Cerca del quarto capitulo, que ante todas cosas deben ser librados al Señor Infante, y a los Caballeros que con Su Merced fueron, y a todos generalmente, los maravedis que han en los libros del dicho Señor Rey, o ovieron de aver de Su Merced; y assi fechos los dichos libramientos que deben ser traidos, todos los embargos y tomas fechas y mandadas fascer despues de los capitulos jurados, si algunos se fiscieron en los maravedis de las alcavalas del Rey nuestro Señor de los dichos libramientos.[86]

Y cerca del quinto capitulo, que fue fecho el libramiento general, los embargos y tomas, si algunos se fiscieron ante de los dichos capitulos, se alcen y descuenten de los dichos libramientos los maravedis y cosas tomadas en los maravedis de las alcavalas del dicho Señor Rey.

Y cerca del sexto capitulo, que sea mandado y fecho al Conde Don Rodrigo, que dentro del termino del capitulo envie la gente fuera del Reyno, segund que está jurado en los dichos capitulos.[87]

Y cerca del septimo capitulo, que pues non se contiene cosa alguna desto en los capitulos jurados, non son tenudos a los fascer.

Capítulo XLVIII

De lo que el Arzobispo de Sanctiago con consejo de letrados pronunció cerca de los susodicho

Las cosas que nos parece que se deben fascer para buena expedicion de los negocios segund los capitulos otorgados, son las seguientes:

---

[86] Las alcabalas eran impuestos del 10% sobre el valor de las ventas o los trueques, pagadas por el vendedor. Durante la época de Juan II de Castilla, representaban el 75% de los ingresos de la Corona. Ladero, *La hacienda real*, pág. 65; Angus MacKay, *Money, Prices, and Politics in Fifteenth Century Castile* (London, 1981), pág. 17.

[87] Se refiere al Conde de Ribadeo.

Primeramente, que ante todas cosas se debe derramar la gente por ambas las partes, con efecto segund se contiene en el capitulo que sobre esto fabla.

Item, que en las cibdades y villas que están ocupadas por los Caballeros, deben ser rescebidos libremente los vecinos dellas que venieron a servicio del Rey; mayormente, pues los que fueron a llamamiento de los Caballeros fueron y han seido libremente rescebidos en las cibdades y villas que están a mandamiento del Rey.

Item, que avida seguridad bastante que lo susodicho se fará fasta un dia cierto, se deben luego desatar las ligas, y se debe fascer buena y honesta amistad, y proceder en los otros capitulos segund comple a servicio de Dios, y del Rey, y al bien avenir de los fechos presentes. Con tanto, que si lo susodicho assi non se fisciere y compliere, las dichas confederaciones queden en su fuerza, segund que antes estaban entre aquellos, que lo complieren y guardaren.

Item, parecenos que se debe aver informacion del Señor Rey de Navarra, si dixo o declaró al tiempo que se firmaron los capitulos lo contenido en su escripto; ca si Su Merced assi lo declaró, ha razon de non desfascer las lianzas, salvo por la forma en su escripto contenida; pero de otra guisa debelas Su Merced desfascer simplemente, segund la forma del capitulo cerca desto otorgado.

Item, debense aver y ser aqui traidos los embargos puestos en las rentas del Rey, porque ellos vistos se pueda declarar, que es lo que Su Merced en esta parte pueda fascer estantes los dichos capitulos.

Capítulo XLIX
Sabido por el Infante y por los Caballeros que con él eran, que el Rey fascia algunas nuevas mercedes, del requerimiento que cerca dello le fiscieron

Muy alto Principe, y muy poderoso Señor:

Los vuestros muy homildes servidores Infante Don Enrique, y el Almirante de Castilla, y el Conde de Benavente, y el Adelantado Pedro Manrique, por nos y en nombre de los otros Condes, y Prelados, y Caballeros que en Valladolid estovieron en servicio de Dios, y vuestro, y bien de vuestros Reynos, con muy homilde y debida reverencia besamos vuestras manos y nos encomendamos en vuestra merced. A la qual plega saber, que a nuestra noticia vino en como vuestra Señoria ha fecho y fasce de un año a esta parte, muchas mercedes de villas, y lugares, y de juro [88], y de heredad, y de por vida a muchas personas; y assimesmo que vuestra Señoria ha dado y da muchos lugares y tierras de vuestras cibdades. Lo qual es muy gran daño y destruccion de vuestros Reynos, que no estén dados y enagenados. Y en mas enagenar, y otrosi en desapropriar y quitar las tierras y lugares a vuestras cibdades, seria perder del todo vuestro patrimonio y vuestro Reyno.

Y demas desto, sabe bien Vuestra Merced, que las rentas ordinarias de vuestros Reynos non alcanzan a vuestros gastos y mercedes ordinarias, que fasta el dicho tiempo son fechas con muy grandes quantias de maravedis.[89] Y si despues aca vuestra Señoria ha fecho o fasce otras mercedes nuevas, es forzado que continuadamente Vuestra Alteza haya de echar perdidos y monedas a vuestros vassallos, y que del todo se pierdan, allende de quanto están destruidos y desechados. Y debe vuestra Señoria acatar, que el tesoro del Rey es en su pueblo, y si el pueblo vuestro es destruido, vuestro tesoro.

Por ende, muy homilmente suplicamos a Vuestra Alteza, que le plega de acatar las mercedes que fasce, porque las fasce; y quando algunas vuestra Señoria entendiere que debe fascer, las quiera fascer con consejo y acuerdo de los de vuestros Reynos y de los procuradores de las ciudades y villas dellos.

En los qual vuestra Señoria fará lo que es servicio vuestro y grande provecho de vuestros Reynos. Y porque en ello haya aquel reparo y remedio que comple a servicio de Dios, y vuestro, y bien publico de vuestros Reynos.

---

88 Los juros eran certificados de deuda expedidos por el gobierno para legalizar dicha deuda o garantizar una prestación. Muy usados en el siglo XV, causaban una terrible inflación. Jaime Vicens Vives, "The Economies of Catalonia and Castille," *An Economic History of Spain*, trad. F.M. López Morillas (Princeton, 1969), págs. 54-55.

89 La inestabilidad del gobierno castellano durante la tercera década del siglo XV trae consigo una alta tasa de inflación, lo que causa a su vez la devaluación del valor del maravedí. Las mercedes dadas a los nobles fueron calculadas en maravedís: su valor, por consiguiente, bajó mucho a partir de 1430. Para el año 1451, valdrían la mitad. Los que seguían favorecidos por el rey recibieron más mercedes para compensar las pérdidas; los que eran sus enemigos vieron disminuir dramáticamente el valor de su patrimonio. MacKay, *Money, Prices, and Politics*, págs. 56-57, 90, 97, 99.

Desto pedimos testimonio. Y muy esclarescido Señor, nuestro Señor Dios ensalce vuestra Corona, y conserve vuestra persona y vida a su servicio. Amen.

Capítulo L
De lo que el Rey a ello respondió

Digo, que propio es de los reyes fascer mercedes por servicios que les sean fechos; y assi lo quieren todos los derechos, y señaladamente las leyes de mis Reynos.

Y como el provecho o daño de mis Reynos mas acate a mí que a otra persona alguna, por ende mi pensamiento siempre ha seido y es en acresentar la honra y Corona de mis Reynos, y escusar los daños que pueden venir y en pacifiar mis subjectos. Y si algunas donaciones por mí son fechas, yo consideré bien a quien las fascia, y las cabsas por qué. Lo qual todo bien acatado, non se puede con verdad descir que yo oviesse acerca desto fecho cosa que fascer non se deberia. Y a fascer las tales donaciones, yo seria movido por cabsas necessarias, utiles, y provechosas a mis Reynos; a tanto que yo seria constreñido de las fascer; y todas las cosas voluntariosas serian en esta parte arredradas de mí. Y de muchas que fueron pedidas me escusé, entendiendo que non complia a mi servicio de se dar. Y non me pesa nin pesaria, antes me plasce que los Grandes de mis Reynos que están comigo en mi servicio, y los procuradores de las cibdades y villas de mis Reynos que están comigo ayuntados, sepan lo que yo he fecho de un año a esta parte, como vos decides.

Pero pues a mí toca principalmente el provecho o daño de mis Reynos, como dicho es, plasciendo a Dios, yo entiendo cuidar y proveer por tal forma y por tales medios, que la mi justicia florezca, y mi hacienda sea reparada, y se escuse el pueblo de otras contribuciones y pechos. Ca con las solturas, y atrevimientos, y los bollicios, y levantamientos en mis Reynos fechos, mi facienda ha padecido mucho, y mis subditos y naturales han seido y son trabajados por diversas maneras, segund es notorio. Y porque non se dixesse que yo queria de fecho, nin por aflicion alguna proceder en los presentes negocios, y paresciesse que mi voluntad era, segund que es, fascer todos mis fechos con consejo, di lugar a vos los susodichos, y al Rey de Navarra mi muy caro y muy amado primo, y al mi Condestable, y Condes de Haro y de Castro, para que ellos y vosotros podiessedes ver y entender en los fechos presentes; y yo bien confio que acatadas las cosas susodichas, todos Haro y de Castro, para que ellos y vosotros podiessedes ver y entender en los fechos presentes; y yo bien confio que acatadas las cosas susodichas, todos vosotros daredes tal expedicion en estos fechos, qual compla a servicio de Dios y mio, y al bien, y provecho comun de mis Reynos. Y donde asi por vos y ellos non se fisciere, con la ayuda de Dios yo entiendo proveer como comple a servicio de Dios y mio, y bien, y provecho comun de mis Reynos.

Capítulo LI
De lo que por el Infante y por los Caballeros que con él eran, fue suplicado al Rey sobre el desatamiento de las ligas

Muy alto y poderoso Principe, Rey y Señor:

Vuestros muy homildes servidores el Infante Don Enrique, y el Almirante Don Fadrique, y el Conde de Benavente, y el Adelantado Pedro Manrique, homilmente y con debida reverencia besamos vuestras manos y nos encomendamos en vuestra merced. La qual bien sabe, como entre los capitulos que fueron apuntados sobre los fechos que al presente son en vuestros Reynos, fue apuntado y concordado un capitulo el tenor del qual es este que se sigue: [Sigue el artículo del Capitulo XLI.]

El qual Vuestra Alteza juró, y fizo pleyto y homenage de guardar, y complir, y tener, y mandar guardar, y complir, y tener, y de non mandar, nin permitir, nin consentir ir, nin passar contra él. Y muy alto Señor, por quanto nosotros y cada uno de nos avemos estado y estamos prestos de dar por ningunas todas y qualesquier ligas y confederaciones fechas entre nosotros, y de fascer la dicha buena y honesta amistanza, segund el tenor y forma el dicho capitulo, queriendo guardar el juramento, y pleyto, y homenage por nosotros sobre ello fechos, muy homilmente suplicamos y requerimos a Vuestra Alteza que le plega rogar al dicho Rey de Navarra, y mandar a los Condes de Haro y de Castro, que assimesmo den por ningunas qualesquier ligas y confederaciones entre ellos fechas; y que el dicho Rey de Navarra jure de guardar las honras y estados de todos; y los dichos Condestable, y Condes de Haro y de Castro fagan la dicha buena y honesta amistanza, segund el tenor y forma del dicho capitulo, y segund que lo tienen prometido, y jurado, y fecho pleyto y homenage sobre ello.

Y a do Vuestra Alteza fisciere lo por nos suso suplicado y requerido, fará lo que es tenudo, y prometió, y juró, y fiszo pleyto y homenage de guardar, y mandar guardar, y complir, como dicho es. En otra manera, protestamos que a nos non sea imputada culpa, nin negligencia nin otra cosa alguna, nin nos pueda ser dicho que fuimos por ello perjuros, nin infames, nin fementidos, nin caimos por ello en caso de menos valer, nin en otra pena alguna; pues por nos non ha cessado nin cessa de guardar, y tener, y complir todo lo contenido en el dicho capitulo suso incorporado; y que nuestro derecho quede a salvo para en adelante en todas cosas.

De lo qual pedimos al presente Escribano que nos dé testimonio signado, y a los presentes rogamos que sean dello testigos. Y muy esclarescido Señor, la Sancta Trinidad acreciente vuestro real estado, y conserve vuestra persona y vida a su sancto servicio. Amen.

Capítulo LII
De lo por el Infante y por los Caballeros que con él eran, fue requerido al Rey de Navarra sobre el desatamiento de las ligas

Muy alto y muy esclarecido Señor Rey de Navarra:

Vuestro muy caro y muy amado hermano el Infante Don Enrique, y vuestros servidores Don Fadrique Almirante de Castilla vuestro primo, y el Conde de Benavente, y el Adelantado Pedro Manrique, que besamos vuestras manos y nos encomendamos en vuestra merced. La qual bien sabe, en como sobre estos fechos que al presente son en estos Reynos, fueron apuntados y concordados ciertos capitulos, los quales fueron jurados por vuestra Señoria, y fecho pleyto y homenage de tener, y guardar, y complir, y de non ir, nin venir, nin passar contra lo en ellos contenido; entre los quales fue apuntado y concordado un capitulo, el tenor del qual es este que se sigue: [Sigue el artículo del Capitulo XLI.]

Y muy alto Señor, por quanto nosotros y cada uno de nos avemos estado y estamos prestos de dar por ningunas todas y qualesquier ligas y confederaciones fechas entre nosotros, y de fascer la dicha buena y honesta amistanza, segund el tenor y forma el dicho capitulo, queriendo guardar el juramento, y pleyto, y homenage por nosotros sobre ello fechos, muy homilmente suplicamos y requerimos a Vuestra Alteza que le plega de dar por ningunas qualesquier ligas y confederaciones fechas entre vuestra Señoria, y el Condestable, y los Condes de Haro y de Castro, y de jurar de guardar la honra y estados de nosotros, segund el tenor y forma del dicho capitulo. Y do assi vuestra Señoria lo fisciere y compliere, fará lo que es tenudo, y prometió, y fizo pleyto y homenage de tener, y guardar, y complir. En otra manera, prestamos que a nos non sea imputada culpa, nin negligencia, nin otra cosa alguna, nin nos pueda ser dicho que fuimos por ello perjuros, nin infames, nin fementidos, nin caimos por ello en caso de menos valer, nin en otra pena alguna; pues por nos non ha cessado nin cessa de guardar, y tener, y complir todo lo contenido en el dicho capitulo suso incorporado; y que nuestro derecho quede a salvo para en adelante en todas cosas.

De lo qual pedimos al presente Escribano que nos dé testimonio signado, y a los presentes rogamos que sean dello testigos. Y muy esclarescido Señor, la Sancta Trinidad acresciente vuestro real estado, y conserve vuestra persona y vida a su sancto servicio. Amen.

Capítulo LIII
De lo que por el Infante y por los Caballeros que con él eran, fue requerido al Condestable, y Conde de Haro, y Conde de Castro sobre el desatamiento de las ligas

Don Alvaro de Luna Condestable de Castilla, y Don Pedro Fernandez de Velasco Conde de Haro, y Don Diego Gomez de Sandoval Conde de Castro y el Infante Don Enrique Maestre de Santiago, y Don Fadrique Almirante de Castilla, y Don Rodrigo Alonso Pimentel Conde de Benavente, y el Adelantado Pedro Manrique, vos decimos:

Que bien sabedes, en como sobre estos fechos que al presente son en estos Reynos, fueron apuntados y concordados ciertos capitulos, los quales fueron jurados por vosotros y por cada uno de vos, y ficisteis pleyto y homenage de los tener, y guardar, y complir, y de non ir, nin venir, nin passar contra lo en ellos contenido, entre los quales fue concordado un capitulo, el tenor del qual es este que se sigue: [Sigue el artículo del Capitulo XLI.]

Y nosotros, y cada uno de nos, estamos prestos y nos ofrescemos de dar por ningunas todas y qualesquier ligas y confederaciones fechas entre nosotros, y de fascer la dicha buena y honesta amistanza segund el tenor y forma el dicho capitulo, queriendo guardar el juramento, y pleyto, y homenage por nosotros sobre ello fechos.

Por ende, pedimos y requerimos a vos, y a cada uno de vos, que dedes por ningunas todas y qualesquier ligas y confederaciones fechas entre vosotros y el Señor Rey de Navarra, y entre cada uno de vos, y de fascer buena y honesta amistanza, segund el tenor y forma del dicho capitulo. Y a do vosotros y cada uno de vos assi lo fiscieredes y complieredes, faredes lo que sodes tenudos, y prometistes, y jurastes, y fiscistes pleyto y homenage de tener, y guardar, y complir. En otra manera, prestamos que a nos non sea imputada culpa, nin negligencia, nin otra cosa alguna, nin nos pueda ser dicho que fuimos por ello perjuros, nin infames, nin fementidos, nin caimos por ello en caso de menos valer, nin en otra pena alguna; pues por nos non ha cessado nin cessa de guardar, y tener, y complir todo lo contenido en el dicho capitulo suso incorporado; y que nuestro derecho quede a salvo para en adelante en todas cosas.

De lo qual pedimos al presente Escribano que nos dé testimonio signado, y a los presentes rogamos que sean dello testigos. Y muy esclarescido Señor, la Sancta Trinidad acresciente vuestro real estado, y conserve vuestra persona y vida a su sancto servicio. Amen.

Capítulo LIV
De lo que el Rey respondió al requerimiento que le fue fecho sobre lo de las ligas por el Infante y por los Caballeros que con él eran

Yo el Rey. Respondiendo a una peticion que me fue presentada por el Infante Don Enrique mi muy caro y muy amado primo, y por el Almirante Don Fadrique mi primo, y por el Conde de Benavente, y el Adelantado Pedro Manrique: por la qual en efecto me piden y suplican que, guardando un capitulo fecho y concordado sobre los fechos que al presente son en mis Reynos, rogasse al Rey de Navarra mi muy caro y muy amado primo, y mandasse a Don Alvaro de Luna mi Condestable, y a los Condes de Haro y de Castro que diessen por ningunas todas y qualesquier ligas y confederaciones entre ellos fechos; y que el dicho Rey de Navarra mi primo jurasse de guardar sus honras y estados de todos los susodichos; y ellos entre sí fisciessen buena y honesta amistanza, segund que esto y otras cosas en la dicha suplicacion y requerimiento se contiene mas largamente. El tenor de la qual avido aqui por repetido, digo que entre los otros capitulos que los susodichos otorgaron, y firmaron, y fiscieron pleyto y homenage de guardar y complir, se contienen dos capitulos del tenor seguiente:

Item, que la gente de armas de pie y de caballo que está ayuntada por causa destos fechos en Medina, y Valladolid, y Tordesillas, y otras partes y lugares de mis Reynos, yo la mande toda derramar, y que todos la derramen luego: conviene a saber, la que está en Valladolid, y en Medina, y Tordesillas, y doce leguas en derredor de cada una de las dichas villas, fasta seis dias primeros seguientes de la fecha desta escriptura. Y que la gente del Conde Don Rodrigo de Villandrando esté donde agora está, y que non vaya dende a parte alguna, salvo su camino saliendo fuera del Reyno, como en el capitulo yuso escripto, que sobre ello fabla, se contiene.

Item, que en este tiempo de los dichos quarenta dias y de los dichos dos meses, non se faga innovacion alguna de fecho nin de derecho por mí, nin por ninguna de las partes, nin por mi mandado, nin por alguno de los susodichos; pero si passados los dichos quarenta dias en que se han de ver estos fechos, como dicho es, el dicho Rey de Navarra y el dicho Infante Don Enrique quisieren fascer innovacion alguna, llamando gente para tomar villas y lugares durante los dichos dos meses, en daño de algunos o de cada una de las dichas partes, que aquel o aquellos en cuyo daño fuere, se puede defender. Y a mí es fecha relacion que la gente de armas que por causa destos fechos se ayuntó en Valladolid y en otras partes por el dicho Infante mi primo y por los dichos Almirante, y Conde de Benavente, y Adelantado, y por los otros Caballeros que con ellos se ayuntaron en Valladolid, non es derramada; antes están ende al presente assaz gente de armas.

Otrosi, que despues que yo fui a la dicha villa de Tordesillas, se han hecho y fascen muchas innovaciones en las cibdades y villas que lo dichos Caballeros tienen ocupados, assi embargando y tomandose en ellas por su mandado y consentimiento los maravedis de mis rentas, y pechos, y derechos, como poniendo en las dichas cibdades y villas nuevas guardas, y por otra forma de la que antes estaba; y tapiando y fasciendo tapiar las puertas dellas.

Otrosi, non rescebiendo en ellas los Caballeros, y Escuderos, y otras personas vecinos que dellas han salido, y assimesmo los que vinieron a mi servicio por mi llamamiento y de otros Grandes de mis Reynos por mí mandado, aviendo yo mandado rescebir, y seyendo por mí mandado rescebidos en las otras cibdades y villas de mis Reynos todos los Caballeros, y Escuderos, y otras personas vecinas dellas que vinieron a la dicha villa de Valladolid a llamamiento del dicho Infante mi primo, y de los dichos Almirante, y Conde de Benavente, y Adelantado, y de los otros Caballeros que con ellos se juntaron. En lo qual todo, segund me es fecha relacion, non se han guardado nin guardan los dichos capitulos.

Y por quanto mi intencion y voluntad siempre ha seido y es, que todo lo contenido en los dichos capitulos se guarde y compla, segund y por la forma que en ellos se contiene, sobre lo qual yo ove dado mi carta firmada de mi nombre y sellada con mi sello, por la qual mandé que assi fuesse todo guardado y complido.

Por ende, a mayor abondamiento, por la presente yo ruego al dicho Rey de Navarra mi muy caro y muy amado primo, y mando al dicho Infante mi primo, y a los dichos Condestable, y Almirante, y Conde de Haro, y Conde de Benavente, y Conde de Castro, y Adelantado Pedro Manrique, y cada uno dellos, que guarden y complan realmente y con efecto todo lo contenido en los dichos capitulos y en cada uno dellos, segund y por la forma que por ellos fueron otorgados, y son obligados a los guardar, son sobre ellos mas me requerir, nin atender otro, nin segundo, nin tercero juicio; ca esta es mi deliberada voluntad. Lo qual mando que sea assi notificado a todos los susodichos, porque dello non puedan pretender ignorancia. Y mando que sea assi assentado y puesto por respuesta a las suplicaciones y requerimientos que me fueron fechos por los susodichos y por cada uno dellos. Y mando al presente Escribano, que lo signe con su signo.

Capítulo LV
De lo que respondió el Rey de Navarra al requerimiento que le fue fecho por el Infante y por los Caballeros, sobre el desatamiento de las ligas

Nos el Rey de Navarra, Infante Gobernador general de Aragon y Sicilia. Respondiendo a una peticion y requerimiento que nos fue fecho por los Caballeros (es, a saber, por vos Don Fadrique Almirante de Castilla nuestro primo, y Don Rodrigo Alonso Pimentel Conde de Benavente, y el Adelantado Pedro Manrique), por la qual en efecto nos suplicades y requerides que demos por ningunas todas y qualesquier ligas y confederaciones fechas entre nos y Don Alvaro de Luna Condestable de Castilla y Conde de Sanct Estevan, y Don Pedro Fernandez de Velasco Conde de

Haro, y Don Diego Gomez de Sandoval Conde de Castro, y entre cada uno de nos; y que vos juremos de guardar vuestras honras y estados, segund se contiene en un capitulo que por nos fue otorgado, el qual cerca desto dispone.

Aviendo aqui por relatado todo lo contenido en la dicha vuestra suplicacion y requisicion, decimos que, al tiempo que los dichos capitulos fueron firmados y concordados, fue otrosi otorgado y concordado que las innovaciones fechas desde diez dias antes del apuntamiento de los capitulos por vos el dicho Conde de Benavente y por otras qualesquier personas, assi en prender omes y mugeres en los lugares de Mayorga, y Villalon, y Paredes, como en les tomar sus bienes y los echar fuera de los dichos lugares, que fuessen luego todas desfechas y tornadas al primer estado; y que dende en adelante, durante el tiempo de los quarenta dias en que se avian y han de ver los presentes negocios, non se fortaleciessen nin basteciessen las dichas villas, nin se fisciessen en ellas otras novedades algunas.

Y mas allende desto, fue por todos otorgado y jurado un capitulo que generalmente dispone que, durante el dicho tiempo non se fagan novedades algunas de fecho y de derecho. Y es notorio que las personas que fueron echadas de las dichas villas non son rescebidas en ellas, nin tornados sus bienes; y que de cada dia se bastecen y fortalescen las dichas villas, fasciendo en ellas garitas y otros edificios, para las mejor tener apoderadas. Y que dentro de los dichos diez dias fueron echados los Frayles del Monasterio de Sancto Domingo de la dicha villa de Villalon, y tomado el dicho monasterio, fortaleciendole y basteciendole.

Otrosi, al tiempo de la firma de los dichos capitulos, no diximos y declaramos que nuestra intencion y voluntad era, y nos plascia desatar y dar por ningunas las dichas ligas y confederaciones por los dichos quarenta dias, dentro los quales si los presentes negocios se concordassen, las dichas ligas y confederaciones quedassen desfechas; y en caso que se non concordassen los dichos negocios, que las dichas ligas y confederaciones non fuessen desatadas, y quedassen en su fuerza y vigor, segund que de antes estaban; por quanto fueron y son a servicio de Dios, y del dicho Señor Rey mi primo, y beneficio de sus Reynos, y de su licencia y auctoridad entre nosotros fechas; y nos con esta protesta, aviendolo assi declarado, firmamos el dicho capitulo.

Y bien acatada la cabsa porque las dichas ligas y confederaciones se han a desfacer y desatar, non fue nin es necesario desatarlas, salvo por los dichos quarenta dias, porque durante el dicho tiempo, todos podiessemos libremente fablar en los dichos negocios, segund comple a servicio de Dios y del dicho Señor Rey nuestro primo, y bien comun de sus Reynos, y bien avenir de los fechos presentes. Y claramente paresce esta ser la intencion de lo contenido en el dicho capitulo, segund la presuncion dél y de las razones porque se otorgó. Y otrosi, el dicho capitulo de que en vuestro requerimiento se fasce mencion, y assimesmo ciertos capitulos fueron por nos y por vos los susodichos otorgados y jurados; los quales deben ser antes complidos y puestos en execucion.

Por ende, vosotros y cada uno de vos, compliendo los dichos capitulos, y desatando las dichas novedades, y tornando las cosas todas al primer estado, nos somos prestos de guardar y complir el dicho capitulo segund y en aquella manera que los nos otorgamos, y juramos, y lo debemos complir, guardandose acerca dello lo que por nos fue dicho y declarado al tiempo que se firmaron los dichos capitulos, segund dicho es. Y por nos non ha cessado nin cessa de guardar y complir el dicho capitulo y lo en él contenido, segund y por la forma y manera que dicho avemos.

Y esto damos por nuestra respuesta a la dicha vuestra suplicacion y requisicion. Protestando que acerca del complimiento de los dichos capitulos y de cada uno dellos, a nos non pueda ser imputada culpa nin negligencia alguna; pues por nos non ha cessado nin cessa de los tener, y guardar, y complir. Y pedimos testimonio al presente Escribano, que lo signe con su signo.

Capítulo LVI

De lo que fue respondido por el Condestable al requerimiento que le fue fecho por el Infante y Caballeros sobre lo de las ligas

Muy excelente Señor Infante Don Enrique, y Don Fadrique Almirante de Castilla, y Don Rodrigo Alonso Pimentel Conde de Benavente, y el Adelantado Pedro Manrique: Yo, Don Alvaro de Luna, Condestable de Castilla, respondiendo a un requerimiento por vos fecho, por el qual en efecto pedides y requerides a los Condes de Haro y de Castro, y a mí con ellos, que demos por ningunas todas y qualesquier ligas y confederaciones fechas entre el Señor Rey de Navarra, y nosotros, y cada uno de nos; y fagamos entre todos nosotros buena y honesta amistanza, guardando el tenor y forma de un capitulo que por nosotros fue otorgado, que acerca desto dispone.

Y aviendo aqui por replicado todo lo contenido en el dicho requerimiento, digo que, por el dicho Señor Rey de Navarra, y por vos el dicho Señor Infante, y por todos los susodichos fueron otorgados ciertos capitulos, los quales y assimesmo el dicho capitulo, de que en vuestra requerimiento se fasce mencion, fueron jurados por todos de se tener, y guardar, y complir.

Por ende, la merced de vos el dicho Señor Infante, ha de complir, y vos los susodichos Almirante, y Conde de Benavente, y Adelantado, assimesmo avedes de complir aquello que debedes y jurastes; ca yo presto estó de complir todo lo por mí jurado, segund que lo juré y de derecho só obligado. Lo qual fasta aqui por mí non ha cessado, nin cessa de se fascer y complir. Y esto dó por mi respuesta. Protestando que cerca del complimiento de los dichos capitulos, a mí non sea imputada culpa nin negligencia alguna, pues por mí non ha cessado nin cessa de los tener, y guardar, y complir. Y pido testimonio al presente Escribano.

Capítulo LVII
De lo que fue respondido por el Conde de Haro al requerimiento que le fue fecho sobre el desatamiento de las ligas por el Infante y Caballeros

Muy virtuoso Señor Infante Don Enrique, y Don Fadrique Almirante de Castilla, y Don Rodrigo Alonso Pimentel Conde de Benavente, y Adelantado Pedro Manrique: Yo Don Pedro Fernandez de Velasco Conde de Haro, Señor de la Casa de Salas, Camarero mayor del Rey, respondiendo a un requerimiento por vos fecho por el qual en efecto, pedides y requerides al Condestable, y Conde de Castro, y a mí con ellos, que demos por ningunas todas y qualesquier ligas y confederaciones fechas entre el Señor Rey de Navarra, y nosotros, y cada uno de nos; y fagamos entre todos nosotros buena y honesta amistanza, guardando el tenor y forma de un capitulo que por el Rey nuestro Señor y por nosotros fue otorgado, que cerca desto dispone, ofreciendo vos, que sedes prestos de dar por ningunas todas y qualesquier ligas y confederaciones fechas entre vosotros, y de fascer la dicha buena y honesta amistanza, segund el tenor y forma del dicho capitulo, queriendo guardar el juramento, y pleyto, y homenage por vosotros sobre ellos fechos.

Y aviendo aqui por relatado todo lo contenido en el dicho requerimiento, digo que por mí non ha cessado nin cessa, como a vos el dicho Señor Infante, y a vos los dichos Almirante, y Conde de Benavente, y Adelantado Pedro Manrique, es o puede ser notorio de fascer con toda diligencia y todo mi poder, porque se faga y compla lo contenido en el dicho capitulo, segund y por la forma que yo fisce pleyto y homenage de lo complir; ca yo assi, por aver fecho el dicho pleyto y homenage de mandamiento del dicho Señor Rey, y lo aver fecho el dicho Señor Rey de Navarra, y Condestable, y Conde de Castro, y despues, para que lo compla, aver avido sobre ello carta de mandamiento del Rey nuestro Señor, que se adereza al dicho Señor Rey de Navarra, y a vos el dicho Señor Infante y a nosotros los susodichos, y entendiendo que comple assi a servicio de Dios y suyo y bien publico de sus Reynos, soy presto y me ofrezco de dar y rescebir luego por ningunas todas y qualesquier ligas y confederaciones entre nosotros fechas, y de fascer la dicha buena y honesta amistanza segund el tenor del dicho capitulo, y de complir todo lo que en mí fuere acerca dello; tanto que por la merced de vos el dicho Señor Infante, y por vos los dichos Almirante, y Conde de Benavente, y el Adelantado, se faga y compla assi, y guardedes y tengades lo contenido en el dicho capitulo.

Por ende, yo pido y requiero a vos el dicho Señor Infante, y a cada uno de vosotros los susodichos, que dedes por ningunas qualesqueir ligas y confederaciones que entre vosotros y cada uno de vos son fechas; y que fagades la dicha buena y honesta amistanza, segund el tenor y forma del dicho capitulo. Y a do el dicho Señor Infante y cada uno de vos assi lo fiscieredes y complieredes, faredes lo que sodes tenudos, y prometistes, y jurastes, y fiscistes pleyto y homenage de tener, y guardar, y complir.

Y en otra manera protesto, que a mí non sea imputada culpa nin negligencia alguna, nin me pueda ser dicho que por ello só infame, nin fementido, nin haya caido en caso de menos valer, nin en otra pena alguna; pues por mí non ha cessado nin cessa de complir y fascer quanto en mí ha seido, como dicho ha, cerca de lo contenido en el dicho capitulo. Y esto dó por mi respuesta. Protestando, que si mas allende soy tenudo de fascer y complir de lo por mí susodicho, estó presto de lo fascer quando e como mejor podiere y debiere. Y pido al presente Notario que lo dé assi signado, porque se ponga al pie de lo contra mí requerido.

Y dixo, que pedia a mí el dicho Escribano que ge lo diesse assi signado y que lo notificasse luego al dicho Señor Infante, y a los dichos Caballeros. De lo qual fueron testigos, que estaban presentes, llamados y rogados, el Arcediano Don Pedro Vaca, y el Doctor Sancho Garcia de Villalpando, y Pedro Lopez su Contador.

Capítulo LVIII
De lo que fue respondido por el Conde de Castro al requerimiento que le fue fecho por el Infante y Caballeros sobre lo de las ligas

Muy excelente Señor Infante Don Enrique, y Don Fadrique Almirante de Castilla, y Don Rodrigo Alonso Pimentel Conde de Benavente, y Adelantado Pedro Manrique: Yo Don Diego Gomez de Sandoval Conde de Castro, Adelantado mayor de Castilla, respondiendo a un requerimiento por vos fecho, por el qual en efecto pedides y requerides al Condestable de Castilla Don Alvaro de Luna, y Conde de Haro Don Pedro Fernandez de Velasco, y a mí con ellos, que demos por ningunas todas y qualesquier ligas y confederaciones fechas entre el Señor Rey de Navarra, y nosotros, y cada uno de nos, y fagamos entre todos buena y honesta amistanza, guardando el tenor y forma de un capitulo que por nosotros fue otorgado, que acerca deste dispone.

Y aviendo aqui por relatado todo lo contenido en el dicho requerimiento, digo que yo me llego a la respuesta dada por el dicho Señor Rey de Navarra, y la dó por aquella mesma via y forma que Su Merced la dio; por quanto yo con aquella intencion y aquel mesmo fin que Su Merced dice y declara, firmé los dichos capitulos, y assi lo dixe y declaré al dicho tiempo. Y por aquella manera y forma que yo lo otorgué, soy presto de guardar y complir el dicho capitulo, segund y en la manera que declaré y protesté cerca del otorgamiento de los dichos capitulos. Y a mí non sea imputada culpa nin negligencia alguna; pues por mí non ha cessado nin cessa de los tener, y guardar, y complir segund en la manera que lo otorgué, y dixe, y protesté, como dicho es. Y pido testimonio al presente Escribano.

Capítulo LIX
Del replicato fecho por el Infante y Caballeros que con él eran, a la respuesta dada por el Rey sobre lo de las ligas

El dicho Señor Infante, y los dichos Almirante Don Fadrique, y Conde de Benavente, y Adelantado Pedro Manrique, replicando a la respuesta dada por el muy alto y muy poderoso Principe nuestro Señor el Rey, dixeron que ellos y cada uno dellos, avian fecho y complido, en quanto a ellos era, todos los capitulos que avian jurado, y prometido, y fecho pleyto y homenage de guardar, especialmente los capitulos incorporados en la respuesta del dicho Señor Rey.

Ca cerca del primer capitulo, dixeron que avian mandado y fecho derramar la gente de armas que se ayuntó en Valladolid, y que non estaba ende gente de armas alguna, que ellos supiesen; antes dixeron, que por la otra parte non era complido el dicho capitulo, nin avian fecho derramar la gente de armas, segund que por el dicho Rey era mandado y jurado por las partes. Ca les era fecho entender que estaba mucha gente de armas ayuntada en Arevalo, y en Medina, y en Alahejos, y en otras partes, mas de numero de ochocientos omes de armas y mucha gente armada a pie.

Y otrosi, que la gente del Conde Don Rodrigo de Villandrando non estaba en la dicha villa de Roa; antes era venida muy gran parte della a la villa de Medina del Campo y a otros lugares, contra el tenor y forma del dicho capitulo.

Y otrosi dixeron que ellos non avian fecho cosa alguna contra el otro capitulo assi incorporado en la respuesta del dicho Señor Rey, nin avian fecho, nin se fascian por su parte innovaciones algunas en las tales cibdades y villas. Nin avian embargado, nin fecho, nin consentido embargar despues del otorgamiento de los dichos capitulos, maravedis algunos de las rentas, y pechos, y derechos del dicho Señor Rey. Nin avian puesto nin fecho poner en las cibdades o villas nuevas guardas, nin tapiar, nin fecho tapiar las puertas dellas, nin dexaban de rescebir en las dichas cibdades y villas los Caballeros y otras personas vecinos dellas. Y si algunas guardas eran puestas y tapias eran fechas en las dichas puertas, que eran fechas por ordenanzas de los Regidores y vecinos de las dichas cibdades y villas por mejor conservacion dellas, y por escusar otros daños y escandalos, y por temor que avian que algunas personas querrian ir a los robar. Y si algunos Caballeros y otras personas non eran rescebidos en las dichas cibdades y villas, serian de los que estaban fuera, y non eran rescebidos en ellas al tiempo que se firmaron los dichos capitulos, y omes sospechosos y tales de que podria venir gran daño y bollicio a las tales cibdades y villas; en los qual dixeron que se non fascia innovacion alguna. Que si su Señoria mandaba rescebir en las dichas cibdades y villas los Caballeros, y Escuderos, y otras personas vecinos dellas que eran venidos a llamamientos dellos, dixeron que ge lo tenian en mucha merced. Pero dixeron que Su Merced sabria que por la otra parte eran fechas innovaciones despues del otorgamiento de los dichos capitulos; ca gente de Per Alvarez de Osorio y del Obispo su hermano, y con su favor y mandamiento avian tomado un castillo del Obispado de Leon, que tenia Pedro de Quiñones. Y otrosi, que avian acometido y acometian de tomar la ciudad de Leon y se apoderar della contra voluntad de los vecinos della. Y otrosi, se avian fecho y fascian ciertas pesquisas por Ponce Ruiz con poder del dicho Señor Rey, contra Don Enrique y contra Diego Lopez de Estúñiga en la ciudad de Toro, por cabsa de los presentes, contra el tenor y forma del dicho capitulo.

Y cerca de los que su Señoria mandaba, que guardassen y compliessen realmente y con efecto todo lo contenido en los dichos capitulos y en cada uno dellos, segund y por la forma que por ellos fueron otorgados, y eran obligados a los guardar, dixeron que ellos avian guardado todos los dichos capitulos en lo que a ellos atañia, segund susodicho avian, salvo el dicho capitulos del anular de las dichas ligas y confederaciones, y fascer la dicha buena y honesta amistanza; el qual por ellos non avia cessado de lo complir. Pero por obedecer y observar el mandamiento del dicho Señor Rey, y su servicio, y bien de sus Reynos, y lo por ellos jurado y prometido, como quier que si algunas ligas y confederaciones entre ellos eran, serian fechas en casos permissos de derecho, y por servicio del dicho Señor Rey, y por conservacion de la republica de sus Reynos, dixeron que ellos y cada uno dellos daban y dieron luego por ningunas, y anulaban, y anularon, y recindian, y recindieron, y remetian, y remitieron todas y qualesquier ligas, y confederaciones, y juramentos, y prometimientos, y pleytos, y homenages, que entre ellos y cada uno dellos estaban fechos, y todas y qualesquier clausulas que en ellos y cada uno dellos eran puestas. Las quales y cada una dellas avian aqui por expressadas, puesto que en alguna dellas se dixesse que non podiessen ser anuladas nin revocadas las dichas ligas y confederaciones, sin ser incorporadas de palabra a palabra en la anulacion y renunciacion dellas, o fuessen en ellas expressadas otras clausulas derogatorias qualesquier; las quales dixeron que avian y ovieron aqui por repetidas.

Y otrosi dixeron que estaban luego prestos para fascer la dicha buena y honesta amistanza con qualesquier que con ellos la quisieren fascer, segund el tenor y forma del dicho capitulo. Y esto dixeron que daban y dieron por su respuesta, suplicando todavia al dicho Señor Rey que fisciesse a las otras partes tener y guardar el dicho capitulo, y que non consintiesse ir nin venir contra el nin contra parte del; pues su Señoria assi lo avia jurado.

Capítulo LX
Del replicato fecho por el Infante y Caballeros a la respuesta dada por el Rey de Navarra sobre lo de las ligas

El dicho Señor Infante, y los dichos Almirante Don Fadrique, y Conde de Benavente, y Adelantado Pedro Manrique, replicando a la respuesta dada por el muy esclarescido Principe, y virtuoso Señor Rey de Navarra, dixeron que ellos y cada uno dellos avian fecho y complido, en quanto en ellos era, todos los capitulos que avian jurado, y prometido, y fecho pleyto y homenage de guardar, especialmente el dicho capitulo de las innovaciones. Ca despues que los dichos capitulos fueron otorgados y firmados, por ellos nin por alguno dellos non se avian fecho, nin fascian innovaciones algunas contra el tenor y forma del dicho capitulo.

Y a los que el dicho Señor Rey de Navarra descia en su respuesta, que fuera otorgado y concordado al tiempo que los dichos capitulos se firmaron, que las innovaciones fechas desde diez dias antes del apuntamiento de los capitulos por el dicho Conde de Benavente y por otras qualesquier personas, assi en prender omes y mugeres en los lugares de Mayorga, y Villalon, y Paredes, como en les tomar sus bienes y los echar fuera de los dichos lugares, que fuessen luego despachados y tornados al primer estado; y que dende en adelante, durante el termino de los quarenta dias en que se avian de ver los presentes negocios, non se fortaleciessen, nin basteciessen las dichas villas, nin se fisciessen en ellas otras novedades algunas; dixeron que, fablando con la reverencia debida, ellos non otorgarán nin concordarán las tales cosas nin alguna dellas, nin cosa alguna dellos se contenia en los dichos capitulos.

Y a los que el dicho Señor Rey de Navarra descia, que las personas que fueran echadas de las dichas villas non son rescebidas en ellas, nin tornados sus bienes, y que cada dia se bastecian y fortalescian las dichas villas, fasciendo en ellas verdestas y otros edificios para las mejor tener apoderadas, y que fueran echados los frayles del Monasterio de Sancto Domingo de la dicha villa de Villalon, y tomado el dicho Monasterio, fortalesciendolo y bastesciendolo: dixeron que, despues que los dichos capitulos fueron firmados, non fueran echadas personas algunas de las dichas villas nin de alguna dellas, nin tomados sus bienes. Y si antes estaban fuera y les avian tomado sus bienes, seria por los delictos por ellos cometidos y con justa causa; y en permanecer agora en aquel estado, non se fascia cosa alguna contra el dicho capitulo: antes se guardaba en todo complidamente. Quanto mas que dixeron, que en fascer ellos en sus villas y lugares edificios, y reparar y bastecer el dicho Monasterio para defension de la dicha villa de Villalon, non se podia decir ser fecha innovacion.

Mayormente que dixeron, que el dicho Señor Rey sabia muy bien que, despues que los dichos capitulos fueron firmados y otorgados, fueron tomados ciertos bienes a ciertos vecinos de Peñafiel que viven con el Almirante y con el Conde Don Pedro de Estúñiga, y los non han dexado entrar nin son rescibidos en la dicha villa, solamente por cabsa destos fechos. Y otrosi, ciertos vecinos de Portillo que viven con el dicho Conde Don Pedro de Estúñiga, non han seido rescibidos nin dexados entrar en la dicha villa de Portillo.

Y cerca de lo que el dicho Señor Rey de Navarra decia, que al tiempo del firmar de los dichos capitulos dixera y declarara, que su intencion y voluntad era, y plascia al su Señoria, desatar y dar por ningunas las dichas ligas y confederaciones por los dichos quarenta dias, dentro de los quales si los presentes negocios se non concordassen, que las dichas ligas y confederaciones non fuessen desatadas, y quedassen en su fuerza y vigor, segund que de antes estaban, y que assi lo avia su Señoria declarado al tiempo que firmara el dicho capitulo dixeron que a ellos non fuera tal cosa dicha nin declarada, nin supieran cosa alguna de lo que Su Merced descia, nin en los dichos capitulos se contenia cosa alguna dello.

Y por ende, dixeron que su Señoria debia guardar los dichos capitulos segund estaban, y segund por Su Merced fueran jurados, non acatando su proposito y voluntad; pues non fue expressado en la escriptura, y mucho menos consentido por nosotros. Y a los que Su Merced disce, que, acatando la cabsa porque las dichas ligas y confederaciones se avian de desfascer y desatar, non era necesario de se desatar, salvo por los dichos quarenta dias, dixeron que, fablando con la reverencia debida, su Señoria podia muy bien ver que, si las dichas ligas se oviessen de fascer por los dichos quarenta dias solamente, que durante aquellos cada uno fablaria con afeccion de las personas en cuya confederacion avia de quedar despues de los dichos quarenta dias; y non seria libre en la voluntad para descir y procurar lo que debia, nin se complirian nin verificarian las palabras del dicho capitulo, en que se contiene que se den por ningunas las dichas confederaciones; lo qual fue cabsa final de la disposicion del dicho capitulo.

Y a lo que el dicho Señor Rey dixera, que otros ciertos capitulos fueron por el dicho Señor Rey y por ellos otorgados, los quales debian ser antes complidos y puestos en execucion, y que ellos compliendolos y desatando las dichas novedades, Su Merced era presto de complir y guardar el dicho capitulo, segund que lo otorgó y juró, guardandose cerca dello lo que por su Señoria disce que fuera dicho y declarado: dixeron que por ellos non fueron otorgados nin firmados otros capitulos que debiessen ser antes complidos, nin puestos en execucion. Y puesto que se ellos guardaran y complieran en todo como en ellos se contenia, segund dicho era, mayormente puesto que en alguna cosa se non guardaran: dixeron que el dicho Señor Rey non tenia razonable escusa de non complir lo contenido en el dicho capitulo, pues era separado de los otros.

Y por ende, todavia dixeron que pedian y requerian al dicho Señor Rey que guardasse y compliesse lo contenido en el dicho capitulo; y en otra manera, que protestaban, segund protestado avian.

Capítulo LXI

Del replicato fecho por el Infante y Caballeros a la respuesta dada por el Condestable sobre lo de las ligas

El dicho Señor Infante, y los dichos Almirante Don Fadrique, y Conde de Benavente, y Adelantado Pedro Manrique, replicando a la respuesta dada por el dicho Don Alvaro de Luna Condestable de Castilla, dixeron que ellos avian complido y guardado todos los capitulos que por ellos fueran otorgados y jurados, en quanto a ellos era, y los debian tener y guardar. Y especialmente avian complido el dicho capitulo de que en el dicho su requerimiento se fascia mencion, segund parescia por la respuesta por ellos dada al Rey nuestro Señor; la qual dixeron que pedian y pideron a mí el dicho Escribano, que notificasse al dicho Condestable.

Y a mayormente abondamiento dixeron que, como quier que entre ellos fuessen fechas algunas ligas y confederaciones en casos permissos de derechos, y por servicio del dicho Señor Rey, y conservacion de la republica de sus Reynos; pero por complir el mandamiento fecho por el dicho Señor Rey y por guardar el juramento, y pleyto, y homenage por ellos y por cada uno dellos fecho, dixeron que daban y dieron luego ellos y cada uno dellos, por ningunas, y revocaban, y revocaron, y recindian, y recindieron, y remetian, y remitieron, todas y qualesquier ligas y confederaciones, y todos y qualesquier juramentos, y pleytos, y homenages, y prometimientos que entre ellos y cada uno dellos eran fechos, y todas y qualesquier clausulas que en ellos y en cada uno dellos eran puestos. Las quales y cada una dellas avian aqui por expressadas, puesto que en alguna dellas se dixesse que non podiessen ser anuladas nin revocadas las dichas ligas y confederaciones, sin ser incorporadas de palabra a palabra en la anulacion y revocacion dellas, o fuessen en ellas expressadas otras clausulas derogatorias qualesquier; las quales dixeron que avian y ovieron aqui por repetidas.

Y otrosi dixeron que eran y estaban prestos para fascer luego la dicha buena y honesta amistanza con qualesquier que con ellos la quisieren fascer, segund el tenor y forma del dicho capitulo.

Y por ende, dixeron que requerian y requireron al dicho Don Alvaro de Luna Condestable, que diesse luego por ningunas las dichas ligas y confederaciones, y fisciesse la dicha buena y honesta amistanza, segund el tenor y forma del dicho capitulo. En otra manera, que protestaban, segund que protestado avian.

Capítulo LXII

Del replicato fecho por el Infante y Caballeros a la respuesta dada por el Conde de Castro sobre lo de las ligas

El dicho Señor Infante, y los dichos Almirante Don Fadrique, y el Conde de Benavente, y el Adelantado Pedro Manrique, replicando a la respuesta dada por el dicho Don Diego Gomez de Sandoval Conde de Castro, dixeron que ellos daban por su respuesta y replicacion al dicho

Don Diego Gomez Conde de Castro, la respuesta y replicacion por ellos dada al Señor Rey de Navarra, y por aquella mesma forma y palabras.

Y por ende, dixeron que todavia pedian y requerian al dicho Don Diego Gomez Conde de Castro, que guardasse y compliesse lo contenido en el dicho capitulo. En otra manera, que protestaban, segund protestado avian.

Capítulo LXIII
Del replicato fecho por el Infante y Caballeros a la respuesta dada por el Conde de Haro sobre lo de las ligas

El dicho Señor Infante, y los dichos Almirante Don Fadrique, y el Conde de Benavente, y el Adelantado Pedro Manrique, replicando a la respuesta dada por el dicho Don Pedro Fernandez de Velasco Conde de Haro, el tenor de la qual es este que se sigue: [Cita la carta del Capitulo LVII] dixeron que, como quier que entre ellos fuessen fechas algunas ligas y confederaciones en caso permiso de derecho, y por servicio del dicho Señor Rey y conservacion de la republica de sus Reynos; pero por complir el mandamiento fecho por el dicho Señor Rey, y por guardar el juramento, y pleyto, y homenage por cada uno dellos fecho, dixeron que daban y dieron luego ellos y cada uno dellos por ningunas, y revocaban, y revocaron, y recindian, y recindieron, y remetian, y remitieron, todas y qualesquier ligas y confederaciones, y todos y qualesquier pleytos, y homenages, y prometimientos que entre ellos y cada uno dellos eran fechos, y todas y qualesquier clausulas que en ellos y en cada una dellas avian aqui por expressadas, puesto que en alguna della se dixesse que non podiessen ser anuladas nin revocadas las dichas ligas y confederaciones sin ser incorporadas de palabra a palabra en la anulacion y revocacion dellas, o fuessen en ellas expressadas otras clausulas derogatorias qualesquier; las quales dixeron que avian y ovieron aqui por repetidas.

Y otrosi, dixeron que eran y estaban prestos para fascer luego la dicha buena y honesta amistanza con el dicho Don Pedro Fernandez de Velasco Conde de Haro, y con los otros contenidos en el dicho capitulo, segund el tenor y forma de aquel.

Y a mayor abondamiento, dixeron que requerian y requirieron al dicho Don Pedro Fernandez de Velasco Conde de Haro, que diesse por ningunas las dichas ligas y confederaciones, segund lo ofresció y en su respuesta se contiene, y que fisciessen la dicha buena y honesta amistanza, segund el tenor del dicho capitulo. Y esto dixeron que daban y dieron por su respuesta.

Capítulo LXIV

De lo replicado por el Conde de Haro al segundo replicato a él fecho por el Infante y Caballeros sobre lo de las ligas

El dicho Conde Don Pedro Fernandez de Velasco dixo que, afirmandose en la respuesta por él dada al requerimiento al él fecho por el dicho Señor Infante Don Enrique, y por los dichos Almirante, y Conde de Benavente, y Adelantado Pedro Manrique, y que respondiendo agora al replicato por ellos fecho cerca de la dicha respuesta que el dicho Conde ovo dado al dicho requerimiento a él primeramente fecho, aceptaba el dicho replicato y respuesta por el dicho Señor Infante, y por los dichos Almirante, y Conde de Benavente, y Adelantado Pedro Manrique dada; y que le plascia della y de todo lo contenido en el dicho replicato. Y que él, queriendo complir lo que primeramente respondió al dicho requerimiento, descia y dixo que, como quier que entre el Señor Rey de Navarra, y el Condestable de Castilla, y el Conde de Castro, y el dicho Conde de Haro fueran fechas algunas ligas y confederaciones por permision y consentimiento del Rey nuestro Señor y en casos debidos de derecho, y entendiendo en aquel tiempo y sazon que se otorgaron, que complian assi a su servicio, y al bien y utilidad de sus Reynos; pero que por complir el mandamiento a él fecho por el dicho Rey nuestro Señor, por cuya auctoridad él las dichas ligas avia fecho, y por guardar el pleyto y homenage que en esta parte fecho avia, y por las cabsas y razones por él expressadas en la dicha respuesta que assi primeramente ovo dado al dicho requerimiento de que de suso se fasce mencion, que aqui avia por insertas y especificadas; y acatando de como ayer jueves, que fueron treinta dias deste dicho mes, estando en consejo en la posada del Doctor Periañez, él avia dicho y dixera al dicho Señor Rey de Navarra, y a los dichos Condestable, y Conde de Castro, de como él entendia guardar el dicho pleyto y homenage y las cosas contenidas en el dicho capitulo que fabla en razon de las dichas ligas, y darlas por ningunas, por lo que dicho avia; que agora a mayor abondamiento, dixo que daba y dio luego por ningunas y de ningun efecto todas y qualesquier ligas y confederaciones, y todos y qualesquier juramentos, y pleytos, y homenages, y fidelidades, y pacciones de qualquier manera, vigor, fuerza, misterio, y calidad que sean o ser puedan, que entre el dicho Señor Rey de Navarra, y los dichos Condestable, y Conde de Castro, y cada uno dellos y él eran fechas, y todas y qualesquier clausulas que en ellas y en cada una dellas eran puestas. Las quales y cada una dellas avia aqui por expressadas, en caso que en alguna dellas se dixesse que non podiessen ser revocadas nin anuladas las dichas ligas y confederaciones, sin ser incorporadas de palabra a palabra en la anulacion y revocacion dellas, o fuessen en ellas expressadas otras algunas clausulas derogatorias de quantoquier efecto y misterio que fuessen o ser podiessen; lo qual todo dixo, que avia aqui por inserto y declarado. Y otrosi, dixo que era presto de fascer luego la dicha buena y honesta amistanza con los dichos Señores Rey de Navarra, e Infante Don Enrique, y con los otros contenidos en el dicho capitulo, guardando en ellos aquella reverencia y prerogativa que a cada uno de los dichos Señores Rey de Navarra e Infante Don Enrique, segund su dignidad y estados dellos se debia y debe guardar, segund el tenor y forma dél.

Y que pedia a mí el dicho Notario, que notificasse al dicho Señor Rey de Navarra, y a los dichos Condestable, y Conde de Castro, lo que assi de suso dicho avia y respondido acerca del dicho capitulo. Porque como quiera que él entendia servir al dicho Señor Rey de Navarra, y complascer a los dichos Condestable y Conde de Castro en aquello, que guardando el servicio del Rey nuestro Señor a él honesto fuesse; y esto non por cabsa de las dichas ligas y confederaciones, mas antes por su propia y libre voluntad, que requeria, y suplicaba, y pedia por merced al dicho Señor Rey de Navarra, y requeria y pedia de gracia a los dichos Condestable y Conde de Castro que, guardando el tenor del dicho capitulo, lo fisciessen y compliessen assi, segund él de suso fecho y complido avia.

Capítulo LXV
Del replicato fecho por el Conde de Castro al requerimiento a él fecho por el Conde de Haro sobre lo de las ligas

Yo Don Diego Gomez de Sandoval Conde de Castro, y de Denia, y de Saldaña, y Chanciller mayor del sello secreto del Rey nuestro Señor, y

Adelantado mayor de Castilla, respondiendo al requerimiento a mí fecho por Don Pedro Fernandez de Velasco Conde de Haro, y Señor de las casas de Salas, y Camarero mayor del dicho Señor Rey; en el qual dicho requerimiento en efecto recuenta una respuesta por él dada al Señor Infante Don Enrique, y a Don Fadrique Almirante de Castilla, y a Don Rodrigo Alonso Pimentel, y al Adelantado Pedro Manrique: por el qual en efecto disce que los susodichos avian pedido y requerido al Condestable, y al él y a mí con ellos, que diessemos por ningunas todas y qualesquier ligas y confederaciones fechas entre el Señor Rey de Navarra, y nosotros, y cada uno de nos, y que fisciessemos entre nosotros buena y honesta amistanza, guardando el tenor y forma de un capitulo que por el Rey nuestro Señor y por nosotros, descian, que fuera otorgado y entregado al dicho Conde de Haro; por el qual requerimiento, que disce (como dicho es) a él ser fecho por los dichos Señor Infante y Caballeros, en efecto concluye que acepta el dicho requerimiento y que le plascia de todo lo contenido en él, y que él, queriendo complir lo que primeramente disce que ovo respondido a él, disciendo que comoquier que entre el Señor Rey de Navarra, y el Condestable de Castilla, y el dicho Conde de Haro, y mí fuessen fechas algunas ligas y confederaciones por permission y consentimiento del Rey nuestro Señor, y en casos debidos de derecho; pero por algunas razones por el dicho Conde de Haro dadas, que daba y dio luego por ningunas y de ningun efecto todas y qualesquier ligas, y juramentos, y pleytos, y homenages, y fidelidades, y pacciones de qualquier natura, vigor, fuerza, misterio, y calidad que sean, con qualesquier clausulas. Y assi, que pedia por merced al dicho Señor Rey de Navarra, y que requeria y pedia de gracia al dicho Condestable y a mí, que guardando el tenor del dicho capitulo, lo fisciessemos y compliessemos assi, segund que mas largo lo disce en el dicho requerimiento. El qual y lo en él contenido, avido aqui por inserto: digo en los que a mí atañe, afirmandome en otras respuestas, si algunas por mí y en mi nombre son dadas, y en tanto y quanto non son contrarias nin diversas de aquesta, mas en conserva y ayuda y se llegan a ella, que por quanto al tiempo que el Rey nuestro Señor me mandó firmar los dichos capitulos, estando Su Merced en el Monasterio de la Mejorada, y estando ende el dicho Señor Rey de Navarra, y el dicho Condestable, y el Arzobispo de Toledo, y el Maestre de Alcantara, y el Prior de Sanct Juan, y Ferran Alvarez Señor de Valdecorneja, y el Doctor Periañez, y Alonso Perez, y otros del Consejo del dicho Señor Rey, en presencia de todos los susodichos, delante de Diego Romero Escribano de Camara del dicho Señor Rey, llevandome a firmar el dicho Diego Romero los dichos capitulos, dixe y supliqué a la Alteza del dicho

Señor Rey que non me mandasse firmar los dichos capitulos, por quanto Su Merced sabia que yo siempre avia sido en otra opinion de lo en ellos contenido, creyendo, con reverencia fablando, non ser su servicio, nin honor, nin bienavenir de sus Reynos. Y su Señoria me respondió que por algunas cosas que le a ellos movian, él me mandaba que todavia los firmasse y jurasse. A lo qual yo, con la reverencia de suso, le supliqué que non me lo mandasse. Y todavia el dicho Señor Rey mandandomelo, yo veyendo que non podia al fascer, dixe al Señor Rey estas palabras materiales: ¿Mandaisemelo vos, Señor? dos y aun tres veces, una en pos de otra: ¿Mandaismelo vos, Señor? Y el dicho Señor Rey me respondió, disciendo expressamente que todavia, y en todo caso los firmasse y jurasse. Y luego yo, adereszando las palabras al dicho Señor Rey, con aquella homilde y subjecta reverencia que yo pude, dixe: Assi, Señor, pues que vuestra Señoria todavia los dichos capitulos me manda firmar y jurar, yo, Señor, non puedo ál fascer, si non firmarlos y jurarlos; pues assi me lo manda. Pero, Señor, con esta condicion, que vuestra Señoria me dé o mande dar una escriptura firmada de vuestro nombre, y sellada con vuestro sello, y signada del dicho Diego Romero, por la qual se muestren mis palabras, y por ellas mi intencion, y de como Vuestra Alteza me da por libre y quito de todo y qualquier desservicio, y daño, y deshonor que por cabsa de los dichos capitulos, y de qualquier dellos, agora y en todo tiempo del mundo, a vuestra persona, y Corona, y a bienavenir de vuestros Reynos y subditos naturales, venga y recrezca. Y assi bien, que los dichos capitulos fuessen avidos por non jurados nin firmados fasta yo aver en mi poder la dicha escriptura. Y assimesmo dixe, que salvaba la condicion del dicho Señor Rey de Navarra, que él avia puesto y salvado, para él cobrar lo suyo. De la qual condicion es notorio a los unos y a los otros de cada una de las partes; y assi non curé de la mas exprimir. En lo qual todo el dicho Rey nuestro Señor consentió, y otorgó y mandó al dicho Diego Romero que assi me diesse la dicha escriptura.

Por ende digo, que por lo susodicho y por lo que dello se concluye, conoscida y declarada mi intencion, non só tenudo nin obligado a lo contra mí pedido y requerido por el dicho Don Pedro Fernandez de Velasco Conde de Haro susodicho. Y assi non me entiendo partir, sin mas ver por que de qualesquier ligas y confederaciones que yo haya fecho con el dicho Rey de Navarra, y el Condestable, y el Conde de Haro susodichos, nin de otros amigos mios. Pero seyendome dada la dicha carta y escriptura firmada del nombre del dicho Rey nuestro Señor y sellada con su sello, la qual por muchas veces pedí y nunca me fue dada, yo estó presto de complir y fascer aquello que deba, segund y por la forma contenida en la respuesta del dicho Señor Rey de Navarra. A la qual en su caso y lugar me allego, y a ella me refiero en la forma susodicha.

Capítulo LXVI

Del replicato fecho por el Rey de Navarra, y Condestable, y Conde de Castro al requerimiento a ellos fecho por el Conde de Haro sobre lo de las ligas

Nos el Rey de Navarra, y Don Alvaro de Luna Condestable de Castilla, y Don Diego Gomez de Sandoval Conde de Castro, respondiendo a lo contenido en la escriptura a nos presentada por el Conde Don Pedro Fernandez de Velasco sobre la dissolucion de las ligas y confederaciones entre nos el dicho Rey de Navarra y los susodichos fechas, descimos que segund la forma de las confederaciones susodichas (las quales fiscimos por expressa permission del dicho Señor Rey y por cabsas muy complideras a servicio suyo, y paz y sossiego de sus Reynos, segund el tenor del capitulo que sobre esto dispone), la anulacion de las dichas ligas, segund y por la forma que el dicho Conde la fiszo, sin grande carga nuestra y suya, non podria por nos ser aceptada. Mayormente, que para desatar las dichas ligas, debian y debieron preceder y ser complidas otras cosas por las personas a cuya instancia y requisicion el dicho Conde Don Pedro Fernandez parece aver querido desatar las dichas ligas y confederaciones; las quales non precedieron nin fueron complidas. Pero fasciendose y compliendose por el dicho Conde Don Pedro Fernandez lo que cerca de la dicha anulacion fascer se debe, segund y por la forma que él es obligado, nos somos prestos a fascer lo que debemos.

Y esto damos por nuestra respuesta, non consintiendo en cosa alguna de lo fecho y pedido por el dicho Conde Don Pedro Fernandez.

Capítulo LXVII

Del segundo replicato fecho por el Conde de Haro al replicato fecho por el Conde de Castro sobre lo de las ligas

Yo Don Pedro Fernandez de Velasco Conde de Haro, Señor de la Casa de Salas, Camarero mayor del Rey, repondiendo y replicando a un escripto de respuesta a mí dado por Don Diego Gomez de Sandoval Conde de Castro y de Denia, y Señor de Saldaña, y Chanciller mayor del Rey, y Adelantado de Castilla, en respuesta de un requerimiento por mí el dicho Conde de Haro fecho al dicho Conde de Castro, incluso en una respuesta que assimesmo yo ove dado al Señor Infante Don Enrique, y a Don Fadrique Almirante de Castilla, y Don Rodrigo Alonso Pimentel Conde de Benavente, y al Adelantado Pedro Manrique, sobre razon de las ligas y confederaciones que entre el Señor Rey de Navarra, y el Condestable de Castilla, y el dicho Conde de Castro, y mí se disce ser fechas, segund y por la forma que se fasce mencion en un capitulo que sobre esta razon el Rey nuestro Señor ovo prometido y jurado de guardar y tener, y assimesmo el dicho Rey de Navarra, y los dichos Condestable, y Conde de Castro, y yo, segund mas largamente ovo passado por ante Juan Fernandez de Melgar, Escribano del dicho Señor Rey, a lo qual todo me refiero.

Y aviendo aqui por inserta la respuesta dada por el dicho Conde de Castro al dicho requerimiento por mí a él fecho, el qual en efecto disce que non es tenudo de se partir de las dichas lianzas por ciertas razones en la dicha su respuesta contenidas; las quales avidas aqui por expressadas: digo que todavia el dicho Conde de Castro debe fascer lo que por mí a él pedido y requerido sobre la dicha razon, y que buena y honestamente non se puede escusar por lo que assi disce y alega, por esto que se sigue:

Lo primero, por non lo aver dicho y alegado nin contestado a mí el dicho Conde en tiempo y en forma debidos, y quando, y como, y dentro del termino y tiempo que debiera. Ca digo que, si el dicho Conde de Castro tales palabras dixo al Rey nuestro Señor, y condicion puso con Su Alteza, debiera notificarlo y facerlo saber a mí, assi por yo ser uno de aquellos contenidos en los dichos capitulos, y que tenia que dar por ningunas las dichas ligas y confederaciones, como se fasce mencion en el capitulo que en esta razon fabla, como otrosi y principalmente por quanto por cabsa y razon de los dichos capitulos, y de lo en ellos y en cada uno dellos contenido, yo di Seguro, y guyage, y salvoconducto a los Señores Rey de Navarra, y al Infante Don Enrique, y al Condestable de Castilla, y al Almirante Don Fadrique, y al dicho Conde de Castro, y al Conde de Benavente, y al Adelantado Pedro Manrique, para que podiessen venir a esta villa de Tordesillas y poder estar en ella por termino de quarenta dias, como mas largamente se fasce mencion en los dichos capitulos; y porque los firmaron, y juraron, y fiscieron pleyto y homenage de los assi tener y complir las personas en ellos contenidas al dicho Rey nuestro Señor, excepto yo, que fisce solamente pleyto y homenage. El qual dicho Seguro de otra guisa yo non diera nin fisciera, nin aun de mí non se confiaran las personas a quien yo le di, y especialmente el dicho Señor Infante, y los dichos Almirante, y el Conde de Benavente, y el Adelantado Pedro Manrique, y las personas que con ellos vinieron; lo qual por ellos assimesmo es dicho y afirmado.

Lo otro, por quanto yo nunca sope nin a mí noticia vino, que el dicho Conde de Castro tales palabras oviesse dicho al Rey nuestro Señor, y que tal condicion oviesse puesto con Su Alteza, como por él es afirmado, fasta que agora por él se disce y afirma, que es assi, nin que dando mi palabra y certinidad como la di, segund el cargo que sobre estos fechos me fue dado a Señores de tantos estados y dignidades, como son los dichos Señores Rey de Navarra, e Infante Don Enrique, y despues a los dichos Condestable, y Almirante, y Conde de Benavente, y Adelantado Pedro Manrique, en que se darian las dichas lianzas y confederaciones por ningunas y de ningun efecto, y se compliria lo contenido en el dicho capitulo y los otros capitulos por el Rey nuestro Señor y por las otras personas en ellos contenidas jurados, y so esta esperanza y fin los dichos Señores y Caballeros oviessen aqui venido a esta villa de Tordesillas, non se fisciesse nin compliesse assi.

Lo otro, por quanto, puesto que afirmado por el dicho Conde de Castro oviera assi passado, digo que esto non lo escusa de tener y complir lo contenido en el dicho capitulo, como él podiera bien, si quisiera, aver la dicha escriptura del dicho Diego Romero, de antes que el Rey nuestro Señor oviesse venido a esta villa de Tordesillas; y si la non ovo, fue por su culpa y cabsa. Quanto mas que digo, que si la aver querrá luego prestamente, si assi passó o por otra alguna forma, la podrá aver y non será de menos efecto agora que se le fuera dada luego, como disce, que por él fue pedida. Y pues la intencion del dicho Conde de Castro, segund él disce, fue que los dichos capitulos por él jurados y firmados non oviessen efecto fasta que la dicha escriptura le fuesse dada, digo que pues él la puede luego aver, si querrá, y assi será complida la condicion por él puesta, él debe tener y complir lo contenido en el dicho capitulo que fabla en razon de las dichas lianzas, y fascer lo que por mí le fuere requerido.

Lo otro, por quanto, como al dicho Conde de Castro es notorio, qualesquier ligas y confederaciones que entre el Señor Rey de Navarra, y el Condestable, y él, y mí, y entre cada uno de nos, oviesse passado, sería por auctoridad y consentimiento del Rey nuestro Señor, o a lo menos por su permission; y despues Su Alteza las avia y ovo expressamente revocado y anulado, y revocó y anuló, assi por el juramento y otorgamiento de los capitulos, como despues por letra suya mostrada a todos nosotros en Consejo, como por la respuesta que Su Alteza dio al requerimiento a Su Merced en este caso fecho por el dicho Señor Infante, y por los dichos Almirante, y Conde de Benavente, y Adelantado Pedro Manrique, entendiendo que assi complia a su servicio, y al bien comun, y pacifico estado de sus Reynos. Lo qual bastaria y bastó para que las ligas y confederaciones non oviessen, nin hayan, nin tengan vigor nin efecto alguno, y para que las yo podiesse revocar y anular, segund que revoqué y anulé. Mayormente que digo, que la revocacion y anulacion fecha por el dicho Rey nuestro Señor seria y fue despues de lo que disce y afirma el dicho Conde de Castro, que dixo y notificó a Su Merced y Alteza; y seyendo cierto y certificado, que sin embargo de aquello era complidero a su servicio de fascer, segund que fiszo y mandó fascer la dicha revocacion y anulacion de las dichas ligas y confederaciones. Y aun el dicho Conde de Castro fue y es visto de se partir y partió de lo assi por él sobre esta razon fablado y afirmado; pues despues juró y fiszo pleyto y homenage de revocar y dar por ningunas las dichas ligas, segund que en el dicho capitulo se fasce mencion, y por otros muchos autos contrarios y repugnantes a lo que él primeramente en esta razon disce, que dixo y fabló. Y assi digo, que sin embargo de lo respondido por el Conde de Castro, lo qual en cosa alguna non excluye lo por mí a él requerido, todavia lo debe fascer y complir assi, segund por mí le fue pedido y requerido; pues vee quanto es servicio a Dios, y del dicho Señor Rey, y bien comun, y pacifico estado de sus Reynos, y como por non se fascer, se cessa de se entender en los otros negocios tan complideros a su servicio. Lo qual otra vez a mayor abondancia, con el zelo y deseo de lo susodicho, le pido y requiero que faga y compla assi, y quiera revocar, y anular, y revoque, y anule las dichas ligas y confederaciones, y faga y compla todo lo contenido en el dicho mi requerimiento.

Protestando, que si los debates, y bollicios, y escandalos que al presente son en los Reynos y Señorios de nuestro Señor el Rey non se libraren y determinen por aquellos a quien son cometidos, segund se fasce mencion por los dichos capitulos, non sea visto, que sea por culpa nin negligencia mia; pues yo he fecho y complido todo lo que en mí ha seido lo contenido en el dicho capitulo por el dicho Rey nuestro Señor en esta parte a mí mandado, sobre que yo fisce el dicho pleyto y homenage; nin el dicho Rey se pueda tomar a mí nin a mis bienes. Y pido testimonio.

Capítulo LXVIII
Del segund replicato fecho por el Conde de Castro al replicato a él fecho por el Conde de Haro sobre lo de las ligas

El dicho Conde de Castro y de Denia, replicando y respondiendo al escripto a él enviado por el dicho Conde de Haro, en respuesta y replicacion de otra que el dicho Conde de Castro fizo a un requerimiento que el dicho Conde de Haro primeramente le fizo, como suso es contenido en el dicho requerimiento y respuesta, el tenor de lo qual todo avido aqui por inserto y declarado; y afirmandose en lo por él y en su nombre dicho y respondido, fablando con aquella paz, y honestidad, y amor que debe al dicho Conde de Haro y a sus amigos, disce que, sin embargo de lo contrario dicho y alegado, lo por él respondido ha lugar y le escusa quanto a Dios, y al Rey nuestro Señor, y a todos sus amigos, y al mundo. Ca disce que todo aquel que algun bien fasce o quiere fascer, lo fasce y ha de fascer a alguna fin bueno, y a aquel mirar primero, y non solamente a buen fin, mas a buena intencion. Y a aquesto disce aver mirado en qualquier amistanza y amor que con qualquier persona del mundo oviesse tratado y fecho. En la qual amistanza entiende que fue y debe ser el principal fin por servicio de Dios, que es llamado primera intencion, y despues de su Rey, y de la cosa publica, y dende ayuso por segund intencion. Y que por aquesta cabsa, él entendiendo que la dissolucion y anulacion de la dicha amistanza obraria contrario efecto, segund lo que por él dicho y declarado al dicho Señor Rey; por tanto disce, que con aqueste temor dixo las palabras susodichas al dicho Señor Rey, y vino compulso y forzado por el dicho mandamiento del dicho Señor Rey a fascer él juramento, aunque con la dicha condicion del dicho Señor Rey de Navarra. Y como en qualesquier lianzas y confederaciones siempre sea salvo el servicio de Dios y de su Rey, por estar firmes aquellas, non se puede escusar; nin aquellas le fuerzan de non fascer qualquier seguridad, assi como el dicho Conde de Haro fiszo.

Otrosi, disce que non le fue necessario notificarlo nin decirlo antes que le fuesse demandado y sobre ello requerido. Mayormente que lo dixo en tanta presencia y en tal lugar, que causa y fasce el fecho notorio; lo qual le escusó y escusa. Mayormente, fablando a ley de Caballero ignorante de las leyes y sotilezas dellas, con justa causa pudo pensar que la presencia del dicho Señor Rey, de cuyo perjuicio y servicio principalmente se trataba, suple toda solemnidad y defecto; quanto mas, asistente su Consejo, y tantos y tan notables Prelados, Condes, y Caballeros, y otros muchos. Y assi dicho, que el ignorar y non saber del dicho Conde de Haro en este caso a él non le daña nin impide para la conclusion de los fechos, nin assimesmo para la seguridad que disce. Quanto mas que Dios y el mundo conosce que él non vino, nin ha estado, nin está en tal disposicion, para que por su estada persona alguna non debiese assegurar; y assi, cessante la causa del temor, cessar debe su efecto. Y disce que non sabe quien le pueda reprochar en querer él guardar a sus amigos con buena y honesta amistanza a servicio de Dios, y del Rey, y bien, y honor de sus amigos y de la republica, como él professa.

Y la dicha carta y escriptura disce que él non la ovo nin la pudo aver del dicho Diego Romero, non embargante que por él fue requerido al dicho Diego Romero por muchas veces; lo qual disce que puede bien probar por él y por otros. Y si hoy él ge la da, él disce, que está presto de la recebir, non embargante que en la escusa suya de non dar por ningunas y anular qualesquier ligas y confederaciones honestas que él haya fecho, assi con el dicho Señor Rey de Navarra, como con el Condestable, como con el dicho Conde de Haro, y otro sus amigos, concurran, como dicho ha, otras mas mayores casos que la dicha condicion, porque disce ser escusado de non las anular.

Lo primero, porque disce que él non vee, como primeramente dixo, que bien nin que servicio se siga y haya seguido dello en respecto de nuestro Señor, y de su Rey, y bien de sus Reynos, y paz, y sossiego de aquellos; antes disce que cree lo contrario por algunos efectos que se han seguido con aquel esfuerzo despues aca.

Lo segundo está la compulsion a él fecha por el dicho Señor Rey, por cuyo temor disce que non solamente él mas otro mas constante, aunque fuesse salvo de toda reverencia, a vergüeña suya podria y debria caer. Y están assimesmo las dichas condiciones: la primera de la dicha carta para su saneamiento; la segunda assimesmo para bien y utilidad de los fechos, que es la condicion y respuesta del dicho Señor Rey de Navarra, a la qual disce que se allegó, y allega, y refirió, y refiere en quanto es en conserva, y ayuda, y non contraria de sus respuesta; y assi disce, que con esta salva se allega a todas las otras respuestas.

Y assi disce el dicho Conde de Castro, que él non tiene cabsa nin ocasion para se partir de sus amigos, mas para conservarlos; pues non vee para adelante aparencias nin muestras de mayor bien del susodicho, nin mayor amistanza; mas por ventura, instigando el enemigo antiguo como siempre acostumbró, de discordar a los concordes, mayormente aquellos que en mayor amor y unidad de amistanza falla. Pero a mayor abondamiento, porque el dicho Conde de Castro sea escusado, disce que él es presto de fascer de dos cosas una: la primera, que pues se disce que la dissolucion de las dichas ligas y anular de aquellas se fasce a fin que la divission y discordia que hoy es, se torne en buena union, y amistanza, y paz, y concordia, si por ventura aqueste efecto de paz y concordia non se siguiere, que estén en su fuerza y vigor las primeras amistanzas, que son buenas y honestas, como se confiessa y non niega; non embargante, como ha dicho, averlo otorgado compulso y forzado. Ca aun de razon natural y de derecho está, sin poner esta condicion, si las dichas ligas y confederaciones son buenas y honestas, como es confesado, y se quitan a fin de otras mejores y de mayor bien, si aquellas no se siguen, que deben restar y quedar las primeras; ca en otra manera, natura y virtud obrarian en defecto, y privacion, y vanidad, y en no ser, que es del todo contrario a natura, y a toda moralidad y civilidad.

Y si esto non basta y satisface, que está presto, segund lo que por él es alegado y entiende probar, de estar a lo que dixeren Letrados y Caballeros sin sospecha, porque dél nunca se pueda descir en tiempo del mundo, dando la gloria al Señor, de quien todo bien procede, que él busca ocasiones por se partir de sus amigos. Ca él quiere ser antes llamado forzador de amor y amistanza, que non pusilanimo y temoroso de aquel o aquella. Y assi disce y concluye lo por él dicho aver lugar; y assi protesta, y disce como de suso, sin embargo de los contrario alegado, pidiendo testimonio.

Capítulo LXIX
Del tercero replicato fecho por el Conde de Haro al replicato a él fecho por el Rey de Navarra, y Condestable, y Conde de Castro, sobre lo de las ligas

Yo Don Pedro Fernandez de Velasco Conde de Haro, Señor de la casa de Salas, Camarero mayor del Rey, respondiendo a lo contenido en la respuesta a mí presentada por parte del Rey de Navarra, y assimesmo de Don Alvaro de Luna Condestable de Castilla, y Don Diego Gomez de Sandoval Conde de Castro, a la notificacion y requisicion por mí a ellos fecha; y otrosi a la replicacion fecha y dada por el dicho Conde de Castro sobre razon de la anulacion de las ligas y confederaciones que entre el dicho Rey de Navarra y entre nosotros eran, guardando un capitulo cerca dello por el dicho Rey de Navarra y por ellos jurado, y por mí fecho pleyto y homenage. Digo, fablando con reverencia del dicho Señor Rey, y assimesmo con honor de los susodichos, que las razones por ellos dadas para en escusacion de la dicha anulacion de las dichas ligas, non han lugar assi segund derecho, como de buena honestidad, por las razones que se siguen.

Lo primero, porque, puesto que las dichas ligas se fisciessen, como ellos discen, por la permission y mandamiento de nuestro Señor el Rey, y por cosas muy complideras a su servicio, y paz y sossiego de sus Reynos: digo que pues Su Merced despues de aquello juró el dicho capitulo y mandó anular todas las dichas ligas, paresció quitar y quitó la tal permission y mandamiento, conformando su voluntad con las leyes de su Reyno, que cerca desto fablan, y entendiendo que es su servicio que las dichas ligas y confederaciones cessen. Y querer usar de tal permission y mandamiento paresceria claro, segund lo por Su Merced jurado en el dicho capitulo y mandamiento, mas querer usar de voluntad que de complir su mandamiento, nin aquello que él entiende ser mas servicio de Dios, y suyo, y bien de sus Reynos. Y segund esto, bien paresce que suya y mia, lo que yo fisce en la dicha anulacion non podria passar, non avria lugar; antes es claro tomar la tal carga los por quien queda de se fascer, seyendo passado tanto tiempo de los quarenta dias en que Su Merced cometió tan grandes cosas a los deputados, sin entender en ellas cosa alguna. Y si por la dicha cabsa se cessan de entender y concluir, son los fechos a punto de se romper, de que puede venir irreparable desservicio a Dios, y suyo, y de sus Reynos.

Lo segundo, que pues yo, por mandamiento del Rey nuestro Señor, fisce pleyto y homenage que desde el dia que aqui en Tordesillas entrasse, diesse por ningunas y anulasse las dichas lianzas, lo qual paresce ser aprobado por el dicho Señor Rey de Navarra, y Condestable, y Conde de Castro; pues fue por ellos firmado, y sellado, y jurado, y sobre ellos despues intervino segunda y tercera vision del dicho Señor Rey; seria a mí cosa deshonesta el non guardar mi pleyto y homenage, allende de estar assi de derecho. Y fecho el dicho juramento, y pleyto, y homenage, los unos nin los otros non eran nin son tenudos de guardar las dichas ligas; antes de las anular, como yo las anulé. Mayormente que, puesto caso que por el Rey nuestro Señor non fuesse fasta hoy mandado, se devria mandar que estas y todas las otras ligas se desatassen; pues es notorio que es servicio de Dios, y suyo, y bien y pacifico estado de sus Reynos.

Y cerca de lo que se disce, que para desatar las dichas ligas debieran preceder otras cosas por aquellos a cuya requisicion se disce fascerse, digo que dexo por honestidad mia de declarar aquellos por quien ha cessado de se fascer. Y quanto a los que se disce, que compliendo yo lo que cerca de la dicha anulacion fascer debo, segund y por la forma que soy obligado, son prestos a fascer los que deben, digo que yo entiendo aver fecho y fascer todo lo que debia y debo cerca de la dicha anulacion, assi por derecho como por honestidad y guarda de pleyto y homenage entre Caballeros. Y si mas só tenudo, presto só de lo fascer quanto de derecho y honestidad de caballeria debo.

Y suplico al dicho Señor Rey de Navarra y al dicho Señor Infante, y assimesmo pido a los susodichos Condestable, y Conde de Castro, y a los otros Caballeros, que cessante mas dilacion, anulen luego las dichas lianzas y fagan todas las otras cosas contenidas en los dichos capitulos, que fasta aqui non son complidas, porque se pueda entender en las otras cosas contenidas en los dichos capitulos en que tanto va a servicio de Dios, y del dicho Señor Rey, y bien de sus Reynos; porque por cabsa de non se fascer como dicho es, non vengan en sus Reynos irreparables daños. De lo qual a mí non sea imputada culpa nin carga alguna; pues por mí non ha cessado nin cessa de se fascer, y aver echo la dicha anulacion y las otras cosas que a mi cargo fueren.

Y esto dó por mi respuesta, non consintiendo en cosa alguna de lo fecho y pedido por el dicho Señor Rey de Navarra y por los susodichos. Y pido testimonio.

A seis dias de agosto del año del Nascimiento de nuestro Señor Jesu Christo de mil y quatrocientos y treinta y nueve años, el dicho Conde Don Pedro Fernandez de Velasco dio esta respuesta sobredicha por ante mí Garci Gonzalez de Salcedo, Notario publico de la cibdad de Palencia; y otorgó poder complido a Pedro Fernandez de Sancta Maria, para que en su nombre y en mi presencia lo notificasse al dicho Señor Rey de Navarra, y a los dichos Condestable y Conde de Castro. De lo qual fueron testigos, que estaban presentes, el Arcediano Pero Vaca y Ferrando de Velasco hermano del dicho Conde, y Pero Lopez su Contador, y otros.

Y despue desto en el Monasterio de Sancta Maria la Real de Medina del Campo, viernes a siete dias de agosto, año susodicho, estando presente el dicho Señor Rey de Navarra, en presencia de mí el dicho Notario y testigos de yuso escriptos, paresció presente el dicho Pedro Fernandez de Sancta Maria, y fizo leer en presencia del dicho Señor Rey lo sobredicho y ge lo notificó. Y luego el dicho Señor Rey dixo que él daria su respuesta. Y el dicho Pedro Fernandez en nombre del dicho Conde de Haro pidiólo signado. Testigos, que fueron presentes, Ruy Diaz de Mendoza, y Mosen Pero Vaca, y Pero de Quexana, y Bartolome de Rios Secretario del dicho Señor Rey, y otros.

Y despues desto, y en la villa de Arevalo, sabado ocho dias del dicho mes y año sobredicho, estando presente el dicho Condestable en presencia de mí el dicho Notario y testigos de yuso escriptos, paresció presente el dicho Pedro Fernandez en el dicho nombre; y por mí el dicho Notario fiszo leer lo sobredicho en presencia del dicho Condestable, y ge lo notificó y pediólo signado. Y el dicho Condestable dixo que le tornaria su respuesta, Testigos, que fueron presentes, el Arzobispo de Toledo, y el Obispo de Segovia, y Fernando Diaz de Toledo.

Y despues desto en la villa de Tordesillas a once dias del dicho mes de agosto del dicho año, en presencia de mí el dicho Notario, estando presente el dicho Conde de Castro, paresció el dicho Pedro Fernandez de Sancta Maria, y fizo leer lo sobredicho por mí el dicho Notario, y ge lo notificó; y en el dicho nombre dixo que lo pedia signado todo en como avia passado, para guarda del derecho del dicho Conde de Haro y suyo en su nombre. Y luego el dicho Conde de Castro dixo que tornaria su respuesta. Testigos, que fueron presentes, Lorencio Borrin, y Juan de Ferrera fijo del Mariscal Pero Garcia, y Garcia de Victoria Repostero de la plata del dicho Conde de Castro.

Y yo el dicho Garcia Gonzalez de Salcedo Notario publico sobredicho, que con los dichos testigos fui presente a todo lo sobredicho, a pedimiento del dicho Pedro Fernandez escribí y fisce escribir todo lo que dicho es en estas tres fojas de papel de quarto de pliego, y en fin de cada plana señalé la señal de mi rubrica acostumbrada; y fisce aqueste mi signo, en testimonio de verdad. A las quales requisiciones nunca por ellos mas fue replicado.

Capítulo LXX
En que se contiene lo que el Rey mandó al Conde de Haro y al Doctor Periañez, que fablassen como de suyo al Almirante, y al Conde de Benavente, y al Adelantado

Visto el Rey como por lo determinado non se fascia concordia alguna, mandó al Conde de Haro que tomasse consigo al Doctor Periañez, y moviessen como de suyo al Almirante, y Conde de Benavente, y Adelantado, que dixessen lo que les parescia, para el bien de la concordia en las cosas a todos los ocho cometidos, señaladamente en aquellas dos cabsas que ellos avian sentido en la una y en la otra parte, porque cessaba la concordia.

Y su respuesta de los Caballeros fue que la cabsa principal y final porque ellos se avian movido en los presentes negocios, era la libertad de su Reyno. Y quando en aquello se oviesse dado la orden que complia a su servicio, que ellos eran prestos en aquellas cosas y en otras que a ellas y a sus gastos tocaban, tener tal manera que Su Merced viesse que ellos se llegaban a quanto razon fuesse por su servicio.

Capítulo LXXI
De lo que el Conde de Haro y el Doctor Periañez despues desto fablaron con el Almirante y con el Conde de Benavente, assi sobre las equivalencias, como sobre otros puntos porque la concordia cessaba; y como el Rey, y el Rey de Navarra, y el Condestable se partieron de Tordesillas para Medina

Acatando como ninguna cosa non se concordaba y el tiempo del Seguro de los quarenta dias se passaba, fue movido por mandado del Rey, por el Conde de Haro y por el Doctor Periañez al Almirante, y al Conde de Benavente, y al Adelantado Pedro Manrique, que quanto a las villas que avian sido del Rey de Navarra, al Rey plasceria de le dar equivalencia, y que las dexasse el Rey de Navarra. Y que quanto al regimiento del Reyno a él plasceria que por tiempos serviessen en su Consejo todos los Grandes del Reyno, tantos un tiempo como otro, con cuyo consejo todos los fechos del Reyno se fisciessen. Y quanto a los processos que contra ellos se avian fecho, que a él plasceria de los anular. Y quanto al sueldo que ellos avian gastado, le plascia de les mandar fascer alguna ayuda de costa. Y quanto a los libramientos ordinarios, que le plasceria, esto fecho, de luego los mandar librar.

Y por ellos fue respondido que, quanto a las equivalencias, aunque razon non avia porque las tomar mas que los otros de su Reyno; pero que si las otras cosas se igualassen, como compliesse a su servicio, y libertad, y buen regimiento de su Reyno, a ellos fasciendose, segund debia, por su servicio las equivalencias, les plasceria de las tomar. Y quanto a que todos los Grandes por tiempos serviessen, que les parescia muy buena via, tanto que luego el Condestable en el primer tiempo saliesse, pues por él era ocupada su libertad; y aunque despues viniesse a servir su tiempo, que viniesse como otro Grande del Reyno. Y que a los processos, que ge lo tenian en merced, aunque non fascian dellos tanta mencion por entender que non avia lugar. Y quanto a lo del sueldo, les debia ser librado, segund lo avian gastado por le servir, y lo al non era razonable. Y quanto a lo de los libramientos ordinarios, que do a Su Merced le ploguiesse, non avia mas porque se detener; pues non era su servicio, y era claro que, despues non avria do se librassen.

Y fecho dello relacion al Rey, y despues por su mandado con ellos mucho platicado, nunca se pudo tomar conclussion, assi por el Rey non venir en la salida del Condestable, como por non le parecer honestas algunas cosas de las suso pedidas. Por lo qual el Rey se tornó a Medina del Campo, disciendo que iba a ver a la Reyna su muger. Y luego de alli envió a llamar al Condestable, el qual como llegó a él a Medina, se partieron para el Principe. Y con esto non podieron aver efecto ningunas de las cosas movidas para la paz y sossiego del Reyno; ca luego el dia que el Condestable partió para el Rey a Medina, partió el Rey de Navarra, sin dexar ninguna conclussion en los negocios.

Capítulo LXXII
De las cosas que despues que el Rey llegó a Medina del Campo acontecieron, y como por cabsa dellas envió llamar al Conde de Haro, y el Conde fue

Llegado el Rey a Medina y venido el Condestable, y despues partido para Arevalo donde el Principe estaba, y despues venido el Rey de Navarra, el Rey movió al Rey de Navarra, presentes los de su Consejo que alli eran, que él queria partir para la cibdad de Avila para la allanar; por quanto le descian que estaba levantada y sin su obediencia, en punto de se perder. Y el Rey de Navarra le respondió que le suplicaba que lo non quisiesse fascer, pues sabia los tan grandes bollicios que en su Reyno avian seido y eran, para pacificacion de los quales él era venido a la villa de Tordesillas y dada la comission, para entender en la pacificacion de su Reyno al Infante su hermano, y al él y a su Condestable, y a otros Grandes del Reyno, segund de suso se fasce mencion. Por ende, que le ploguiesse de tornar a la dicha villa de Tordesillas, porque se diesse paz y sossiego en sus Reynos; pues las cosas alli igualadas, la cibdad de Avila y todas las otras cibdades serian llanas a su servicio.

Y quando el Rey vio que tanto escandalosa era su partida, respondió que él non lo fascia si non por entender que assi complia a su servicio y a la pacificacion de sus Reynos. Pero pues a él y a los otros del su Consejo que alli eran, parescia que non se debia fascer, a él le plascia de lo dexar y tornar a la villa de Tordesillas. Y con esta determinacion se partió el Rey de Navarra para su possada. Pero discese que despues a dos o tres horas de la noche vinieron a descir al Rey de Navarra que el Rey secretamente queria partir, y que algunos actos que ante le eran dichos, que el Condestable en contra dél fascia y tenia fechos, eran casi en conclussion. Por recelo de lo qual él ovo de poner ciertas guardas en la villa y puertas della, y fascer luego viernes seguiente otros actos en contra de los que con el Condestable alli eran. De lo qual el Rey avido enojo, escribió luego al Conde de Haro por su letra, de la qual su tenor es escripto debaxo deste capitulo. La qual vista por el Conde, dexando el recabdo que convenia en las villas de Tordesillas y Simancas, puso luego en obra su partida. Y sabido todo esto por los Procuradores del Reyno que a la sazon alli eran, se entreposieron a fablar assi con el Rey como con el Rey de Navarra; y concertaron los capitulos que debaxo deste capitulo son escriptos.

Y llegado el Conde cerca de la villa de Medina del Campo con fasta quinientos omes de armas y quinientos ballesteros, el Rey le envió mandar que se passasse a la puerta de la villa, que era junta con su possada, y que alli dexasse su gente con su hermano Ferrando Velasco, y él con ciertos Caballeros y Escuderos entrasse a le fascer reverencia; por quanto queria fablar con él a tener consejo, que es lo que complia a su servicio de fascer en los presentes negocios. Y luego puesto assi en obra por el Conde, salió a él Juan de Silva Alferez mayor del Rey, y Perafan Adelantado mayor de Andalucia. Y quando llegó al Rey, fue dél muy bien rescibido, desciendole que, aunque esto fascia, avia él siempre tenido y tenia gran confianza en su lealtad, como la avian tenido y visto por obra los Reyes sus antepasados en los donde él venia; y que él esperaba en Dios que este servicio y los otros muchos que él le avia fecho y fascia de cada dia, ge lo conoceria con muy señaladas mercedes. Y el Conde le besó las manos, teniendogelo en mucha merced. Y despues de le aver contado el Rey como las cosas avian passado y el Conde dicho su parescer, de su licencia él fue a fascer reverencia a la Reyna y al Rey de Navarra; mandandole que, apossentada su gente a la parte facia Sancta Maria de las Dueñas de fuera del arrabal, se tornasse a cenar con él y a dormir a su palacio. Lo qual se fizo assi, sin otra cosa de contar fasta otro dia, salvo tanto que aquella noche se determinó que Su Merced partiesse luego otro dia de mañana para Tordesillas. Y como el Conde el sabado partió, partieron luego tras él el Infante, y el Almirante, y el Conde de Benavente, y el Adelantado Pedro Manrique, porque el Rey les avia escripto de la manera en que estaba, segund susodicho es. Pero como fueren a dos leguas, ovieron mandado del Rey que se tornassen para Tordesillas, pues Su Merced, como el Conde llegasse, se entendia tornar; lo qual fiscieron assi.

Capítulo LXXIII
En que se contiene la carta que el Rey envió al Conde, de Medina del Campo

Conde: hoy viernes yo ove sabido que los fechos en Avila se paraban peor de lo que estaban; y aun me fue enviado descir que todavia complia a mi servicio que yo por mi persona fuesse alli. Y fablé sobre ello con el Rey de Navarra, el qual me respondió que le parescia que era bien. Y despues dende a poco tiempo vino a mí el Obispo de Palencia e Iñigo Lopez, disciendo que nin para alla, nin a Tordesillas, nin para otra parte yo non debia partir de aqui, nin complia a mi servicio. Y por mí fue respondido, si a él assi parescia, que a mí plasceria de los fascer assi. Y luego en la tarde, non recelando de cosa alguna, el dicho Rey de Navarra mandó tomar las llaves de las puertas de la villa y cerrar todos los portillos en que non avia tan buena guarda, y poner guardas a las puertas y en la villa, y assimesmo por fuera della, y otrosi aqui al rededor del palacio, donde yo estó; en tal manera que non dexan entrar nin salir ninguno.

Fago vos lo saber, a fin que veais como se guarda lo que comple a mi servicio. Y lo que vos, segund quien sois, y la fidelidad que me debeis, y la confianza que siempre en vos tove y tengo, y sois tenudo de fascer por vuestro Rey y Señor natural en semejante caso, yo vos ruego que en tal tiempo non fallezca de se fascer.

Yo estó aqui en la torre de encima de la plaza con fasta diez omes de armas, y cinco o seis ballesteros. Y si por fuerza me quisieren entrar la torre, entiendo defenderla fasta que non mas pueda, aunque la vida me cueste.

Capítulo LXXIV
De los capitulos que acordaron los Procuradores entre el Rey y el Rey de Navarra en Medina

El Rey nuestro Señor dé tal seguridad qual sea bastante. Y su Señoria non parta desta villa fasta que el Conde de Haro venga. Y él venido, vaya el dicho Señor Rey a Tordesillas, segund la forma del capitulo que sobre esto Su Merced otorgó, aviendo su Señoria libre facultad para poder ir.

Item, que en el palacio del Rey nuestro Señor esté la gente que ende está agora, do Su Alteza ploguiere. Que esté dentro en el dicho palacio, y non salga dende a otra parte. Nin otra gente de armas de pie nin de caballo de mas de aquella non entre ende, salvo sus oficiales, y de la Señora Reyna, fasta en numero de quarenta oficiales.

Item, que el Señor Rey de Navarra faga tal seguridad qual sea bastante, para que él, nin otro por él, nin otra persona alguna de su consentimiento non fará movimiento de ir al palacio del dicho Señor Rey por su persona, nin con gente, nin en otra manera sin licencia del dicho Rey nuestro Señor; por manera que él sea cierto, que será assi.

Item, que mande que toda su gente de armas y de pie se quite de cerca del palacio del Rey nuestro Señor. Y que tanta quanta será menester para guardar las puertas de la villa, porque non entre gente de fuera, nin salga de la villa, la pueda tener de dia y de noche, dando lugar todavia que los que vinieren con el Rey nuestro Señor con cartas o mensagerias puedan entrar, y quando por Su Merced fueren respondidas, se puedan ir. Y assimesmo pueda enviar Su Merced sus cartas y mensageros; y que esto dure cinco dias. Pero si el Conde de Haro viniere, y él venido, partiere Su Merced, que non hay lugar este tiempo.

Y otrosi, que el dicho Señor Rey de Navarra non meta nin consienta meter gente alguna en la dicha villa de Medina, nin cinco leguas en deredor della, fasta que el dicho Conde venga y el dicho Señor Rey sea en el dicho lugar de Tordesillas, salvo la de Sancho de Londoño.

Y otrosi, que non sea tomada nin embargada cosa alguna contra su voluntad a las personas que están con el dicho Señor Rey, quier sean de Su Merced o de otras qualesquier personas que andan en su corte; y lo tomado sea tornado luego con efecto. Y las tres mil doblas del Rey nuestro Señor que se embargaron, sean luego tornadas.

Capitulo LXXV
De la manera que se tovo en la partida del Rey de Medina para Tordesillas

Otro dia lunes, el Conde se levantó muy de mañana y fizo venir toda su gente a la puerta de la villa, que es junto con las possadas del Rey de Navarra, donde el Rey possaba. Y dexado alli con ella a su hermano Ferrando de Velasco con ciertos caballeros y Escuderos de su casa y los ballesteros que a él bien visto fue, se vino al Rey. Y suplicó a su Señoria de parte del Rey de Navarra que ge lo avia assi enviado rogar, que lo ploguiesse que él saliesse aforradamente a fablar con Su Merced fuera de la villa, porque fasta alli non avia plascido a Su Merced de dar lugar a la fabla. Y él lo otorgó y se partió en esta manera. El Conde salió luego encima de un caballo delante y fizo poner, assi los Caballeros y Gentiles Omes como los ballesteros que con él avian venido, delante de la puerta de la villa, apartando mucha gente que delante de la possada del Rey estaba, para ver como Su Merced avia de partir. Y luego el Rey salió vestido honestamente en una acanea blanca; y luego los omes de armas fueron puestos en sus espaldas, y los ballesteros delante, y el Conde a la mano izquierda. Y assi fueron tocando las trompetas fasta salir de la villa y fasta llegar a donde estaba Ferrando de Velasco con la gente del Conde. Y fecha por él y por todos los otros la reverencia debida a Su Merced, la gente fue ordenada de tal manera, que iba en reguarda y alas del Rey. Y yendo en esta manera, salió el Rey de Navarra y con él el Conde de Castro aforradamente, segund dicho es; y dixo al Rey como él queria con él fablar delante los dichos Condes. Lo qual al Rey plugo; y luego se apartó en una gran plaza que se fizo en torno a la gente de armas, a le oir; de tal manera, que entre la gente y ellos non era otra persona.

Y luego el Rey de Navarra dixo: "Señor, he visto el enojo que vuestra Señoria ha avido por el recabdo y guarda que yo he mandado poner en esta villa por algunas cosas, que fui certificado que el Condestable contra mí trataba, o mas verdaderamente tenia tratadas, non mirando quanto yo por él he fecho; entendiendo que en ello vos fascia servicio y plascer, mostrandome por ello parte formada contra tanto debdo mio y servidores vuestros; en tanto grado, que mi conciencia y fama por ello non está mejor. Por ende, yo suplico a vuestra Señoria, pues que sabe como, seguiendo las pisadas del Señor Rey mi padre, tio vuestro, en bien de vuestros Reynos, yo siempre aquello segui y entiendo seguir, y assi lo deseé en quanto fuera destos Reynos estuve; de lo qual es experiencia que como a vos, Señor, plugo mi ayuda y servicio para la pacificacion de vuestro Reyno, olvidadas qualesquier cosas passadas contra mí fechas, lo puse luego en obra, y venido en vuestros Reynos he seguido vuestro plascer y servicio con tanta buena voluntad, como Vuestra Merced ha visto. Por ende, Señor, yo vos pido por merced, que si alguna quexa de lo susodicho ha avido, aquella quiera perder, y a mí quiera tener en aquel grado que los debdos mandan, y primero tenia. Mandando, si a vos verná en plascer, que yo vaya con vuestra Señoria, porque los negocios de vuestro Reyno, sobre que se ha comenzado a fablar, se vean y determinen, como compla a vuestro servicio; pues mi voluntad, Señor, siempre fue y será al servicio vuestro y bien de vuestros Reynos."

El Rey le respondió: "Primo, en yo tener enojo de la manera que por vos tenida, non vos debedes maravillar; pues sabedes bien, que acatando yo a todas essas cosas que por vos son dichas, yo me vine a vuestra casa assi afortunadamente, como veniera a casa del Señor Rey mi padre. Por lo qual, aunque algunas cosas del Condestable vos fueron dichas, vos debierades por vuestra honestidad, estando yo en vuestra villa, y venido yo, como dicho he, mirar otra manera. Mayormente, primo, que yo creo bien que el Condestable non faria cosa contra vos, que non debiesse. Y yo el sentimiento que tengo, para verdad fablar, non podria assi ligeramente aver perdido; y esto será, primo, segund las obras que de aqui en adelante viere. Y vos debedes quedar aqui con la Reyna mi muger vuestra hermana, fasta que yo vos envie descir lo que avedes a fascer."

Y aunque assi el Rey de Navarra, como despues los Condes replicaron a Su Merced cerca desto, siempre el Rey quedó en esta conclussion. Lo qual assi passado, el Rey de Navarra suplicó al Rey que mandasse al Conde de Haro que le diesse salvoconducto para su ida. Lo qual por el Rey mandado, el Conde le seguró de le dar. Y luego el Rey se partió, y con él el Conde con su gente. Y como el Rey llegó cerca de Tordesillas, el Infante, y el Almirante, y el Conde de Benavente, y el Adelantado Pedro Manrique le salieron a recebir. Los quales fueron por el Rey muy bien fablados, y fueron con él fasta le poner en su possada, la gente en la reguarda, y el Infante a la mano derecha, y el Conde a la mano izquierda. Y de alli se despidieron del Rey para ir a sus possadas.

Capítulo LXXVI

Porque venido el Rey a Tordesillas, non se pudo fablar en los presentes negocios. Y como vino alli la Reyna, y se acordó la ida del Rey a Castronuño

Llegado el Rey a Tordesillas y mandado el Conde de Haro y de Castro, porque el Doctor Periañez era muy enojado, que en los presentes negocios fablassen con el Infante y con los otros Grandes que con él alli eran: aunque muchas veces sobre ello fueron ayuntados, como la comission para entender en los dichos negocios fuesse dada, segund arriba se fasce mencion, al Rey de Navarra, e Infante, y Condestable, y Almirante, y Condes de Haro, y de Castro, y de Benavente, y Adelantado Pedro Manrique, y alli non fuessen el Rey de Navarra y el Condestable, ovose ante de todas cosas de entender en su venida. Pero como quiera que la venida del Rey de Navarra fue por él muy procurada, y por el Conde de Haro para ella dado salvoconducto, segund segurado lo avia, y suplicado al Rey que della lo ploguiesse, non plugo al Rey dello, antes le envió descir y rogar, con assaz sentimiento de las cosas passadas, que fasta que él le escribiesse, él se quisiesse detener en Medina. El qual sentimiento se mostrara en obra, salvo que el Conde de Haro, en quanto en él fue, lo escusó quanto pudo. Y visto por la Reyna como la venida del Rey de Navarra cessaba, y assimesmo la del Condestable cessaria fasta mas ser allanados los negocios, pensando todavia dar alguna buena conclussion en ellos, con acuerdo del Conde vino a Tordesillas. Y aunque en la venida del Rey de Navarra y en la concordia de los negocios ella trabajó mucho, non se pudo tomar otra conclussion, salvo que el Rey determinó, passados los quarenta dias del Seguro del Conde, ir a Castronuño y llevar a la Reyna consigo. Y que el Rey de Navarra estoviesse en Medina, y el Infante y los Caballeros que con él eran, en Sanct Roman de Orguija. Y el Conde de Haro fuesse con él con cierta gente de armas y ballesteros para poder tener la plaza segura e intervenir en nombre suyo por medianero en las vistas que entre aquellos Señores y el Condestable se oviessen de fascer para dar alguna conclussion en los presentes negocios. Lo qual todo sabido por el Rey de Navarra, y por el Infante, y por los otros Señores de su opinion, y conocido como durante la divission entre ellos, ninguna buena conclussion en los negocios non podia aver, nin el apartamiento del Condestable por algunos dellos al Rey suplicado podria aver efecto, se comenzó a fablar, y se concluyó en que todos fuessen juntos en la amistanza, para que unanimes y de una voluntad trabajassen en los dichos negocios, segund mas compliesse a servicio de Dios, y del Rey, y bien de sus Reynos.

Capítulo LXXVII
De la fabla que el Conde fizo al Rey, quando determinó la partida para Castronuño, poniendola en obra

Despues que el Conde vio que el Rey avia determinado su partida para Castronuño y la ponia en obra, y el tiempo del Seguro por él dado por su mandado espiraba, dixo al Rey:

"Señor, pues Dios me ha fecho tanta merced, que este Seguro en nombre de Vuestra Alteza por mí dado, tan bien se ha guardado; y aunque en él Señor-- fablando con vuestra reverencia-- assi por non aver plascido a vuestra Alteza venir en algunas cosas que le son suplicadas, como por las platicas que algunos han tenido, siguiendo mas sus propios intereses que el servicio vuestro, nin la paz y sossiego de vuestros Reynos, los debates que en ellos son, non son del todo quitados; pero la gente de armas, que por tantas partes en vuestros Reynos era ayuntada, de que tanta destruccion en ellos podiera venir, es casi derramada, y los debates son en tal estado que vos, Señor, en ello vos mostrando como Rey y Señor mostrar se debe, sin intervenir mano armada, mediante Dios se podrán expedir segund compla a servicio vuestro, y paz y sossiego de vuestros Reynos. Yo suplico a Vuestra Alteza, assi por la indisposicion de mi salud, que Vuestra Alteza sabe como porque mas presto con toda mi gente pueda estar para vuestro servicio, me dé licencia que yo pueda repossar en mi tierra; pues segund los negocios van, yo he gran rescelo, si Vuestra Alteza en ellos otra mente non se muestra, que han de venir en tal rotura, que sea muy mala de reparar; de que non queria (pues por servicio vuestro en la destorvar he fecho mi poder), que seyendo mas presente, me fuesse della, sin culpa mia, dada alguna carga."

El Rey le respondió: "Conde, yo vos tengo en muy señalado servicio el trabajo, que en este Seguro avedes tomado y la diligencia que avedes puesto por dar paz y sossiego en mis Reynos. Y yo vos ruego y mando, si servicio e plascer me desseades fascer, que continuando vuestro trabajo en tal tiempo non vos partades; antes con cierta gente de armas y de pie vuestra, que yo deputaré, vades comigo a Castronuño, para que en vuestro Seguro se puedan ver mi Condestable y los otros grandes de mis Reynos, porque en nombre mio, vos seyendo a todo presente, se pueda dar en los debates que entre ellos son, aquella conclussion que comple a mi servicio."

Lo qual por servicio suyo por el Conde aceptado, el Rey aprobando complidamente ser guardado el Seguro del Conde, segund yuso es escripto, se partió para Castronuño. Y luego el Seguro passado, entregadas Tordesillas y Simancas a los Alcaldes y oficiales dellas, el Conde se partió para el Rey a Castronuño, y Ferrando de Velasco con su gente, por el Rey para lo susodicho deputada, para Morales cerca de Toro.

Capítulo LXXVIII
En que se contiene la carta que el Rey dio, aprobando ser complidamente guardado el Seguro por el Conde de Haro dado en Tordesillas; y como los oficiales de Tordesillas y Simancas tomaron los lugares

En la villa de Tordesillas a veinte y un dias de agosto, año del Nascimiento de nuestro Señor Jesu Christo de mil y quatrocientos y treinta y nueve años; en presencia de mí, Luis Garcia de Hita Escribano de nuestro Señor el Rey y Notario publico en la su Corte y en todos los sus Reynos; y otrosi, en presencia de mí Garcia Gonzalez de Salcedo Escribano assimesmo del dicho Señor Rey y su Notario publico en la su Corte y en todos sus Reynos, y de los testigos de yuso escriptos: este dicho dia, estando el Consejo, Alcaldes, y Oficiales y Omes Buenos de la dicha villa ayuntados en su Consejo dentro de los palacios del dicho Señor Rey que son es esta villa, y seyendo para ello primeramente llamados a son de campana tañida, segund que lo han de uso y de costumbre; y especialmente estando alli presentes Juan Sanchez, y Ferran Muñoz Alcaldes en la dicha villa, y Juan Ruiz Regidor, y Rodrigo Alonso Procurador, y Alvar Sanchez, y Ruy Fernandez, y Ruy Gonzalez, y Ferran Sanchez de Vallejo, y Juan Alonso, y Alonso Fernandez de Quesa, y Juan Ruiz de Villa Rio-mayor, y Pedro Fernandez Garavato, y Martin Fernandez Alderete, y otros muchos Omes Buenos vecinos de la dicha villa; paresscieron luego presentes el Doctor Sancho Garcia de Villalpando Oydor del dicho Señor Rey, y Garcia Gonzalez de Lusio, Alcaldes que eran del dicho Señor Rey en la su Corte y en la dicha villa de Tordesillas por el poder por el dicho Señor Rey dado al Conde Don Pedro Fernandez de Velasco; y presentaron y fiscieron luego leer en presencia del dicho Consejo, y Alcaldes, y Oficiales, y Omes Buenos de la dicha villa de Tordesillas, que presentes estaban, una carta del dicho Señor Rey firmada de su nombre y librada de Diego Romero su Secretario, su tenor de la qual es este que se sigue:

"Don Juan, por la gracia de Dios Rey de Castilla, &tc. Por quanto yo ove mandado entregar la villa de Tordesillas y el lugar de Simancas, aldea de Valladolid, a vos, el Conde Don Pedro Fernandez de Velasco, para que toviessedes la dicha villa y lugar por ciertos dias y tiempo, por razon que vos el dicho Conde por mi licencia y poder que para ellos ovistes, distes Seguro, y guyage, y salvoconducto al Rey de Navarra, y al Infante Don Enrique, y a Don Alvaro de Luna mi Condestable de Castilla, y a otros ciertos Caballeros y personas que comigo y con el dicho Rey de Navarra e Infante Don Enrique vinieron a la dicha villa de Tordesillas, sobre ciertas cabsas y negocios de que se fasce mencion en ciertos capitulos y escripturas que sobre esta razon ovieron passado; y vos el dicho Conde de Haro me ovistes fecho pleyto y homenage por la dicha villa de Tordesillas y lugar de Simancas, segund mas largamente se fasce mencion en ciertas escripturas que sobre esta razon ovieron passado. Y por quanto yo agora entiendo partir, y parto de la dicha villa de Tordesillas, a mí plasce que vos dexedes la dicha villa y el dicho lugar de Simancas a los Alcaldes y Regidores y Oficiales y Omes Buenos de la dicha villa y del dicho lugar, para que ellos los tengan en mi nombre y para mi servicio.

"Por ende, por esta presente carta alzo y quito una, y dos, y tres veces, todos y qualesquier pleytos, y homenages, y prometimientos, y fidelidades que por vos me hayan seido, y fueron fechas sobre la tenencia y guarda de la dicha villa y del dicho lugar, de qualquier y quantaquier fuerza, vigor, calidad, o misterio que sean; por quanto vos el dicho Conde fiscistes y complistes todo lo que por vos fue prometido cerca del dicho Seguro, y tovistes y guardastesla dicha villa y lugar a mi servicio, por el tiempo y termino que por mí vos fue mandado. Y porque desto seades cierto, firmé esta carta de mi nombre y mandéla sellar con mi sello.

"Dada en Tordesillas a veinte dias de agosto, año del Nascimiento de nuestro Señor Jesu Christo de mil y quatrocientos y treinta y nueve años. Yo el Rey. Yo Diego Romero la fisce escribir por mandado de nuestro Señor el Rey."

Y leida y presentada la dicha carta, luego los dichos Doctor Sancho Garcia y Garci Gonzalez dixeron al dicho Consejo, Alcaldes, Oficiales y Omes Buenos de la dicha villa, que obedesciessen la dicha carta del dicho Señor Rey en todo y por todo. y segund que en ella se contenia. Y en compliendola, que se oviessen por entregados de la dicha villa, y de lo alto y baxo della. Ca ellos dixeron que ge la entregaban en nombre del dicho Conde y por él. Y assi fasciendolo, dieron y entregaron luego tres llaves de las puertas de la dicha villa y dos candados con ellas a los dichos Alcaldes. Al los quales, y al dicho Consejo y Oficiales y Omes Buenos dixeron que les pedian y requerian, que de aqui adelante posiessen recabdo en la dicha villa y la toviessen bien guardada para fascer della lo que el dicho Señor Rey mandasse para su servicio. Y luego los dichos Alcaldes, Regidores, y Procuradores, y Oficiales y Omes Buenos de la dicha villa que presentes estaban, dixeron que obedescian y obedescieron la dicha carta del dicho Señor Rey con la mayor reverencia que podian y debian, como carta de su Rey y Señor natural, a quien Dios dexasse vivir y reynar por muchos tiempos y buenos, Amen. Y que estaban prestos de la complir en todo y por todo, segund que en ella se contiene; y en compliendola, que tomaban y tomaron luego las dichas llaves de la dicha villa de manos de los dichos Doctor Sancho Garcia y Garci Gonzalez en nombre del dicho Conde, y que se avian por entregados de la dicha villa y de lo alto y lo baxo della, y que estaban prestos de la tener y guardar para el dicho Señor y para faser della y en ella lo que Su Alteza mandasse, como buenos y leales subditos, y naturales vassallos suyos. Y desto todo en como pasó, los dichos Doctor Sancho Garcia y Garci Gonzalez de Lusio dixeron que lo pedian assi por testimonio, para guarda y conservacion del dicho Conde. Testigos, que fueron presentes, Alvaro de Villalpando criado del dicho Doctor, y Bernal de Olmedo, y Juan Rodriguez Perayle, y Ruy Garcia, y el dicho Toribio Rodriguez, vecinos de la dicha villa de Tordesillas.

Y yo el dicho Luis Garcia de Hita Escribano y Notario publico susodicho a todo lo que de suso se fasce mencion, en uno con el dicho Garci Gonzalez de Salcedo Escribano del dicho Señor Rey, y con los dichos testigos presente fui, y vi como en mi presencia y suya dellos los dichos Doctor Sancho Garcia y Garci Gonzalez de Lusio dieron y entregaron con sus manos en nombre del dicho Señor Conde las dichas tres llaves y candados en manos y poder de los dichos Alcaldes. Los quales se ovieron por entregados y contentos de todo ello y de la dicha villa, y de lo alto y baxo della. Y a ruego y pedimiento de los dichos Doctor Sancho Garcia y Garci Gonzalez fisce aqui mi signo: En testimonio de verdad. Luis Garcia.

Y yo el dicho Garci Gonzalez de Salcedo Notario publico sobredicho, en uno con los dichos testigos y con el Notario lo sobredicho, que en este contrato signó de su signo, fui presente a todo lo sobredicho. Y a pedimiento de los sobredichos fisce escribir lo sobredicho, y fisce aqui este mi signo: En testimonio de verdad. Garcia Gonzalez.

Y por esta manera fue entregado el lugar de Simancas.

Capítulo LXXIX
Como despues de llegado el Rey a Castronuño, vino el Condestable y se concertó la vista entre él y el Almirante, y el Adelantado Pedro Manrique, y el Conde de Benavente, so el Seguro del Conde de Haro

Despues que el Condestable vino al Rey a Castronuño luego fue acordado que en el lugar de Villafranca, que era casi en el medio entre Castronuño y Sanct Roman, donde el Infante Don Enrique y con él el Almirante, y Conde de Benavente, y Adelantado Pedro Manrique estaban, el Condestable, y el Almirante, y Conde de Benavente, y Adelantado Pedro Manrique, que veinte cavalgaduras de mulas de cada parte, sin espadas (salvo el Condestable y el Almirante, que por assi ordenado, las llevaban) se viessen en presencia del Conde de Haro so seguro por el poder yuso escripto para ello por el Rey y a él dado. Lo qual assi fecho, estando entorno dellos Ferrando de Velasco hermano del dicho Conde, con la gente de armas y de pie para el Seguro de las vistas deputada, y entregadas primeramente por el Condestable y Almirante las espadas al Conde, despues de muchas altercaciones, la conclussion fue: que assi sobre lo que se fablaba del apartamiento del Condestable, como de las equivalencias que se avian de fascer al Rey de Navarra y el Infante, y de la enmienda que al Infante se avia de fascer en compensacion del tiempo que avia tenido el Maestrazgo de Santiago el Condestable, como sobre otras cosas tocantes al regimiento del Reyno, se ayuntassen el Conde de Benavente y el Adelantado Pedro Manrique, y en nombre del Condestable, Juan de Silva Alferez mayor del Rey, y Alvaro Perez su Contador mayor, y el Doctor Garci Lopez de Truxillo en Sanct Roman, presente el Conde de Haro en nombre del Rey nuestro Señor, porque en ello se diesse la conclussion que complia a servicio de Dios, y suyo, y bien de sus Reynos.

Y con esto partieron el Condestable y el Conde de Haro a Castronuño, do estaba el Rey; y el Almirante, y Conde de Benavente, y Adelantado Pedro Manrique a Sanct Roman, y con ellos Ferrando de Velasco hermano del Conde de Haro, con cierta gente de armas.

Capítulo LXXX
En que se contiene el Seguro que el Conde dio para las vistas de Villafranca entre el Condestable, y el Almirante, y el Conde de Benavente, y el Adelantado Pedro Manrique, incorporado en él, el poder que para ello el Rey le dio

Sepan quantos esta carta vieren como yo, Don Pedro Fernandez de Velasco Conde de Haro, Camarero mayor de nuestro Señor el Rey y del su Consejo, por razon que el dicho Señor Rey mandó dar una su carta firmada de su nombre y sellada con su sello, y assimesmo firmada del Infante Don Enrique su muy caro y muy amado primo, y sellada con su sello, y firmada de los nombres de ciertos Caballeros y personas de su Consejo en ella contenidos y sellada con sus sellos, el tenor de la qual es este que se sigue:

Don Juan, por la gracia de Dios Rey de Castilla, &tc. Por quanto yo, entendiendo ser assi complidero a mi servicio, y al bien publico, y paz y sossiego de mis Reynos, fue y es mi merced que Don Alvaro de Luna, mi Condestable de Castilla y Conde de Sanct Estevan, y Don Fadrique mi primo, mi Almirante mayor de Castilla, y Don Rodrigo Alonso Pimentel, Conde de Benavente, y Pedro Manrique mi Adelantado mayor del Reyno de Leon, todos del mi Consejo, vayan a se ver en uno, y a platicar, y entender cerca de los fechos presentes y del bienavenir de aquellos, al lugar de Villafranca. Y que el dicho Condestable y los que con él fueren, sean fasta veinte cavalgaduras, y que los dichos Almirante, y el Adelantado, y el Conde, y los que con ellos vinieren, sean fasta otras veinte cavalgaduras, en manera que todos sean fasta quarenta cavalgaduras. Y que vayan sin espadas y otras armas algunas, excepto el mi Condestable y otro qualquier de los susodichos qual a ellos mas ploguiere, que lleven sendas espadas, las quales hayan de dexar antes que entren en el dicho lugar en poder del Conde Don Pedro Fernandez de Velasco, mi Camarero mayor y del mi Consejo, a quien yo mando tener el dicho lugar, como adelante se dirá. Y que assi los unos como los otros vayan todos en mulas, excepto el dicho mi Condestable y otro qualquier de los susodichos, que vayan en sendos caballos.

Y assimesmo es mi merced que el dicho Conde de Haro vaya al dicho lugar con cient omes de armas y cient omes de pie, para que él tenga el dicho lugar y esté apoderado dél; porque los susodichos, que assi han de ir a se ver y entender cerca de lo susodicho, puedan estar seguros que les non será fecho mal, nin daño, nin prision, nin otra sinrazon alguna de fecho; y para que, si acaesciere que qualquier de los susodichos quebrantare el Seguro y promesa, que los unos a los otros se farán, segund que en adelante se conterná, el dicho Conde dé favor y ayuda con su persona y con su gente al que guardare el dicho Seguro, a lo defender y amparar, que de fecho non reciba de la otra parte nin de otro alguno muerte, nin lesion, nin ofensa, nin deshonra, nin mengua alguna a todo su leal poder.

Por ende, por la presente, de mi cierta sciencia y poderio real absoluto, mando y dó licencia y libre, llenero, complido, y bastante poder a vos, el dicho Conde de Haro, para que por mí y en mi nombre, y de mi parte, y por mi auctoridad, y por vos mesmo podades segurar, y yo por la presente asseguro a los dichos Don Alvaro de Luna mi Condestable, y el Almirante mi primo, y el Conde de Benavente, y el Almirante Pedro Manrique, y a cada uno dellos, fasta en numero de las dichas quarenta cavalgaduras, como dicho es. Y quiero y mando que dure y vala fasta el sabado primero que verná, que serán veinte y nueve dias deste mes de agosto, fecha de la data desta mi carta, yo non faré, en quanto estovieren y fueren al dicho lugar los susodichos en cada uno de los dias del dicho tiempo, nin mandaré fascer nin consentiré ser fecho mal, daño, injuria, nin ofensa alguna a los sobredichos, nin a alguno dellos, nin a los que con ellos estovieren o fueren al dicho lugar, fasta en el dicho numero, por mí nin por interpositas personas directa nin indirectamente, nin ascondida nin publicamente. Nin pueden ser presos, arrestados, detenidos, secuestrado, ocupados, o embargados; antes que puedan ir y estar en el dicho lugar durante el dicho tiempo, y se partir del dicho libre y seguramente.

Y por esta mi carta mando al Infante Don Enrique mi muy caro y muy amado primo, y assimesmo mando a todas y qualesquier personas de qualquier estado, ley, condicion, preminencia, o dignidad que sean, de los mis Reynos y Señorios, y so pena de la mi merced, y de los cuerpos, y de quanto han, que guarden, y tengan, y complan en todo y por todo, segund dicho es, el dicho Seguro que yo dó, y vos el dicho Conde de mi parte y por vos mesmo dieredes a los susodichos y a cada uno dellos, como y en la manera que dicha es, en quanto estovieren en el dicho lugar durante el dicho tiempo. Lo qual puedan fascer cada y quando entendieren ser complidero a mi servicio.

Y mando y dó licencia a vos, Conde, para que en el caso que los susodichos o qualquier dellos non tovieren, nin guardaren el dicho Seguro, o tentaren de lo quebrantar, que ayudedes a defender y defendades a la parte obediente, y fagades todo vuestro leal poder, por manera que de fecho non resciba ninguna de las partes muerte, nin lesion, nin ofensa ninguna de persona que sea.

Y mando a los dichos Condestable, y al Almirante, y al Adelantado Pedro Manrique, y al Conde de Benavente, que se den los unos a los otros, y los otros a los otros, durante este tiempo, seguro de que non se farán, nin consentirán fascer, nin permitirán ser fecha *directe nin indirecte*, por sí, nin por interpositas personas, ofensa, nin injuria, muerte, nin lesion; mas que se tratarán, durante el dicho tiempo de las dichas vistas, buena y honestamente, y que non llevarán mas que las dichas quarenta cavalgaduras por todos en la forma que dicha es; y que observarán, y ternán, y complirán la dicha seguridad y salvoconducto que vos el dicho Conde de Haro dieredes de mi parte y por vos mesmo a todos los sobredichos y a cada uno dellos.

Y juro y prometo a nuestro Señor Dios, y a la Virgen Sancta Maria su madre, y a esta señal de Cruz †, y a las palabras de los sanctos quatro Evangelios, tocados por mí corporalmente, y fago voto solemne a la Casa sancta de Jerusalén, y pleyto y homenage una, y dos, y tres veces, segund la costumbre de mis Reynos, en manos de vos el dicho Conde, de tener y guardar, y fascer tener, y guardar, y complir a los dichos Condestable, y al Almirante, y al Conde de Benavente, y al Adelantado Pedro Manrique, y a todos los otros mis subditos y naturales del dicho Seguro, segund que vos el dicho Conde por mí y por vos mesmo lo dieredes y otorgaredes a buena fe y sin mal engaño, cessante toda fraude, cautela, y simulacion, so las penas puestas a los quebrantadores de juramentos, y votos, y pleytos, y homenages.

Y mando y dó licencia a vos el dicho Conde de Haro, para que podades resistir de fecho, y por otras qualesquier vias y maneras que sean o ser puedan, a qualquier o qualesquier personas de qualquier estado, o condicion, preminencia, o dignidad que sean, que lo contrario quisieren fascer, y los apremiar, y compeler a que lo tengan, y guarden y complan en todo y por todo, segund dicho es.

Y nos el dicho Infante Don Enrique, y los susodichos Condestable, y Almirante, y Adelantado Pedro Manrique, y Conde de Benavente, y assimesmo los otros que aqui firmamos nuestros nombres, conosciendo lo susodicho, por el dicho Señor Rey a nos mandado complir a su servicio, juramos por nuestro Señor Dios, y a la gloriosa Virgen Sancta Maria, y a los quatro Evangelios tocados con nuestras manos corporalmente, y fascemos voto solemne, y pleyto, y homenage una, y dos, y tres veces en manos de vos el dicho Conde, de observar, y tener, y complir todo lo en la presente carta de vos el dicho Señor Rey contenido, y cada cosa y parte dello, y el Seguro que vos el dicho Conde por virtud della, y por nos, y en nuestro nombre, y por vos mesmo dieredes y fiscieredes a nos los dichos Condestable, y Almirante, y Conde de Benavente, y Adelantado Pedro Manrique; y de non fascer, nin venir, nin permitir, nin consentir fascer, nin venir al dicho Señor Rey, nin a otra persona alguna, contra él en todo nin en parte, aunque oviessemos expresso contrario mandamiento del dicho Señor Rey; pues él nos da licencia y auctoridad para ello. Antes resistiremos de fecho, y contrastaremos, y daremos todo favor y ayuda a vos el dicho Conde, para resistir y contrastar a qualquier o qualesquier personas que lo contrario quisieren fascer, con nuestras personas, y con nuestras gentes, y vassallos, y seremos en ayuda de vos el dicho Conde para que guardedes el dicho Seguro, como dicho es.

De lo qual todo, yo el dicho Rey, y assimesmo yo el dicho Infante, y nos los susodichos, por mandamiento de vos el dicho Señor Rey, firmamos aqui nuestros nombres y posimos aqui nuestros sellos.

Dada y fecha a veinte y seis dias de agosto, año del Nascimiento de nuestro Señor Jesu Christo de mil y quatrocientos y treinta y nueve años. Yo Diego Romero la fisce escribir por mandado de nuestro Señor el Rey. Yo el Rey. Registrada. Nos el Maestre. Yo el Condestable. Yo el Conde. El Almirante. El Conde. Pedro Manrique. Yo el Conde. Pedro de Ferrera. Pedro Sarmiento. El Adelantado.

Por ende, yo el dicho Don Pedro Fernandez de Velasco Conde de Haro, queriendo complir el mandamiento a mí fecho por el dicho Señor Rey sobre la dicha razon por su auctoridad y mandamiento, por virtud de la dicha carta del dicho Señor Rey suso incorporada, y por vos los dichos Condestable, y el Almirante, y el Adelantado Pedro Manrique, y el Conde de Benavente, y los otros Caballeros contenidos en la dicha carta del dicho Señor Rey que en ella firmaron y posieron sus sellos; y por mi mesmo seguro por la presente a vos los dichos Condestable, y Almirante, y Conde de Benavente, y Adelantado Pedro Manrique, y a cada uno de vos y a las dichas cavalgaduras que assi han de ir con vosotros al dicho lugar de Villafranca, fasta en numero de las dichas quarenta cavalgaduras, como dicho es, cada y quando alli fueredes, y en quanto en el dicho lugar estovieredes durante el dicho tiempo; para que vos non sea fecho por el dicho Señor Rey, nin por su parte, nin por su mandado, nin por otra persona alguna de qualquier estado, o condicion, preminencia, o dignidad que sean, directamente nin indirectamente, publicamente nin ascondidamente, muerte, nin lesion, nin ofensa, nin injuria de fecho en vuestras personas, nin de los que con vos assi han de venir, como dicho es. Nin seredes arrestados, nin detenidos, nin secuestrados, nin ocupados; antes podades venir y estar en el dicho lugar y partir dél libre y seguramente sin empacho nin contradiccion alguna, cada que quisieredes, durante el dicho tiempo. Nin seades acusados, nin denunciados, nin demandados, nin reptados por el Procurador Fiscal del dicho Señor Rey, nin por otra persona alguna, en ninguna que sea, en quanto en el dicho lugar estovieredes, segund y en la manera que en la carta del dicho Señor Rey suso incorporada se contiene. Y si alguno quisiere ir o tentare de ir contra este dicho Seguro de fecho, que yo ge lo resistiré, y contrastaré, y lo non consentiré quebrantar en manera alguna a todo mi leal poder. Pero si acaesciere (lo que Dios non quiera), que vos los susodichos o alguno de vos o de los que con vos fueren o otra qualquier persona quisieredes de fecho tentar de quebrantar el dicho Seguro, que yo ayudaré y daré favor por mi persona y con toda la gente que toviere, a la parte obediente; por manera que, de fecho a todo mi leal poder, ninguna de las partes non resciba mal, nin daño, nin ofensa, nin mengua, nin deshonra alguna, como y en la manera que dicha es; y que esto faré, y compliré, y guardaré, cessante todo fraude, y cautela, y engaño que ser pueda. Lo qual, y cada cosa y parte dello, fago pleyto y homenage en manos de vos el dicho Señor Rey, una, y dos, y tres veces, segund costumbre de vuestros Reynos, de tener, y guardar, y complir, y de non ir, nin venir, nin passar contra ello, so las penas en que caen aquellos que son quebrantadores de pleytos y homenages. Y por mayor firmeza firmé aqui mi nombre y puse aqui mi sello. Que fue fecha a veinte y seis dias de agosto, año del Nascimiento de nuestro Señor Jesu Christo de mil y quatrocientos y treinta y nueve años.

Capítulo LXXXI
Como se apuntó en la salida del Condestable y en las equivalencias del Rey de Navarra e Infante

Ayuntados, segund dicho es, el Condestable, y el Conde de Benavente, y el Adelantado Pedro Manrique, y el Alferez, y el Doctor, presente el Conde de Haro, fue comenzado a fablar en los negocios. Y luego por el Conde de Benavente y el Adelantado fue dicho que, pues los debates que en el Reyno avia eran nascidos por procurar la libertad del Rey, la qual ocupaba la estada del Condestable en su Corte; que antes que en otra cosa se fablasse para que alguna concordia oviesse, era necessario su partida, en la qual luego se diesse orden; y assimesmo en las equivalencias que al Rey de Navarra y al Infante Don Enrique se avian de fascer de los heredamientos que les avian seido tomados despues que deste Reynos partieron, pues por el Condestable en nombre del Rey, antes que en este Reyno entrassen, les eran otorgadas; y en como el Infante avia de ser restituido en el Maestrazgo de Santiago y satisfecho de lo que el Condestable dél avia llevado durante el tiempo que le avia tenido. Y aunque a esto por la parte del Condestable fue respondido que a él le parescia que ante todo las cosas era de ver en el buen regimiento del Reyno, y como mas a servicio de Dios, y del Rey, y bien de la cosa publica con paz, y amor, y sossiego de los Grandes de sus Reynos el Rey los podiesse gobernar y regir, el Conde de Benavente y el Adelantado siempre estovieron en lo primero. Y aunque assi con el Infante como con el Almirante y con ellos fue algunas veces mucho platicado y trabajado que se viesse todo junto, dando a los negocios del Reynos quien dellos principal cargo toviesse; pues el Condestable, que los tenia, se avia de partir, nunca, fasta aquello fecho, a otro partido quisieron venir. Lo qual visto por el Condestable, y como en esta mesma opinion eran el Rey de Navarra y los Grandes del Reyno que su opinion seguian, él otorgó la salida, con que fuesse ordenado como su persona, y casa, y facienda fuesse guardada. Y luego de alli se comenzó a fablar assi en ello, como en que manera se avian de complir las equivalencias que al Rey de Navarra y al Infante se avian de fascer.

Capítulo LXXII

Como se concluyeron las equivalencias del Rey de Navarra y del Infante; y del consejo que el Conde de Haro sobre ello dio

Otorgada por el Condestable, segund dicho es, su salida, por él fue pedido que para lo poner en obra, demas del Rey de Navarra, e Infante, y los otros principales del Reyno que alli eran, fascer con él muy fuerte amistanza con auctoridad del Rey, le fuesse por todos, con su auctoridad, dada seguridad de su persona, y casa, y fascienda muy fuerte. Cerca de lo qual y de como las equivalencias se avian de fascer al Rey de Navarra e Infante, y assimesmo la restitucion del Maestrazgo de Santiago que el Condestable avia tenido, fue mucho altercado y debatido, assi por el Condestable tener por dicho que el Rey non faria las equivalencias que pedidas le eran sin su suplicacion, y sin la amistanza y seguridad por él pedidas le ser dadas a toda su voluntad, como por la otra parte tener por dicho que nunca la tal amistanza y seguridad les serian dadas si las equivalencias y restitucion del Maestrazgo y la seguridad que él avia de fascer de non entrar en la Corte, non se fisciesse antes y toda su guissa. Y aunque por el Conde de Haro assi a la una como a la otra parte fue dicho que non menos complia entender en las otras cosas al bien del Rey y del Reyno convenientes, cada una de las partes se tovo tanto en su opinion, fasta que por algunos Grandes de los que con el Rey de Navarra e Infante estaban, fueron nombradas las equivalencias que les parescia que debian ser fechas, enviandolo firmado de sus nombres al Rey nuestro Señor. Lo qual por su Alteza en su Consejo visto, por el negocio ser tan pesado, algunos de los de su Consejo eran discordes, y otros querian tomar deliberacion. Cerca de lo qual preguntado por el Rey al Conde de Haro, qué le parescia, presentes los del su Consejo que alli se acertaron, le respondió en esta manera:

"Señor, lo que a mí paresce cerca deste escrito a Vuestra Merced enviado, firmado de algunos de vuestro Consejo sobre las equivalencias que les paresce que Vuestra Merced debe fascer a los Señores Rey de Navarra e Infante vuestros primos, es, que equivalencia alguna Vuestra Merced non fisciesse. Ca yo, Señor, por servicio vuestro y bien de vuestros Reynos, y por evitar que vuestra Corona y patrimonio non se desminuya, y assimesmo por servir y complascer al Señor Rey de Navarra, a mí me plasce de dexar luego las mis villas de Haro y Belforado que Vuestra Alteza me dio, sin equivalencia alguna, nin la procurar *directe nin indirecte*; con tanto que por esta forma sea fecho por todos los otros a quien Vuestra Merced de sus bienes dio. Pero si Vuestra Alteza, acatando los servicios fechos por aquellos a quien dio estos bienes, y por voluntad de vuestra Señoria, se ovieren de fascer algunas equivalencias o mercedes a los que assi tienen los dichos bienes, que yo, Señor, sea de los primeros: pues soy el primero que los renuncio y dexo por servicio vuestro y bien de vuestros Reynos. Y este, Señor, es mi consejo. Pero, Señor, si desto a Vuestra Alteza non plasce, entendiendo que lo dado por vuestra Señoria destos bienes fue por servicios señalados justamente dado, a mí paresce, porque se guarde la fe de vuestra Señoria dada a los dichos Señores vuestros primos, especialmente al Señor Rey de Navarra, antes que en vuestros Reynos entrasse, certificandoles de les dar equivalencia de lo que en vuestros Reynos tenian antes que dellos partiessen; que assi por aquella guardar, a que Vuestra Merced tan obligado es, como acatando el gran debdo que con Vuestra Merced la debe guardar, y que tanto será mas vuestro servicio. Y assi requiero y pido delante estos de vuestro Consejo a vuestro Relator, que presente es, que me lo dé signado."

Lo qual el Rey oido, fue muy contento de su consejo, y respondió que ge lo tenia mucho en su servicio. Y ploguierale mucho que todos los Grandes de sus Reynos a quien el negocio tocaba, fueran de su opinion, porque él non sacasse de su Corona tan grandes heredamientos. Pero por el Conde ser solo en este consejo, non ovo efecto. Antes assi las equivalencias, como la amistad y seguridad por el Condestable pedidas, como la que él avia de fascer de non entrar en la Corte por cierto tiempo, con ciertos capitulos concertados entre el Rey, y el Rey de Navarra, e Infante cerca de las equivalencias, señaladamente fasciendoles el pleyto y homenage assi por las villas que tenian, como por las que despues les fueron dadas, segund las Partidas y leyes de sus Reynos que en tal caso se requieren; fueron luego expedidas a contentamiento de partes, porque cada uno avia en plascer trabajar lo del otro porque lo suyo se expediesse, excepto el Conde de Haro, que non vino en las seguridades, porque segund algunas cosas en ellas contenidas, non le parescieron honestas de pedir nin de otorgar. Las quales seguridades y amistanzas luego el año siguiente, disciendo que el Condestable non las avia guardado, fueron por los mas que en ellas eran, dadas por ningunas.

Capítulo LXXXIII

Como despachadas la amistanza y seguridad por el Condestable pedidas, y la seguridad que él avia de fascer de non entrar en la Corte, se partió della

Despachadas las cosas de suso dichas un dia antes que el Condestable del Rey se oviesse de partir, fue a se despedir del Rey de Navarra e Infante a una aldea en que estaban cerca de Castronuño, que llaman Alahejos, donde los falló fuera cavalgando; y alli fabló con ellos juntamente, y con cada uno dellos por su parte largamente. Y despedido dellos, se tornó al Rey.

Y otro dia seguiente se despidió del Rey, el qual con buen semblante y sin sentimiento, que fascedero non fuesse, le despidió, saliendo con él todos los Grandes que en la Corte eran.

Capítulo LXXXIV

Como el Rey mandó al Conde de Haro derramar la gente y que fuesse con él; y lo que el Conde respondió. Y como despues que algun tiempo estovo con Su Merced, se partió para su tierra

Sossegados los negocios y el Condestable partido, segund dicho es, el Rey mandó al Conde que su gente derramasse, pues ya non era necessaria. Y el Conde assi lo compliendo, por las mesmas razones que en Tordesillas, segund de suso es dicho, le pidió licencia. Pero el Rey todavia le rogó y mandó que fuesse con él, fasta donde sossegasse, porque alli entendia, con consejo de los Grandes de su Reyno y suyo, dar conclussion y sossiego en los negocios de su Reyno. Lo qual el Conde compliendo, venido a Madrigal, no le paresciendo que iban las cosas como complia al servicio del Rey y bien de sus Reynos, y veyendo que, con quanto en ello trabajaba por lo remediar, non aprovechaba, él pidió otra vez al Rey licencia para ir a su casa; y todavia el Rey ge la denegó; y encomendó al Conde de Benavente ciertas cosas complideras a su servicio y facienda.

En el qual tiempo, por algunas informaciones que Su Merced ovo de cosas non complideras a su servicio nin la paz y sossiego de sus Reynos, se partió para Horcajo, y dende muy apressuradamente para Cantalapiedra, y a Salamanca, y a Bonilla de la Sierra. Por cabsa de lo qual, non menos que de primero, sus Reynos fueron escandalizados y levantados, ayuntandose por muchas partes dellos muchas gentes de armas y de pie. Sobre lo qual el Rey envió llamar al Conde de Haro y al Conde de Benavente para aver su consejo. Los quales allegados a Su Alteza, presente el Señor Principe su fijo, y el Cardenal de Sanct Pedro, y otros Grandes de su Consejo, y los Procuradores del Reyno, dicho por el Conde de Haro en nombre de ambos a dos lo que les parescia que complia a servicio de Dios, y del Rey, y paz de sus Reynos mediante nuestro Señor, la gente fue derramada, y los escandalos fueron quitados, y el Rey vino a Valladolid. Con el qual por su mandado ellos vineron, donde assi por el Rey de Navarra, que alli era, como por todos los otros Grandes del Reyno que alli era, y por los de la dicha villa fue muy solemnemente rescebido.

Y de alli comenzando a entender en los negocios, concluyó el casamiento del Principe su fijo. Para el qual celebrar, el Rey envió al Conde de Haro, y a Iñigo Lopez de Mendoza, y al Protonotario Don Alonso de Velasco su hermano, y al Obispo de Burgos por la Reyna de Navarra y por la Princesa su fija. Las quales traidas por el dicho Conde por su tierra, seyendoles fecha por él toda la fiesta, y servicio, y plascer que pudo, vinieron a Valladolid. Donde las bodas fechas y las fiestas que a ella se requerian, el Conde de Haro, teniendo que, segund lo que en los negocios sentia, las cosas non iban bien como complia al servicio del Rey y bien de sus Reynos, y assi ge lo disciendo y requeriendo en presencia del Principe su fijo, y de los Señores Rey de Navarra e Infante sus primos, y del Cardenal de Sanct Pedro, y de los otros de su Consejo, le suplicó, como muchas veces suplicado le avia, que le diesse licencia. Señaladamente, porque él estaba a la sazon muy trabajado en su salud, para que él podiesse ir a reposar en su tierra, pues alli estaria presto a su servicio y al bien de sus Reynos. Lo qual el Rey, veyendo que assi complia a su servicio, no solo ge la dio, mas le rogó y mandó que lo fisciesse assi. Lo qual él puso en obra.

FIN

BIBLIOGRAFIA

I. Crónicas y documentos

Alfonso X, el Sabio. *Las Siete Partidas*. Madrid, 1972.

Archivo de los Duques de Frías, Vol. 1: *Casa de Velasco*. Ed. Mª Teresa Peña Marazuela y Pilar León Tello. Madrid: 1955.

Barrientos, Lope. *Refundición de la Crónica del halconero*. Ed. Juan de Mata Carriazo. Colección de Crónicas Españolas, 9. Madrid, 1946.

Carrillo de Huete, Pedro. *Crónica del Halconero de Juan II*. Ed. Juan de Mata Carriazo. Colección de Crónicas Españolas, 8. Madrid, 1946.

Colección de Documentos Inéditos para la Historia de España. Ed. Martín Fernández Navarrete, et al. 112 tomos. Madrid, 1842-95.

Cortes de los antiguos reinos de León y Castilla. Vols. 2 y 3. Madrid, 1861-1903.

Crónica de Don Alvaro de Luna, Condestable de Castilla. Ed. Juan de Mata Carriazo. Colección de Crónicas Españolas, 2.Madrid, 1940.

Decadencia de la casa i linaje de Velasco. MS. 2018, Biblioteca Nacional.

Díez de Games, Gutiérrez. *Crónica de D. Pedro Niño, Conde de Buelna. El Victorial*. Ed. Juan de Mata Carriazo. Colección de Crónicas Españolas, 1. Madrid, 1940.

Enríquez del Castillo, Diego. *Crónica del rey Don Enrique el cuarto de este nombre*. Ed. Cayetano Rosello. BAE, 70. Madrid, 1953.

Fernández de Velasco, Pedro, Conde de Haro. *Seguro de Tordesillas*. Ed. Pedro Mantuano. 2ª edición, Madrid, 1784.

Fernández de Velasco, Pedro, Conde de Haro. *Seguro de Tordesillas*. Ed. Pedro Mantuano. Milán, 1611.

Fernández de Velasco, Pedro, Conde de Haro. *Seguro de Tordesillas*. MS. 9224, Biblioteca Nacional.

García de Santamaría, Alvar. *Crónica de Juan II, años 1420-1434*. Colección de Documentos Inéditos para la Historia de España, 99-100 Madrid, 1891.

Gómez de Cibdarreal, Fernán. *Centón epistolario*. BAE, 13. Madrid, 1945.

Leyes y hordenanças que fizo el señor Rey don Johan. Biblioteca Nacional. MS. 6720.

Palencia, Alonso de. *Crónica de Enrique IV*. BAE, 207-08. Madrid, 1973-75.

Pérez de Guzmán, Fernán. *Crónica del serenísimo Príncipe Don Juan II, segundo rey deste nombre en Castilla y en León*. Ed. Cayetano Rosell, BAE, 68, Vol. 2. Madrid, 1953.

Valera, Diego de. *Memorial de diversas hazañas.* Ed. Juan de Mata Carriazo. Madrid: 1941.

Valera, Diego de. *Tratado de las armas.* Ed. Mario Penna. En *Prosistas castellanos del siglo XV*. BAE, 116. Madrid, 1959.

Zurita, Jerónimo. *Anales de Aragón.* Vol. 3 y 4. Zaragoza, 1610.

II. Estudios

Antonio, Nicolás. *Biblioteca Hispana Vetus.* II. Madrid , 1788. f.290.

Benito Ruano, Eloy. *Los Infantes de Aragón.* Madrid, 1952.

______. "Lope de Stúñiga: Vida y cancionero." *RFE*, 51(1968), 17-109.

Cirot, G. *Histoires générales d'Espagne entre Alphone X et Phillipe II.* Bourdeaux, 1904.

______. "La Chronique de D. Pedro Fernández de Velasco," *BHi*, (1929), 331-9.

Deyermond, Alan. "Palabras y hojas secas...: Some Literary Ephemera of the Reign of Juan II." *Medieval and Renaissance Studies on Spain and Portugal in Honor of P.E. Russell.* Ed. F.W. Hodcroft, et al. Oxford, 1981.

Fabié, Antonio Mª. *Don Rodrigo de Villandrando, Conde de Ribadeo.* Madrid, 1882.

Fernández Torres, Eleuterio. *Historia de Tordesillas.* Valladolid, 1905.

Floranes, Rafael. *Vida literaria del Canciller mayor de Castilla, Don Pedro López de Ayala.* Colección de documentos inéditos para la historia de España, 19. Madrid, 1851.

Gómez Izquierdo, A. *Cargos de la Casa y Corte de Juan II de Castilla.* Valladolid, 1968.

Highfield. Roger. "The Catholic Kings and the Titled Nobility of Castile." *Europe in the Late Middle Ages.* Ed. J. Hale, J.R.L. Highfield, B. Smalley. London, 1965.

______, ed. *Spain in the Fifteenth Century.* London, 1972.

Jaen, Didier. *Juan II of Castile and the Grand Master Alvaro de Luna.* Madrid, 1978.

Ladero Quesada, Miguel Angel. *La hacienda real de Castilla en el siglo XV.* La Laguna, 1973.

Lasso de la Vega, M., Marqués de Saltillo. *Historia nobiliaria de España.* 2 vols. Madrid, 1956.

Lawrance, Jeremy N. H. "Nueva luz sobre la Biblioteca del Conde de Haro: Inventario de 1455. *El Crotalón*, 1(1984), 1073-1111.

MacDonald, I. I. *Don Fernando de Antequera.* Oxford, 1948.

MacKay, Angus. *Money, Prices, and Politics in Fifteenth Century Castile.* Royal Historical Society Studies in History, 28. London, 1981.

______. "Popular Movements and Pogroms in Fifteenth Century Castile." *Past and Present*, 55 (1972), 33-67.

Mariana, Padre Juan de. *Historia General de España.* BAE, 31, Vol. 2. Madrid, 1872.

Martínez Añibarro, M. *Intento de un diccionario biográfico y bibliográfico de autores de la provincia de Burgos* . Madrid, 1889.

Paz de Melia, A. "La biblioteca fundada por el Conde de Haro en 1455." *RABM*, 1(1897), 18-24, 60-66; 4(1900), 156-163, 255-62, 452-62, 535-41, 662-7; 6(1902), 198- 206, 372-82; 7(1902), 51-5; 19(1908), 124-36; 20(1909), 277-89.

Penna, Mario, ed. *Prosistas castellanos del siglo XV*. BAE, 116. Madrid, 1959.

Pérez Bustamante, Rogelio. *El gobierno y la administración territorial de Castilla*. 2 tomos. Madrid, 1976.

Phillips, William D., Jr. "State Service in Fifteenth Century Castile. A Statistical Study of Royal Appointees." *Societas*, 8(1978), 115-36.

Pulgar, Hernando del. *Claros Varones de Castilla*. Ed. R. Tate. Oxford, 1971.

Riquer, Martín de. *Vida caballeresca en la España del siglo XV*. Madrid, 1965.

Romero, José Luis. *Sobre la biografía y la historia*. Buenos Aires, 1945.

Round, Nicholas. *The Greatest Man Uncrowned*. Londres, 1986.

Rubió y Balaguer, J. *Vida española en la época gótica*. Barcelona, 1943.

Sánchez Alonso, B. *Fuentes de la historia española e hispanomericana*. 3ª ed. Madrid, 1952.

______. *Historia de la historiografía*. Madrid, 1931.

Suárez Fernández, Luis. "Un libro de asientos de Juan II." *Hispania*, 68(1957), 323-68.

______. "Las rentas castellanas del infante Don Juan, rey de Navarra y Aragón." *Hispania* 75(1959), 192-203.

______. *Nobleza y monarquía: Puntos de vista sobre la historia castellana del siglo XV*. 2ª ed. Valladolid, 1975.

______. "Los Trastámaras de Castilla y Aragón en el siglo XV (1407-74)."*Historia de España*, XV. Ed. Ramón Menéndez Pidal. Madrid, 1964.

______. *Historia de España antigua y moderna*. 2 vols. Madrid, 1976.

Tate, Robert B. *Ensayos sobre la historiografía peninsular en el siglo XV*. Madrid, 1970.

Torres Sanz, David. *La administración central castellana en la baja Edad Media*. Valladolid, 1982.

Valdeón Baruque, Julio. *Los conflictos sociales en el reino de Castilla en los siglos XIV y XV*. Madrid, 1976.

Van Kleffens, E.H. *Hispanic Law until the End of the Middle Ages*. Edinburgh, 1968.

Vicens Vives, Jaime. "Los Trastámaras y Cataluña." *Historia de España*. Vol. 15. Ed. Ramón Menéndez Pidal. Madrid, 1964.

______. "The Economies of Catalonia and Castile." *An Economic History of Spain*. Trad. F.M. López-Morillas. Princeton, N.J., 1969.

INDICE DE NOMBRES Y LUGARES CITADOS EN LA INTRODUCCIÓN Y EN LAS NOTAS

Adelantado de Castilla (véase Gómez de Sandoval, Diego)
Adelantado de León (véase Manrique, Pedro)
Aguilar de Campoó 36
Alava 28, 31
Alba de Liste, Conde de (véase Enríquez, Alonso)
Alba de Tormes 48 n.5
Alba, Conde de (véase Alvarez de Toledo, Fernán)
Alburquerque, Leonor de 18
Alcántara, Maestre de (véase Sotomayor, Juan de)
Alcántara, Orden de 16, 29, 47 n.3
Alfonso V de Aragón 29, 36, 38
Alfonso X de Castilla 45
Alfonso, Infante de Castilla 32, 36, 37
Almirante de Castilla (véase Enríquez, Alfonso)
Alvarez de Toledo, Fernán, Conde de Alba 30, 32, 36
Amador de los Ríos, José 9
Andalucía 18
Antonio, Nicolás 14
Aragón 10, 15-26, 36, 38-44
Aragón
  Infantes de 9, 16, 30, 31, 33, 35, 37, 39, 43
  Archivo de la Corona de 29
Arnedo 31, 32, 33
Astudillo
  Concordia de 36
  Señor de (véase Tovar, Juan de)
Avila 25
Ayala, Juan de 33
Barrientos, Lope 15 n.1
Belorado, villa de 26, 30, 33
Benavente, Conde de (véase Pimentel, Rodrigo Alonso)
Béjar 39
Blanca de Navarra 17, 18, 30, 38

Briviesca, Señorío de 27, 28, 31, 32
Burgos, 30, 31
Calatrava, Orden de 16, 29
Calvo, Laín 28
Candelada 39
Carlos, Príncipe de Viana 33
Carriazo, Juan de Mata 15 n.1, 48 n.5, 50 n.20, 71 n.51
Carrillo de Huete, Pedro 15 n.1, 48 n.5
Carrillo, Alonso, Arzobispo de Toledo 32
Carvajal 37
Castañeda, Conde de (véase Fernández Manrique, Garci)
Castilla 9, 10, 15-26, 29, 30, 32, 36, 37, 38, 39, 44
Castrillo 37
Castro, Conde de (véase Gómez de Sandoval, Diego)
Castrojeriz, Conde de (véase Gómez de Sandoval, Diego)
Castronuño 25, 26
Catalina, Infanta de Castilla 17
Cáceres 39
Condestable de Castilla (véase Luna, Alvaro de)
Consejo 17, 19, 30, 35, 37, 38, 39
Cortes de Castilla 17
Cuenca de Campos 31
Cueva, Beltrán de la 32
Curiel 39
Denia, Conde de (véase Gómez de Sandoval, Diego)
Díaz de Gámez, Gutierre 50 n.20
Enrique II de Castilla 16
Enrique III de Castilla 28, 29, 39
Enrique, Infante de Aragón 9, 16-26, 29, 35, 36, 38, 39, 43
Enrique, Príncipe de Asturias 10, 18, 26, 30, 31
  IV de Castilla 28, 32, 37
Enríquez (familia) 36
Enríquez, Alfonso, Almirante de Castilla 17, 19, 20, 24, 26, 32, 33, 35, 36-7
Enríquez, Alonso, Conde de Alba de Liste 33, 36
Enríquez, Fadrique, Conde de Trastámara 17, 18
Fabié, Antonio María 98 n. 63
Fernando de Antequera 18, 28, 37
Fernando el Católico 13, 33, 37
Fernández de Velasco, Bernardino, primer Duque de Frías 33
Fernández de Velasco, Juan, Camarero mayor de Juan I de Castilla 27,28
Fernández de Velasco, Juan, Condestable de Castilla 13, 14, 33
Fernández de Velasco, Pedro, primer Conde de Haro 27-34
  biblioteca 11, 12, 34, 41
  como narrador 41-4
  hijos 33
  y los judíos 31
Fernández Manrique, Garci, Conde de Castañeda 17
Floranes, Rafael 49 n.16, 60 n.46

Flores, Josef Miguel de 14
Frías, lugar de 31
Duque de (véase Fernández de Velasco, Bernardino)
García de Santamaría, Alvar 15 n.1
González, Fernán, Conde de Castilla 14, 28
Gómez de Sandoval, Diego, Adelantado de Castilla, Conde de Castro, de Castrojeriz, de Denia 17, 18, 19, 20, 24, 25, 36, 37-9
Gómez de Sandoval, Francisco, primer Duque de Lerma 39
Gómez Izquierdo, A. 49 n.12, 50 n.19, n.29, 60 n.46, 62 n.47, 71 n.52
Gómez Manrique, Diego, Adelantado mayor de Castilla 34
Granada, guerra de 32
Guadalajara 18
Haro, Conde de (véase Fernández de Velasco, Pedro)
Haro, villa de 26, 30, 31
Herrera de Pisuerga 31
Hospital de la Vera Cruz 11, 12, 32, 33, 34
Isabel la Católica 13, 33, 37
Juan II de Castilla 9, 13, 14, 16-26, 29, 30, 31, 32, 34, 35, 36, 38, 39, 40, 41, 43, 47 n.1
Juan II de Navarra (Infante de Aragón) 16-26, 29, 31, 35, 36, 37, 38, 43
Ladero Quesada, Miguel Angel 102 n. 66, 140 n.83, 141 n.85, 143 n.86
Lara, Casa de los Siete Infantes de 28
Lasso de la Vega, M. Marqués de Saltillo 48 n.8, n.11, 49 n.12, n.14, 50 n.21, n.26, 51 n.31, n.34, 76 n.54, 77 n.55
Ledesma, Conde de (véase Stúñiga, Pedro de)
Lerma, Ducado de 37, 39
Liga 17, 19, 36, 37, 40
Linares 32
Logroño 31
López Dávalos, Ruy 17
López de Mendoza, Iñigo 18, 30, 31, 32, 33, 36
López de Stúñiga, Diego 28, 39
Luna, Alvaro de 9, 13, 14, 16-26, 29, 30, 31, 34, 35, 36, 38, 39, 40, 43, 47 n.3
MacKay, Angus 143 n.86, 145 n.89
Manrique de Lara, Beatriz 33
Manrique (familia) 34, 35, 36
Manrique, Diego 31, 34, 35
Manrique, Gómez 34
Manrique, Pedro, Adelantado de León 13, 17, 18, 19, 20, 24, 26, 31, 33, 34-35, 36
Manrique, Rodrigo, Conde de Paredes 34
Mantuano, Pedro 12, 13, 14, 28, 44
Mariana, Juan de 12 n.3, 15 n.1, 27 n.2, 38, 47 n.1, n.2 49 n.18, 50 n.22, 51 n.34
Martínez Añibarro, M. 11, 12
Medina de Pomar 11, 12, 13, 27, 28, 31, 32, 33, 34
Medina de Ríoseco 36, 37
Medina del Campo 19, 22, 24, 25, 32, 38
Mendoza (familia) 16, 29
Mendoza, Juana de 36
Menéndez Pidal, Ramón 15 n.1, 47 n.3
Merindad de Castilla 29

Milán 38
Moral de la Reina 36
Nasí, Yuçuf al 31
Navarrete 34
Nápoles 36
Olmedo, Batalla de 9, 31, 33, 36, 38
Oña 29
Ortiz de Stúñiga, Iñigo, Mariscal 19
Osorno 37
Oviedo 28
Palencia 30, 31, 36
Pampliega, Batalla de 31
Pamplona 17
Paredes de Nava 35
Paredes, Conde de (véase Manrique, Rodrigo)
Paz y Melia, Antonio 11, 12, 32
Pedro I de Castilla 36
Peña Marazuela, María Teresa de la 27 n.2, 58 n.39
Peñafiel 18, 37
Pérez Bustamante, Rogelio 27 n.2, 34, 37 n.10, 49 n.14, 50 n.24, 58 n.44
Pérez de Guzmán, Fernán 15 n.1, 41, 48 n.5
Pérez de Vivero, Alonso 19
Pimentel (familia) 36
Pimentel, Juana 18, 35
Pimentel, Rodrigo Alonso, Conde de Benavente 18, 19, 20, 24, 26, 31, 33, 35, 36
Plasencia, Conde de (véase Stúñiga, Pedro de)
Portillo 37
Pulgar, Hernando de 13, 27 n.2, 33, 36, 39 n.11, 41, 48 n.6, 49 n.12
Pupo-Walker, Enrique 42
Quiñones, Pedro 36
Quiñones, Suero 36
Rasura, Nuño 28
Rámaga, golpe de estado de 31
Renedo 19, 37
Ribadeneyra, Fernando 19
Ribadeo, Conde de (véase Villandrando, Rodrigo de)
Riquer, Martín de 29 n.3
Roa 19, 23, 35
Romero, José Luis 27 n.2
Rosell, Cayetano 15 n.1
Round, Nicholas 27 n.1, n.2, 37 n.10, 39 n.11, 48 n.7, 49 n.16, 50 n.28, 53 n.41, 58 n.44, 60 n. 46, 71 n.52, 102 n. 67
Ruano, Eloy Benito 27 n.1, 50 n.25
Salas de los Infantes 31
Saldaña 37
San Pedro de Arlanza, Monasterio de 28
San Vicente de Oviedo, Monasterio de 28
Santa Olalla (Briviesca) 29
Santiago, Orden de 16, 28, 36

Santo Domingo de Silos 31
Sánchez de Velasco, Fernán 28
Seguro de Tordesillas 9, 11-15, 41-45
Simancas 21, 23
Siruela, Señoría de 27
Solier, María de 27
Sotomayor, Juan de, Maestre de Alcántara 38, 47 n.3
Stúñiga (familia) 16, 29, 31, 39, 40
Stúñiga, Pedro de, Conde de Ledesma 18, 19, 33,35, 36, 39-40
Suárez Fernández, Luis 15 n.1, 27 n.2, 34 n.8, 36 n.9, 37 n.10, 39 n.11, 47 n.2,n.3, 48 n.5, n.6, n.8, n.10, n.11, 50, n.21, n. 23, 51 n.37, 59 n.45, 85 n. 57, 102 n.66, 104 n. 68, 140 n. 83
Tamarite 31
Tate, R.B. 13 n. 5, 48 n.6
Tello, Pilar 27 n.2, 58 n. 39
Toledo
  Tratado de 18
  Arzobispo de (véase Carrillo, Alonso)
Tordesillas
  golpe de estado de 9
Torres Sanz, David 39 n.12, 48 n.7, n.11, 49 n. 12, n.17, 54 n. 42, 60 n. 46, 63 n. 48, 71 n.51
Tovar, Juan de, Señor de Astudillo 29
Trastámara 9, 15-20
Trastámara, Conde de (véase Enríquez, Fadrique)
Treviño, Conde de (véase Manrique, Diego)
Trujillo 39
Tudela de Duero 19, 35
Valdeastillas 20
Valdeón Baruque, Julio 105 n. 69
Valladolid 9, 19, 23, 24, 30, 36, 39
Velasco (familia) 11, 13-14, 16, 27-28, 34
Velasco, Alonso de 30
Velasco, Esperancio 28
Vicens Vives, Jaime 145 n. 88
Villadiego 29, 37
Villafranca 20, 26
Villafrechos38
Villalar 36
Villalpando, Señoría de 27, 31
Villandrando, Rodrigo de, Conde de Ribadeo 22-3
Villaverde 33
Villena
  Marquesado de 17
  Marqués de 22
Vizcaya, Príncipes de 28
Zabaco, Abrahin 31
Zamora 30